AK Trivia Book No. 6

도해

図解 戦国武将

전국무장

이케가미 료타 저

AK TRIVIA
BOOK

● 사세구란?

사세구는 중국의 사형수가 죽음을 앞두고 남긴 임형시를 일본 문화로 받아
들인 것이다. 궁정 귀족과 무사는 물론, 서민들도 죽음을 앞에 두고 시를
읊었다고 한다.

다만, 죽음을 눈앞에 두고 시를 읊는다는 것은 쉬운 일이 아니다. 현재 전
국무장이 읊었다고 알려진 사세구 중 대부분은 죽기 직전에 읊었던 것이 아
니다. 사전에 준비해두었던 것이나, 후세 사람들이 그 무장의 심정을 헤아
리고 만든 것이 많다.

● 도쿠가와 이에야스

진정 기쁘다 또 잠에서 깨어나 잠든다
현세에 꿈은, 새벽녘 하늘

기쁜 일이다, 또 다시 잠에서 깨었다. 다시 잠들어보자.
현세에서 꾸는 꿈은 새벽녘 하늘과 같다.

● 도요토미 히데요시

이슬로 떨어져 이슬로 사라지는 삶인가
나니와 역시 꿈속의 꿈

이슬처럼 태어나 이슬처럼 덧없이 사라져 가는 이 몸이여.
돌아보면 오사카 성에서 지낸 날들은 몽중몽처럼 덧없구나.

● 아케치 미츠히데

순역 다르지 않고, 마음 원하는 대도만 갈 뿐
오십오년의 꿈 깨어나니 처음으로 돌아간다

순종과 역모는 다른 것이 아니라, 단지 마음을 따라 대도를 나아갈 뿐.
55년 생애는 한 순간의 꿈, 이제는 꿈에서 깨어 내 안에는 삶도 죽음도 하
나가 되었다.

(6쪽에 계속)

요즘은 전국시대, 전국무장이 유행이라고 한다. 이러한 유행이 지금에 와서야 시작된 것은 아니다. 전장을 용맹하게 헤쳐 나갔던 무장에 대한 동경은 언제나 우리들의 마음속 어딘가에 있기 때문이다.

그렇기에 전국시대, 그리고 전국무장은 소설이나 만화, 게임 등 여러 작품의 좋은 소재로서 다루어졌다. 그리고 이렇게 만들어진 수많은 작품들 역시 다시금 우리들의 마음을 끌어 당기는데 일조하고 있다.

이 책은 이런 픽션의 세계에서부터 전국시대나 전국무장에 흥미를 가지게 된 사람들을 대상으로 하고 있다. 전국시대에 관련된 연구서나 전문서적은 많고 훌륭한 내용의 책도 수를 헤아릴 수 없을 정도로 다양하지만, 그 반면 어려운 전문용어도 많아서 접하기 어려운 인상이 있는 것도 사실이다.

그래서 이 책은 가벼운 마음으로 쉽게 읽을 수 있는 전국시대 서적에 목적을 두고, 전문용어를 최대한 적게 사용하면서도 어쩔 수 없이 사용을 할 때에는 될 수 있는 한 설명을 하도록 유의하였다. 또한 내용면에서는 무장 개인에 대한 정보를 줄이고, 전국시대 전반에 대해 고르게 다루고 있다.

이 때문에 이미 전국시대 마니아라 해도 충분한 분들께는 다소 부족한 내용이 될지도 모르겠다. 그 점에 대해서는 용서해 주시기 바란다.

이 책을 읽어 주시는 여러분께, 이 책이 더욱 매력적이고 깊이 있게 전국시대의 지식에 다가 갈 수 있는 첫 걸음이 될 수 있기를 간절히 기원하는 바이다.

마지막으로 이 책을 써내는데 많은 마음 고생과 민폐를 끼친 편집부의 K여사, 그리고 참을성 있게 기다려주신 신키겐샤에게 이 자리를 빌어서 감사의 뜻을 전한다.

이 책이 무사히 세상에 나오게 된 것은 여러분 덕분입니다.

이케가미 료타

목 차

● 이사다 미츠나리
츠쿠마 후미 갈대 사이 화톳불
같이 사그라드는 내 몸이었다
(비와호의)츠쿠마의 후미에 무성한 갈대 사이로 화톳불이 보인다.
저 화톳불 사그라질 때 이 몸의 일생도 끝나겠지.

● 다테 마사무네
구름 없는 마음의 달을 비추고,
속세의 어두움 풀면서 나아가자
구름 한 점 없는 마음의 달빛으로 가는 길을 비추고, 현세의 어둠을 풀며
가자.

● 호죠 우지마사
부는 바람 원망 마라 벚꽃이여
단풍도 남는 가을 있을지니
세차게 부는 봄바람을 원망치마라, 벚꽃이여.
아름다운 단풍을 남기는 가을도 있으니까.

● 우에스기 켄신
사십구년 하룻밤 꿈
한순간 영화 한 잔의 술
49년 생애는, 결국 하룻밤 꿈과 같이 덧없는 것.
한 순간의 영화도, 한잔의 술과 같은 것이다.

● 다케다 신겐
대부분은 땅에 맡겨서 기골이 좋다.
홍분 바르지 않아도 자신이 풍류
대부분은 땅 그 자체로 좋다. 붉은 물감을 바르지 않더라도 그 자신이 풍류
인 것이다.
(선종의 독특한 용어이기에, 무엇을 의도한 사세구인지는 불명)

제 1 장
전국무장과
그들의 생활

전국무장이란?

전국시대의 주역인 전국무장. 과연 그들은 어떤 존재였을까?

● 전국무장은 어떤 사람

이 책의 제목인「전국무장」. 사실은 에도 시대 이후 **군키모노**軍記物라 불리는 당시의 소설에서 사용하기 위해 만들어진 말이다. 그렇기 때문에 명확한 정의라 부를만한 것이 존재하지 않는다. 그렇다면 이 책에서 다루는「전국무장」의 범위에 대하여 정의를 내려보도록 하자.

「전국무장」이란 말은,「전국」과「무장」이란 두 개의 단어로 나눌 수 있다.「전국」이란 물론 **전국시대**,「무장」은「무사대장」,「무예가 탁월한 장군」이란 의미를 가진다. 그렇기에 이 책에서는「전국무장」을「전국시대에 활약한 무사로, 병사를 이끌고 싸웠던 인물」이라 정의 하고자 한다.

여기서 언급하는「무사」는 출신으로서의「무사」가 아닌, 직업으로서의「무사」이다. 사실, 유명한 전국무장 중에서 과거의 경력이 확실하지 않은 사람도 많다. 대표적으로 **도요토미 히데요시**가 그러하다. 그의 출신은 농민, 혹은 반농 반무사라고 전해진다. 거기다 **승려**나 **상인**, **닌자** 같은 다른 직업에서 무사가 된 자도 적지 않다. 그렇기 때문에「무사」의 정의를 출신으로 한정해 버리면 정확한 정의를 내리기가 어렵다.

그리고「병사를 이끌고」라는 부분에 있어서는, 위에서 쓴 것처럼「무장」에「무사 대장」이란 의미가 있기 때문에 이런 정의를 내릴 수 있다. 천하가 통일이 되어 평화로웠던 에도 시대 이후의 무사라면, 병사를 이끈 적이 없는 경우가 많았을 지도 모른다. 그러나 전국시대에는 전장에서 싸우는 것 이야말로 무사의 의무였다.

지금 시대에 전국무장이라 불리는 인물에는 지방의 지배자였던 다이묘와 그의 가신, 끝내는 망하여서 재건을 목표로 모습을 감춘 낭인 등 여러 인물들이 있다. 이러한 인물들의 공통사항으로서도, 앞에서 언급한 정의는 이들을 설명하기에 적합할 것 이다.

전국무장이란?

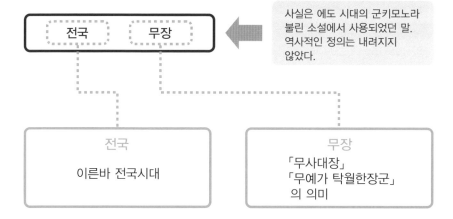

전국 　　　무장

사실은 에도 시대의 군키모노라
불린 소설에서 사용되었던 말.
역사적인 정의는 내려지지
않았다.

전국

이른바 전국시대

무장
「무사대장」
「무예가 탁월한장군」
의 의미

이 책에서 전국무장의 정의

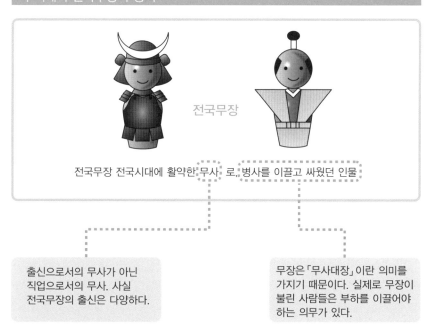

전국무장

전국무장 전국시대에 활약한 무사 로, 병사를 이끌고 싸웠던 인물

출신으로서의 무사가 아닌
직업으로서의 무사. 사실
전국무장의 출신은 다양하다.

무장은 「무사대장」이란 의미를
가지기 때문이다. 실제로 무장이
불린 사람들은 부하를 이끌어야
하는 의무가 있다.

관련항목

● 슈고다이묘와 전국다이묘는 어떻게 다른가? →No.002
● 전국시대는 언제 시작되었는가? →No.003
● 츄고쿠 회군과 노부나가의 후계자 다툼 →No.090
● 히데요시와 이에야스 →No.091
● 전국다이묘와 상인 →No.109
● 전국다이묘와 기술인 →No.110
● 전국다이묘와 농민 →No.112
● 전국다이묘와 닌자 →No.113

슈고다이묘와 전국다이묘는 어떻게 다른가?

전국시대를 다룬 서적에 반드시 등장하는 슈고다이묘와 전국다이묘. 그들은 과연 어떠한 차이가 있었던 것일까?

● 다이묘의 몇 가지 종류

에도 시대보다 이전에는, 어느 정도 이상의 토지를 지배한 권력자를 「다이묘」라고 불렀다. 현재 이름이 알려져 있는 전국무장의 대부분은 이러한 다이묘라 불리는 존재였다. 이 「다이묘」라는 말은 학술적으로 몇 가지 종류로 나누어진다. 여기서는 전국시대에 존재했던 「다이묘」에 대해 설명하겠다.

전국시대의 다이묘라 하면 먼저 「슈고다이묘守護大名」를 들 수 있다. 그들은 지방을 지배하기 위해 **무로마치 막부**에서 임명한 관리로서, 정확히는 **슈고**라고 한다. 슈고라는 직무 자체는 가마쿠라 시대에도 존재 하였지만, 무로마치 시대에 들어오면서 권한이 크게 확대되어 지방의 지배자로서의 역할이 주어지게 되었다. 그에 따라 슈고라는 직무명에 지방의 지배자라는 의미로 「다이묘」라는 말이 붙어서 「슈고다이묘」라 구분해 불렀다. 그러나 슈고다이묘에게 지방 지배권을 부여한 것은 어디까지나 막부의 권위였고, 슈고 자신의 실력과는 무방했다. 그렇기에 막부의 권위가 실추되어 감에 따라 그들도 힘을 잃게 되었다.

슈고다이묘를 대신하여 역사의 무대 앞으로 나오게 된 것이 「전국다이묘戦国大名」이다. 막부에서 내린 직무를 가진 자도 있었으나, 기본적으로는 실력만으로 지방을 지배했다. 뒤집어 말하자면, 막부의 권위에만 의지하고 있으면 가신들에게 방해를 받거나, 주변 지방에서 침입해 오는 탓에 자신의 영토를 지킬 수가 없었다. 슈고다이묘와 전국다이묘의 차이를 간단히 설명하자면 슈고다이묘는 도지사, 전국다이묘는 독립국가의 국가원수라고 말할 수 있겠다.

마지막으로 등장하는 것이 「오다 다이묘」와 「도요토미 다이묘」이다. **오다 노부나가**織田信長나 **도요토미 히데요시**豊臣秀吉에 의해 천하 통일이 진행될 때, 그 이후에 등장하는 다이묘들은 가신으로서 지배하는 토지의 권리를 보장 받은 자들이었다. 그들은 권리의 보장과 맞바꾸어 독립성을 빼앗긴 존재였다.

전국시대 다이묘의 차이

슈고다이묘

후원자	무로마치 막부 어디까지나 막부에 의해 각지로 파견된 관리.
권한	도지사 + 경찰청장 교전권은 없음. 주변의 다른 지방과 싸우게 된 경우 내란으로 보았다.

전국다이묘

후원자	없음 다이묘 자신의 실력만으로 지배자가 되었음.
권한	독립국의 국가원수 교전권이 있음. 영토를 넓히기 위해서, 지키기 위해서 싸우는 것이 가능하다.

오다, 도요토미 다이묘

후원자	오다 노부나가, 도요토미 히데요시 각 정권에서 각지에 파견한 가신이나, 복종한 다이묘.
권한	지배하는 영토에서는 전국다이묘와 거의 같다. 어디까지나 오다, 도요토미 가문의 가신으로 취급한다.

관련항목

● 전국무장과 무로마치 막부의 관직 →No.016
● 오다 노부나가의 대두 →No.086
● 히데요시의 죽음 →No.095

전국시대는 언제 시작 되었는가?

전국무장들이 목숨을 걸고 헤쳐나갔던 전국시대. 그 전국시대는 역사적으로 어떤 위치에 있던 것일까?

● 전국시대의 기간에 대한 여러 의견들

「전국시대」 라는 말에는「지방의 주권을 가진 다이묘가 더욱 세력을 확대하여, 궁극적으로 천하의 패권을 따내기 위해 서로 싸웠던 시대」(『신명각 국어사전 제4판』 산세이도 간행)라는 의미가 있다. 일본의 전국시대를 나타내는 것으로 딱 맞는 의미이지만, 여기서 문제가 되는 것이 그 기간이다.

일반적으로, 전국시대의 시작은 쇼군 가문과 그 가문을 보좌하는 칸레이 가문의 후계자 다툼이 원인이 되어 **오닌의 난**応仁の乱이 발발한 1467년이라 보고 있다. 물론 다른 의견도 존재한다. 쇼군을 살해하고 교체하려 했던 쿠데타 사건인 메이오의 정변이 일어난 1493년이나, **호죠 소운**北条早雲이 호리코시 쿠보의 아시카가 챠챠마루를 쓰러트리고 이즈노쿠니伊豆国를 지배한 1491년이라고 보는 경우도 있다.

전국시대의 끝 역시 여러 의견이 있어서, **오다 노부나가**에 의해 사실상 무로마치 막부가 멸망한 1573년, **도요토미 히데요시**에 의한 천하통일이 이루어진 1590년, 도요토미 가문이 멸망한 1615년 등이 있다.

● 흰색 돌과 붉은색 돌의 효력 차이

전국시대의 의미에서 생각을 한다면, 전국시대의 시작은 오닌의 난으로 봐야 한다. 전국시대를 상징하는 하극상, 즉 지위가 낮은 자가 지위가 높은 자를 쓰러트리고 권력을 잡는 행위가 빈번해진 것은 오닌의 난 이후이다. 그렇기 때문에, 이 책에서는 전국시대의 시작을 오닌의 난이 발발한 1467년으로 한다. 그리고 전국시대의 끝인데, 이쪽은 도요토미 가문이 멸망한 1615년으로 설정하고자 한다. 물론 이 기간 동안 평화로웠던 시기가 전혀 없었던 것은 아니다. 그러나 「천하의 패권을 잡기 위해 서로 싸웠던 시대」 라 생각 한다면 도요토미 가문이 멸망할 때까지, 도요토미 가문과 도구가와 가문 사이에 각지의 다이묘들을 끌어들인 **천하의 패권을 겨루는 싸움**이 계속되었기 때문이다.

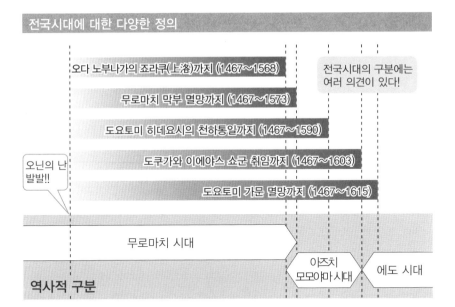

전국시대에 대한 다양한 정의

오다 노부나가의 죠라쿠(上洛)까지 (1467~1568)

무로마치 막부 멸망까지 (1467~1573)

도요토미 히데요시의 천하통일까지 (1467~1590)

도쿠가와 이에야스 쇼군 취임까지 (1467~1603)

도요토미 가문 멸망까지 (1467~1615)

전국시대의 구분에는 여러 의견이 있다!

오닌의 난 발발!!

무로마치 시대

아즈치 모모야마시대 / 에도 시대

역사적 구분

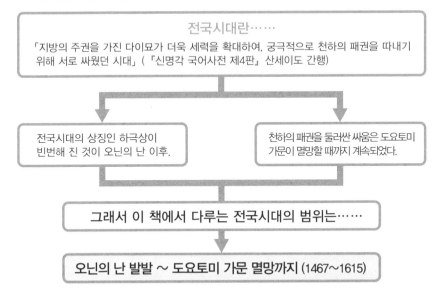

이 책에서 정의하는 전국시대

전국시대란……
「지방의 주권을 가진 다이묘가 더욱 세력을 확대하여, 궁극적으로 천하의 패권을 따내기 위해 서로 싸웠던 시대」 (『신명각 국어사전 제4판』 산세이도 간행)

전국시대의 상징인 하극상이 빈번해 진 것이 오닌의 난 이후.

천하의 패권을 둘러싼 싸움은 도요토미 가문이 멸망할 때까지 계속되었다.

그래서 이 책에서 다루는 전국시대의 범위는……

오닌의 난 발발 ~ 도요토미 가문 멸망까지 (1467~1615)

관련항목

● 전국다이묘들은 왜 죠라쿠를 목표로 하였는가? →No.017
● 오닌의 난과 종결 →No.073
● 전국시대 초기의 쇼군과 그 주위의 상황 →No.074
● 전국시대 초기의 칸토 지방 →No.076
● 노부나가 포위망 →No.087
● 오사카 겨울의 진, 여름의 진 →No.097

전국다이묘와 자식들과의 관계는?

전국다이묘에게도 가족이 있고, 자식이 있다. 그들의 관계는 어떠한 것이었을까?

● 표면상 무미건조한 부모자식 관계

전국다이묘에게 있어서 자식이란 후계자인 동시에 중요한 수하이기도 하였다. 가신이나 친척조차 믿지 못하는 전국시대에 있어서, 가족은 유일하게 신용할 수 있는 사람들이었다. 그러나 그 관계는 표면상 매우 무미건조한 것이었다.

일반적으로 전국다이묘가 아들로 인정하는 것은 셋째까지였다. 츄고쿠 지방의 전국다이묘인 **모리 모토나리**毛利元就는 자식을 끔찍이 아끼고 사랑한다고 알려졌지만, 그조차도 넷째 아들 밑으로는 「벌레 보다 못한 존재」라고 이야기했다. 이런 「벌레 보다 못한」 자식들은 어떻게 되었나 하면, 형이 빨리 죽지 않는 이상은 다른 집안에 양자로 보내지거나 본가를 이은 형제의 밑으로 들어가서 일생을 마치는 것이 일반적이었다.

한편 장남은 다이묘 가문의 후계자로서 **영재교육**을 시켰다. 장남이 빨리 죽는 것에 대비하여 차남, 삼남에게도 교육을 시켰지만 쓸모 없는 가주 싸움을 피하기 위해 서둘러 출가 시키는 경우도 많았다. 이렇게 공들여 키운 아들이 얌전히 아버지의 말을 듣지 않는 경우도 있었다. 많은 다이묘 가문에서는, 아들이 아버지를 치고 가주의 자리를 빼앗는 일이 일어났다.

또한 이러한 형제간의 서열이 완전히 무시되는 경우도 있었다. 가주의 갑작스러운 죽음이다. 이 경우 가신이나 일족 저마다의 생각도 있다보니, 넷째 이하의 아들들에게 기회가 돌아오기도 하였다. 특히 다이묘 가문의 실권을 쥐려는 가신들이 있다면, 어린 아들을 옹립하는 경우도 적지 않았다.

또한, 전국다이묘의 딸들에 대한 대우도 아들들과 마찬가지로, 어디까지나 정치적 수단으로 밖에 보지 않았다. 딸들은 다른 지방과의 동맹관계나 가신의 충성을 얻기 위해 결혼을 시켰다. 그리고 남녀 모두 다른 집안에 인질로 보내는 경우도 있었다.

그러나 이것은 표면적인 이야기이다. 당시의 일기 등에는 아이들의 선물을 고르거나, 병에 걸린 아이들을 걱정하는 다이묘들의 자식 사랑이 기록되어 있다.

전국다이묘와 자식들의 관계

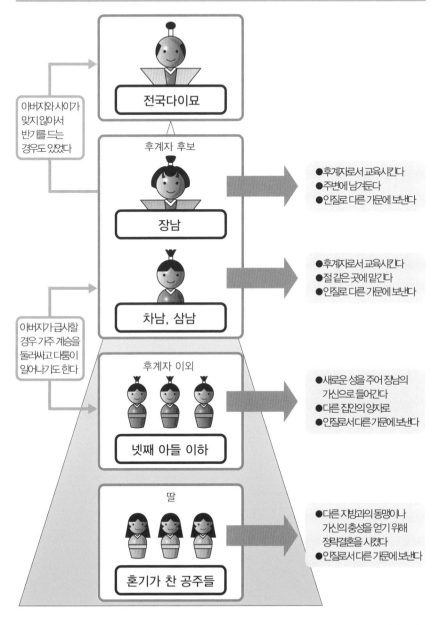

전국다이묘

아버지와 사이가
맞지 않아서
반기를 드는
경우도 있었다

후계자 후보

장남

●후계자로서 교육시킨다
●주변에 남겨둔다
●인질로 다른 가문에 보낸다

차남, 삼남

●후계자로서 교육시킨다
●절 같은 곳에 맡긴다
●인질로 다른 가문에 보낸다

아버지가 급사할
경우 가주 계승을
둘러싸고 다툼이
일어나기도 한다

후계자 이외

넷째 아들 이하

●새로운 성을 주어 장남의
 가신으로 들어간다
●다른 집안의 양자로
●인질로서 다른 가문에 보낸다

딸

혼기가 찬 공주들

●다른 지방과의 동맹이나
 가신의 충성을 얻기 위해
 정략결혼을 시켰다
●인질로서 다른 가문에 보낸다

관련항목

● 전국다이묘에게 있어서 인질이란? →No.010
● 전국무장은 어떤 것을 배웠는가? →No.027
● 전국무장의 결혼이란? →No.032
● 전국시대 초기의 츄고쿠 지방 →No.081

전국다이묘와 일족의 관계는?

혈연관계에 있는 일족은 여러 모로 도움이 되는 존재이다. 그러나 영향력이 크다보니 때로는 방해가 되기도 하였다.

● 여러모로 간섭이 많은 친척

배신이 일상적으로 일어났던 전국시대, 직접적인 가족에 비할 바는 아니지만 혈연관계에 있는 친척은 든든한 우군이었다. 실제로 많은 전국다이묘 가문에서는 혈연관계의 친척을 **이치몬슈**─門衆나 이에슈家衆라 부르며, 가신 중에서도 가장 큰 권력을 가지고 있었다. 혈연관계라 함은, 이 정도로 신용 할 수 있는 것이었다. 실제로 칸토關東 지방의 전국다이묘인 **호죠 가문**은, 이치몬슈에 의한 흔들림 없는 지배로 세력을 확대했다. 또한 츄고쿠 지방의 다이묘인 **모리 가문**의 세력 확장 배경에는 이치몬슈인 코바야카와, 킷카와 이 두 가문의 활약이 있었다.

그러나 이치몬슈의 존재가 다이묘들에게 생각치도 못한 걸림돌이 되는 경우도 있다. 다이묘 가문의 운영에 대한 영향력이 매우 강력했기 때문이다. 다이묘라 하면 독재적 경영자의 이미지가 강하지만, 사실 경영방침은 가신단 회의로 결정되는 경우도 많이 있었다. 그 중에서도 거대한 발언권을 가지고 있었던 것이 다이묘의 일족인 이치몬슈이다. 다이묘와 그들의 의견이 일치한다면 문제가 없지만, 의견이 다를 경우는 매우 곤란한 상황이 벌어졌다. 앞에서 이야기 한 호죠 가문의 경우, **도요토미 히데요시**와의 전투에서 다이묘와 이치몬슈의 의견이 맞지 않아 전투의 기회를 놓치고, 멸망의 고배를 마시게 될 정도였다.

더욱이, 가신단에서도 유력자였기 때문에 한번 신용을 잃게 되면 그 취급은 너무나도 가혹하였다. 가만히 놔둔다면 다른 유력 가신단과 같이 주군의 자리를 **빼앗으려는** 사태로 발전하는 경우도 있었기 때문이다. 거꾸로 다이묘와 이치몬슈 사이의 미묘한 관계를 적이 이용하는 경우도 적지 않았다. 예를 들면 츄고쿠 지방의 다이묘인 **아마고**尼子 **가문**은 주군인 아마고 하루히사를 그의 숙부인 아마고 쿠니히사가 받쳐주는 좋은 관계를 유지하였다. 그러나 모리 가문의 계략에 의해 쿠니히사를 의심한 하루히사는 숙부의 일족을 처형하였다. 그로 인해 아마고 가문은 급속히 약체화 되고 말았다.

전국다이묘와 이치몬슈의 기본적인 관계

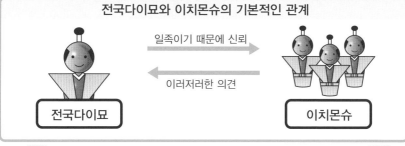

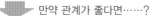

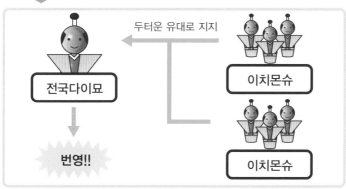

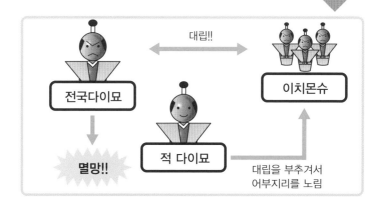

관련항목

●가신에게는 어떤 직무가 있었는가? →No.007
●전국시대 초기의 칸토 지방 →No.076
●전국시대 초기의 츄고쿠 지방 →No.081
●오다와라 정벌 →No.093

전국다이묘와 가신과의 관계는

전국다이묘와 가신단을 이여주는 충성이라는 유대. 그것은 현대인이 상상하는 것보다 훨씬 가혹한 것이었다.

● 은혜과 봉공

전국시대의 일반적인 주종관계를 지탱하였던 것은 은혜_恩와 봉공_{奉公}이라는 일종의 계약이었다. 「은혜」는 주군의, 「봉공」은 가신의 의무였다.

알기 쉽게 풀어 본다면, 「은혜」란 생활의 보장을 의미한다. 자신이 지배하는 토지인 영지의 권리를 인정해주는 것이나, 새로이 영지를 나누어 주는 일 같은 것이다. 또한 녹_祿이라 불리는 급료를 지불하는 것 등이 은혜에 포함된다. 가신이 만족하는 「은혜」를 내려주는 것이야말로 좋은 주군의 필수 조건이었다. 한편, 「봉공」은 군사적인 의무를 의미한다. 군역이라는, 정해져 있는 숫자의 병사를 이끌고 전투에 참가하는 것 이외에 여러 군사적인 공무에 종사하는 것이 봉공에 포함된다.

은혜와 봉공은 무미건조한 이해 관계이며 그것이 서로간에 일치하지 않으면 간단하게 취소된다. 현재의 가치관으로 보면 무정한 일이라고 생각할 수도 있겠지만 당시에는 가신을 만족시키지 못하는 주군에게 책임이 있었다. 역으로 말하자면 주군의 은혜에 만족하고 있는 한, 가신들은 전장에서 목숨을 잃는 것도 마다하지 않았다.

하지만, 주종관계가 이러한 이해관계만으로 이루어진 것밖에 없었던 것은 아니다. 1600년 **세키가하라 전투**_{関ヶ原の戦い}에서 패배한 서군에 속해있던, 호쿠리쿠_{北陸} 지방의 전국다이묘 우에스기 가문은 **고쿠다카**_{石高}가 1/4로 줄어들어 요네자와노쿠니로 이동하게 되었다. 생활의 기반인 세수가 줄어들어 가신단의 생활은 당연히 어려워졌지만, 많은 가신이 우에스기 가문을 떠나지 않고 계속 뒤따랐다.

이 이외에도 바이신이라 불린 특수한 관계도 있었다. 이것은 다이묘의 가신과 주군관계를 맺고 있는 다른 가신을 가리키는 말로, 여기서 「은혜」와 「봉공」의 계약은 어디까지나 **가신과 바이신**의 사이에서 이루어 졌다. 그렇기에 주군과 바이신과의 사이에는 주종관계가 존재하지 않았다.

전국다이묘와 가신의 관계

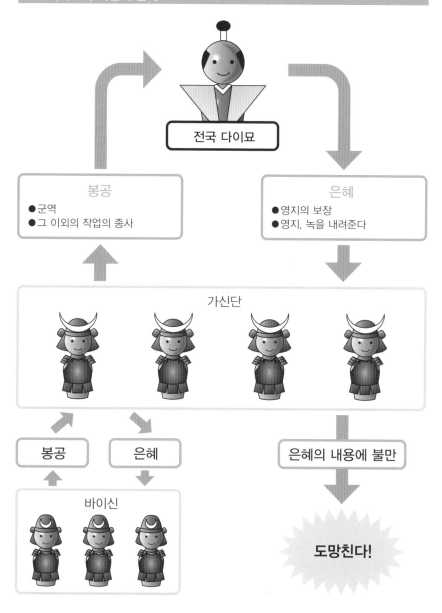

전국 다이묘

봉공
● 군역
● 그 이외의 작업의 종사

은혜
● 영지의 보장
● 영지, 녹을 내려준다

가신단

봉공   은혜

은혜의 내용에 불만

바이신

도망친다!

관련항목

● 가신에게는 어떤 직무가 있었는가? →No.007
● 병사는 어떻게 모았는가? →No.035
● 어떤 일을 하면 수훈으로 인정 받았는가? →No.063

● 논공행상이란? →No.064
● 세키가하라 전투 →No.096

가신에게는 어떤 직무가 있었는가?

전국다이묘의 밑에서 나라를 지탱했던 가신들. 그들에게는 역할과 출신에 따라 계층이 있었다.

● 복잡한 가신단의 구성

전국다이묘의 가신단 구성과 그들의 직무에는 각각의 다이묘마다 특색이 있어서 일정하지는 않다. 그러나 특징을 잡아내어 몇 가지로 분류 할 수 있다. 먼저 다이묘와의 관계로 분류하는 방법. 이 방법은 가신을 크게 3가지 종류로 나눈다. 다이묘와 혈연관계의 무장으로 구성된 **이치몬슈**. 먼 친척관계의 무장과, 오래 전부터 다이묘를 모시는 무장으로 이루어진 후다이슈^{譜代衆}. 마지막으로 다이묘의 영토가 어느 정도 발전한 뒤 편입이 된 토착무사인 쿠니슈^{国衆}가 있다. 쿠니슈는 신잔슈, 토자마슈, 다코쿠슈라고 부르기도 한다. 이 방법 외에 **지키신**^{直臣}, **바이신**^{陪臣}, 보코슈^{奉公衆}라 불리는 3개의 그룹으로 나누는 분류도 있다. 지키신은 직접 다이묘를 모시는 가신, 바이신은 그 가신을 모시어 간접적으로 다이묘를 모시는 가신, 보코슈는 더욱 낮은 지위에서 일하는 최하 계급의 사람들을 가리킨다.

다음으로 가신들 사이의 관계로 나누는 방법이다. 대표적인 방법으로 요리오야^{寄親}, 요리코^{寄子}제도를 들 수 있다. 가신이 너무 많이 늘어나면 다이묘도 파악하기 힘들다. 이러한 이유로 다음과 같은 제도가 생겨났다. 다이묘는 우수한 가신을 요리오야로 임명하여, 다른 가신을 그에게 부하로서 맡겼다. 이 때, 요리오야의 휘하로 들어간 가신을 요리코라 하였다. 구조는 바이신과 비슷하지만, 요리코는 어디까지나 다이묘의 가신이다. 또한 요리코의 신분은 대체로 낮아서, 생활의 전반적인 부분을 요리오야가 지원하였다. 그중에는 노예취급을 받는 경우도 있었다고 한다.

마지막으로 평상시의 직무에 대한 것인데, 이 역시 다이묘의 따라 크게 차이가 난다. 공통적인 직무로는 군사, 행정 쪽으로 다이묘를 보좌하는 슈쿠로^{宿老}. 슈쿠로의 밑에서 보좌하는 가로^{家老}, 츄로^{中老}, 와카츄로^{若中老}, 로츄^{老中}가 있다. 로츄들이 정한 정책에 따라 영토를 다스리는 행정기관장인 부교^{奉行}, 그 밑에서 실무를 담당하는 쇼야쿠^{所役}, 지방을 다스리며 세금을 징수하는 군다이^{郡代}, 다이칸^{代官}. 다이묘의 주변 제반사를 담당하는 킨쥬^{近習}와 코쇼^{小姓}, 문서를 작성하는 유히츠^{右筆} 등이 있었다.

가신단의 구성

다이묘와의 관계로 본 구성1

이치몬슈
전국다이묘의 혈연무장

후다이슈
전국다이묘와먼친척관계의
무장,오래전부터모신무장

쿠니슈
영토가 발전한 뒤에
편입된 무장

다이묘와의 관계로 본 구성2

지키신
전국다이묘를 직접
모시는 무장

바이신
전국다이묘의 가신을
모시는 무장

보코슈
무장을 모시는 신분이
낮은 사람

가신들 사이의 관계로 본 구성

요리오야
전국다이묘가 임명한
우수한 무장

지배

요리코
요리오야가 부하로
맡은 무장

평상시의 주요직무

전국다이묘를 군사적,
정치적으로 보조한다.

슈쿠로

가로　**츄로**　**와카츄로**　**로츄**

킨슈 · 그 이외

전국다이묘 주변의
제반사, 경호, 잡일을 한다.

다이묘나 로츄가 정한
정책을 집행하는
행정기관의 관리

쇼부교

쇼야쿠

지방을 다스리고
세금을 징수하는 관리

군다이

다이칸

관련항목

● 전국다이묘와 일족의 관계는? →No.005

● 전국다이묘와 가신과의 관계는? →No.006

전장에서는 어떤 직무가 있었는가?

개인이 무용을 자랑하던 전투에서 집단 전투의 형태로 바뀐 전국시대. 그래서 전투부대도 체계적인 편성과 직무가 요구되었다.

● 전장 서열

개인 전투에서 집단 전투로 바뀐 전국시대의 전투. 수많은 병사를 효율적으로 움직이기 위해서는, 역할에 따른 전용 조직을 만드는 것이 반드시 필요하였다. 여기서는 그 조직에 대해 설명하겠다.

전투시 조직은 크게 나누어서 전체를 총괄하는 본진과 명령을 받아 움직이는 각 부대로 나눌 수 있다. 본진의 지휘를 하는 것이 총대장으로, 통상적으로 전국다이묘 자신을 가리킨다. 그러나 다이묘 자신이 전투에 참가하지 않는 경우는, 다이묘가 임명한 무장이 그 자리를 맡는다. 총대장을 보좌하는 것이 후쿠쇼^{副将}, 와키다이쇼^{脇大将}로 다이묘가 신뢰하는 무장을 임명하는 경우가 많았다. 후쿠쇼와는 별도로 군사적인 조언을 하는 이로 군부교^{軍奉行}, **군바이샤**^{軍配者}라 불리는 직무가 있다. 특히 군바이샤는 점술이나 의식을 전담하였다. 군부교의 밑에는 코니다부교^{小荷駄奉行}, 하타부교^{旗奉行}−깃발, 야리부교^{槍奉行}−창, 유미부교^{弓奉行}−활, 텟포부교^{鉄砲奉行}−철포, 조총 등 역할에 맞춘 여러 부교가 있다. 코니다부교는 보급부대의 지휘관으로 병사들이 실력을 발휘하려면 반드시 필요한 직무였다. 다른 부교에 관해서는 여러 설이 있는데, 아시가루다이쇼^{足軽大将}의 다른 이름으로 쓰이는 경우도 있다. 또한 본진에는 장병의 행동을 감시하는 군메츠케^{軍目付}, 총대장의 친위대인 우마마와리슈^{馬廻衆}, 각 부대와 연락을 담당하는 츠카이반^{使番}이라는 직무도 있었다.

각 부대의 지휘관은 사무라이다이쇼^{侍大将} 혹은 무샤다이쇼^{武者大将}이다. **사시모노**^{指物}나 깃발, 갑주 등 부대를 인식하기 위한 표식은 사무라이다이쇼에 따라 각각 정해져서 통일되었다. 사무라이다이쇼 밑에는 아시가루다이쇼가 **아시가루**^{足軽}를 지휘하였다. 아시가루는 역할에 따라 나누어져 있는데, 부대를 표시하는 깃발을 사수하는 하타아시가루^{旗足軽}, 나가에라고 불리는 장창을 사용하는 야리아시가루^{槍足軽}, 활을 사용하는 유미아시가루^{弓足軽}, 조총을 사용하는 텟포아시가루^{鉄砲足軽}라 부르고, 각각 부대를 지휘하는 아시가루 대장을 하타다이쇼, 야리다이쇼, 유미다이쇼, 텟포다이쇼로 나누어 부른다. 이 이외에도 말을 돌보거나 짐을 옮기는 등, 직접 전투에 참가하지 않는 인원도 많았다.

전장의 직무와 그 관계

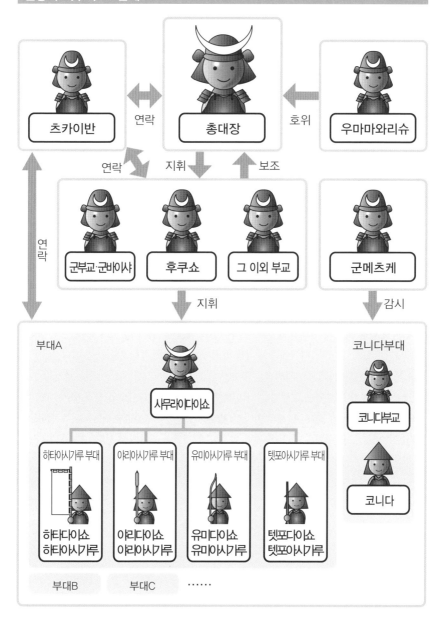

가신의 채용 방법은?

조직의 운영에는 우수한 인재가 반드시 필요하다. 이 사실은 전국다이묘의 영토경영에 있어서도 예외는 아니었다.

● 인재를 확보하라

전국다이묘에게 있어서 우수한 인재의 확보는 피해 갈 수 없는 중요한 문제였다. 전투에서 승리하고 영토를 풍요롭게 하기 위해서는 모든 방면으로 우수한 인재가 필요했다. 호쿠리쿠 지방의 전국다이묘인 **아사쿠라**^{朝倉} 가문에서는 어느 한 방면에 빼어난 인물이라면 일단은 고용하고 본다는 자세를 취하였다. 이런 상황은 다른 다이묘 가문도 큰 차이는 없었을 것이다. 더욱이 **아시카가학교**^{足利学校}라는 양성기관을 졸업한 인물이나, 전에 모시던 군주에게 **칸죠**^{感状}라 불리는 감사장을 받은 인물은 우대받았다. 또한 전투에서 항복한 적군의 무장이나, 전사한 적군 무장의 가족들도 용맹한 활약을 하였다면 우대하여 고용하였다. 출생에 관계없이 우수한 재능을 가진 인재는 어떻게든 손에 넣을 정도로 탐이 났던 것이다.

그러나 많은 경우는 인재를 발견하는 즉시 고용하는 형태는 아니었다. 고용에도 정해진 순서가 필요했던 것이다. 여기에는 배신을 방지하는 것과, 종래의 가신들을 납득시켜야 할 필요가 있었기 때문이다.

고용까지의 순서는 다음과 같다. 먼저 대상이 되는 인물은 다이묘의 친척이나 유력한 가신의 추천을 받아야만 한다. 현재로 치자면 일종의 보증인과 같다. 무사히 추천을 받아낸다 하더라도 바로 고용이 되는 것은 아니다. 임시 고용 기간을 만들어서 일하기에 충분한 능력이 있는지를 알아 보았다. 임시 고용 기간에 납득 할 만한 능력을 보여준다면 드디어 정식으로 고용이 된다. 고용된 인물은 다이묘와 마주보고 앉아 술이나 차를 마시는 것으로 계약을 맺었다. 만약 다이묘가 전투 등으로 먼 곳에 있을 경우에는 계약서를 써서 다이묘에게 보냈다. 만약 다이묘가 조심성이 많다면, 가족을 인질로 제공해야 하는 경우도 있었다.

그러한 고용 방법은 다이묘의 가신인 무장이 자신의 가신으로 고용한 **바이신**의 경우도 거의 비슷했다고 한다.

전국무장 채용까지의 순서

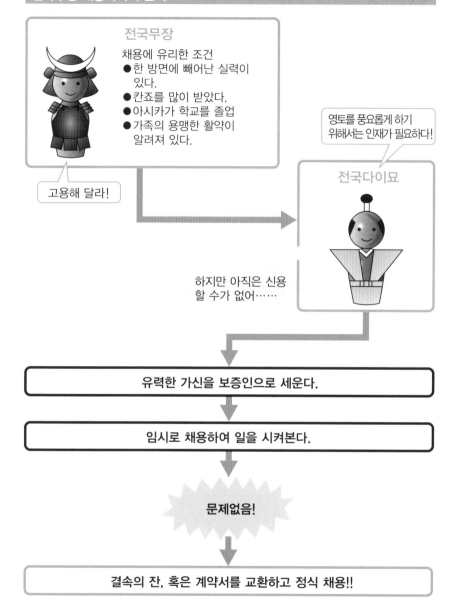

전국무장

채용에 유리한 조건
● 한 방면에 빼어난 실력이 있다.
● 칸죠를 많이 받았다.
● 아시카가 학교를 졸업
● 가족의 용맹한 활약이 알려져 있다.

고용해 달라!

영토를 풍요롭게 하기 위해서는 인재가 필요하다!

전국다이묘

하지만 아직은 신용할 수가 없어……

유력한 가신을 보증인으로 세운다.

임시로 채용하여 일을 시켜본다.

문제없음!

결속의 잔, 혹은 계약서를 교환하고 정식 채용!!

관련항목

● 전국다이묘와 가신과의 관계는? →No.006
● 가신에게는 어떤 직무가 있었는가? →No.007
● 전국다이묘에게 있어서 인질이란? →No.010
● 전국무장은 어떤 것을 배웠는가? →No.027
● 논공행상이란? →No.064
● 전국시대 초기의 호쿠리쿠 지방 →No.077

전국다이묘에게 있어서 인질이란?

구두로 한 약속 따위 신용할 수 없는 전국시대. 신용을 얻기 위해서는 인질을 넘겨줄 수 밖에 없었다.

● 인질의 역할

전국시대는 항상 배신이 따라다니는 시대였다. 그렇기 때문에 전국다이묘들은 자신의 안전을 보장받기 위해 인질을 잡았다. 인질을 잡는 상대는 적국의 경우도 있었고 자신의 **가신**인 경우도 있었다. 여하튼 신용이 가지 않는 상대에게는 **육친**을 내놓게 하여, 인질로 잡아두는 것으로 상대에게 압박을 가하려 했다. 역으로 인질을 넘겨주는 쪽에서도 상대방의 신용을 얻기 위해서 적극적으로 인질을 넘겨주었다. 구두 약속이나 서면상의 약속은 믿을 수 없었던 전국시대에는 인질을 내미는 것이 일종의 계약 행위가 되었다.

인질이라 하면 나쁜 이미지이지만, 이러한 인질들의 대우는 그렇게 비참한 것은 아니었다. 많은 경우, 중요 인물로서 정중히 다루어졌다고 한다. 예를 들면 어린 시절의 도쿠가와 이에야스는 칸토 지방의 전국다이묘인 **이마가와 요시모토**의 밑에서 인질 생활을 보냈다. 에도 시대에 기록된 서적에는 그가 요시모토의 밑에서 괄시를 받았는지에 대해 나와 있지만, 현재 연구에 의해 괄시가 아닌 우대를 받았던 사실이 알려지게 되었다. 그가 요시모토의 밑에서 무사로서 필요한 교육을 받고, 요시모토의 이름에서 모토라는 글자를 받고(높은 사람에게 이름의 한 글자를 받는 것은 명예로운 일이었다), 요시모토의 친척에 해당하는 츠키야마도노를 부인으로 맞이하였다.

그렇다고 하더라도 인질은 인질. 막상 일이 터지고 나면 그 대우는 미묘해진다. 관계가 심각하게 뒤틀리지 않는다면, 인질은 무사히 되돌아 왔다. 정중하게 인질이 가지고 왔던 물건까지 되돌려준 예도 있었다. 그러나 관계가 뒤틀어지면 그렇게 되지는 않는다. 본보기로 죽이는 일도 있는가 하면, 인질 스스로 친척에게 짐이 되는 것을 피하려고 직접 목숨을 끊는 경우도 있었다. 그 중에는 억지로 탈출을 시도한 예도 있었다고 한다.

인질의 대우와, 인질을 교환하는 이유

상대방의 육친을 인질로 잡아둬서, 꼼짝 못하게 하고 싶다!

전국다이묘A

전국다이묘B

육친을 인질로 내밀어서 상대의 신용을 얻고 싶다!

인질

인질은 비교적 정중하게 대우
때로는 중요 인물로서 충분한 교육이나 대우를 받는 경우도!

그러나 양쪽의 관계가 뒤틀리게 된다면……

본보기로 죽이는 경우도 있다!!
(무사히 돌아 오거나,
인질이 억지로 탈출하는 경우도 있다.)

관련항목

● 전국다이묘와 가신과의 관계는? →No.006
● 가신에게는 어떤 직무가 있었는가? →No.007
● 전국다이묘에게 있어서 인질이란? →No.010

● 전국무장은 어떤 것을 배웠는가? →No.027
● 논공행상이란? →No.064
● 전국시대 초기의 호쿠리쿠 지방 →No.077

분국법

전국다이묘들이 영토 지배를 위하여 제정한 분국법. 그것은 주로 농민과 가신들을 통제하기 위한 것이었다.

● 영토 지배를 위하여

분국법分国法은 전국법, 전국가법이라고도 불린 것으로, 전국다이묘들이 자신들의 영지를 다스리기 위해 제정한 법률이다. 기본적으로는 공식문서로 시행된 것을 가리키나, 가훈으로 남아있는 것을 분국법으로 취급하는 경우도 많다.

그런데 이 분국법을 모든 다이묘가 실행했던 것은 아니다. 츄고쿠 지방의 다이묘인 **모리 가문**과 같이 고쿠진国人이라 불리는 영토 안 소영주들의 힘이 강하여, 분국법을 실행 할 수 없었던 다이묘들도 많았다. 실행을 못하는 걸 넘어서 고쿠진의 힘이 너무도 강대하여 그들이 제정한 분국법을 강요당한 킨키 지방의 록카쿠六角 가문 같은 예도 있었다.

● 분국법의 주요 내용

분국법의 내용이나 규모는 천차만별이었지만, 그 대부분은 가마쿠라 시대에 제정된 무가 정권을 위한 법률인 『고세바이시키모쿠御成敗式目』를 기본으로 한다. 또한 그 지방 무장 가문의 독자적인 습관 등도 포함되는 경우가 많았다.

분국법의 내용 대부분은 농민지배에 관한 법률과 가신단 통제에 관련된 법률, 크게 이 두 가지로 나누는 것이 가능할 것이다. 농민에게 거두어 들이는 **세금**은 다이묘의 중요한 수입원의 하나이기에, 확실하게 세금을 거두어 들일 수 있는 체계를 구축할 필요가 있었다. 농민지배에 관한 법률은 이러한 체계를 확실하게 운용하기 위하여 필요했다.

한편 가신단 통제에 관한 법률은 불안정한 내부를 안정 시키기 위한 것이었다. 주종관계를 철저히 하고 가신단 내부의 서열을 분명히 기록하여 다이묘의 지위를 확립하는 한편, 재산분여의 일원화나 허가 없는 **혼인**의 금지 등으로 가신단의 세력이 약화되는 것을 피하려 하였다.

분국법이란?

분국법
전국다이묘가 영토를 다스리기 위하여 제정한 독자적 법률

분국법을
제정하고 싶다!

전국다이묘

그러나 영토내의
고쿠진의 힘이 강력하면

격렬한 저항에 부딪혀
제정 실패!!

고쿠진의 편의를 봐준
법률을 강요당한다!!

분국법의 목적

고세바이시키모쿠   가마쿠라 시대에 제정된 무사의 법률

을 기반으로 하여…

농민지배
● 농민에게 확실하게 세금을 거두어
들일 수 있는 체계의 확립

가신단 통제
● 내부의 서열을 명확히 기록
● 가신의 세력이 쇠퇴하지 않도록
체계를 확립.

● 주요 분국법

오치케카베가키大內家壁書   록카쿠시키모쿠六角式目   아사쿠라타카카게죠죠朝倉孝景条々   진카이塵芥集

신카세시키新加制式

사가라시핫토相良氏法度

유키시신핫토結城氏新法度

쵸소카베시오키테가키長宗我部氏掟書   이마가와나모쿠로쿠今川仮名目録   코슈핫토시다이甲州法度之次第

관련항목

● 가신에게는 어떤 직무가 있었는가? →No.007
● 전국다이묘의 수입원은? →No.012
● 전국무장의 결혼이란? →No.032
● 전국시대 초기의 츄고쿠 지방 →No.081

전국다이묘의 수입원은?

막대한 비용을 필요로 하는 영지 운영. 전국다이묘들은 여러 방법으로 자금을 마련하였다.

● 영지의 운영자금을 마련하라

나라의 운영에는 여하튼 돈이 든다. 독립을 유지하기 위한 군사 비용, 내부의 공공사업을 하기 위한 비용, 공무원의 급료, 그 이외   . 이것은 전국시대에도 예외는 아니었다. 특히 지배하는 영지를 확장하고 방어하기 위해 필요한 군사 비용의 확보는 전국다이묘에게 있어서 커다란 과제였다.

다이묘에게 수입의 기본이 되는 것은 세금이다. 다이묘가 직접 지배하는 직할지에서 얻는 농업 수입 등에 부과한 연공年貢. 직할지나, 가신에게 수여한 토지인 큐닌료給人領(치교지知行地)를 가리지 않고 영지 전체에서 징수하는 야쿠센役錢(논에 부과하는 탄센段錢, 밭에 부과하는 카케센懸錢, 집에 부과하는 무네베츠센棟別錢 등 소득에 따라 부과하는 세금). 유복한 사람에게 부과한 우토쿠센有德錢. 고리대금 업자에게 부과한 쿠라야쿠藏役. 시장의 판매수익에 부과한 이치바센市場錢. 군사비 목적으로 임시로 부과를 하는 야센矢錢. 이 이외에도 여러 이유를 붙여서 세금을 징수하였다. 그 중에는 승려의 결혼에 부과한 세금 같은 것도 존재하였다. 또한, 연공이라 하면 엄하게 받아내는 것을 연상하게 되지만, 그 해의 수확량에 따라서는 면제해 주는 경우도 있었다고 한다. 그 대신 야쿠센은 면제하는 일이 없이 다이묘의 수입에 근간이 되었다.

이러한 세금으로도 부족한 경우에는 다이묘가 직접 장사를 하였다. 광산을 운영하거나, 명나라나 **남만**(동남아시아나, 포르투갈, 스페인)과의 무역, 특이한 경우는 영지의 주민들에게 강제로 돈을 빌려주고 그 이자를 징수하는 경우도 있었다.

이 외에 전투에 의한 수입도 있었다. 전장이 된 토지의 주민들이 **약탈**을 피하기 위하여 지불한 레이센礼錢, 원군을 부탁한 지방이 지불한 레이센, 항복한 지방에서 지불하였던 레이센이 수입이 되었다. 그러한 레이센은 상당한 금액이었기에 다이묘의 수입에서 많은 부분을 차지하였다는 설도 있다. 게다가 전장에서의 약탈행위나 인신매매를 수입원으로 하는 경우도 있었다. 이러한 약탈행위는 전국시대 후기에 들어와서야 금지되었다.

전국다이묘의 주요 수입원

> 군비의 증강과 영토의 개발에는 막대한 자금이 필요하다!

전국다이묘

그래서……

세수

연공
직할지의 농업생산물에 부과하는 세금

야쿠센
영지 전체에서 소득에 따라부과하는 여러 세금

우토쿠센
유복한 사람에게 부과했던 세금

쿠라야쿠
고리대금 업자에게 부과한 세금

이치바센
시장의 판매수익에 부과한 세금

야센
군사비를 목적으로 하여 임시로 부과하는 세금

장사, 무역

대외무역
남만과의 무역이나 명나라와의 무역. 큐슈 지방에서 성했다.

광산운영
신규개발에서 단순경영까지 여러 형태가 있었다.

대부
주민들에게 금전이나 묘목을 빌려주고 이자를 징수

전투

레이센
원군을 요청한 지방이나, 항복한 지방에서 받는 레이센

약탈품
약탈한 물품이나 인신매매로 올리는 수입

관련항목

- 칸다카제와 고쿠다카제란 무엇인가? →No.013
- 전장에서 약탈행위는 일어났는가? →No.062
- 전국다이묘와 남만인 →No.111

칸다카제와 고쿠다카제란 무엇인가?

전국다이묘의 중요한 수입원 중의 하나였던 연공. 연공을 거두어 들이는 방법에는 각각 다양한 장점을 가지는 여러 방식이 있었다.

● 농지에 대한 평가

전국다이묘의 수입원 중 하나였던 **연공**. 이 연공에는 징수 방법에 따라 칸다카제貫高制와 고쿠다카제石高制의 2종류의 징수법이 존재하였다.

칸다카제는 농지에 부과하는 과세액을 금전으로 표시한 것이다. 과세액으로는 논이라면 1단反(약 10ha)당 300~500몬文, 밭이라면 1단당 100몬을 조금 넘는 금액을 부과하는 것이 일반적이었다. 토지의 생산성은 별로 고려하지 않았기 때문에, 한번 정해지면 그 이후에 변경되는 경우는 많지 않았다. 그런데 칸다카제는 과세액이 금전으로 표시되어 있기는 하지만, 실제로 금전으로 지불되는 경우는 드물었다. 대부분의 경우는 수확한 작물로 직접 지불하였다. 거기다가 작물에 대한 평가 금액은 가지가지여서, 소유하는 토지에 비해서 세수는 극단적으로 적은 경우도 있었다. 얼핏 보기에는 그다지 유용하지 않는 것처럼 보이는 칸다카제이지만, 가신에게 병사의 동원을 부과하는 **군역**에는 유용하였다. 군역은 가신에게 부여한 토지의 규모에 따라 해당 토지에는 몇 명이라는 식으로 군사의 숫자가 정해져 있다. 한번 정해지면 변경이 없는 칸다카제의 경우에 어느 가신이 얼마만큼의 병사를 데리고 온다는 것을 파악하기 쉬웠다.

한편 고쿠다카는 토지의 생산성에 대한 평가액이다. 1단당 쌀의 생산량에 따라 상전, 중전, 하전, 하하전으로 분류한 것을 고쿠모리石盛, 여기에 토지의 넓이를 곱한 것을 고쿠다카라고 한다. 그러나, 고쿠다카제를 도입하기 위해서는 토지의 소유자를 명확하게 가리고 생산성을 조사하는 것이 반드시 필요하다. 많은 전국다이묘 가문에서는 자신들의 토지에 정해진 칸다카가 변경되는 것을 싫어한 **가신단**(평가된 칸다카보다 더 많은 농지 수입을 얻고 있었다)의 반대에 의해 조사를 하는 것이 곤란하였다. 그렇기 때문에 고쿠다카제가 도입이 된 것은 강력한 지배력을 가진 다이묘 가문에 한정되었다. 또한 도입한 것도 새로 지배하게 된 지역이 대부분 이었다.

칸다카제

칸다카
논(1단당 300~500몬)
밭(1단당 100몬 정도)
× 토지의 넓이 = 세수

칸다카 × 무장의 치교지 넓이 = 무장의 치교다카(知行高)

무장의 치교다카 × 군역의 비율 = 무장이 동원하는 병력의 숫자

장점
● 현상유지로 반발이 일어나지 않는다.
● 동원 가능한 병력을 파악하기 쉽다.

단점
● 토지에 맞는 정확한 세수를 얻을 수 없다!

고쿠다카제

고쿠모리(토지의 생산능력)
상전(1단당 1섬5말)
중전(1단당 1섬3말)
하전(1단당 1섬1말)
하하전(1단당 9말)
× 토지의 넓이 = 고쿠다카

고쿠다카 × 세금의 징수율 = 세수

장점
● 토지에 맞는 세금을 징수 할 수 있다.

단점
● 고쿠다카를 파악하기 위한 조사를 하려면 강력한 권력이 필요하다!

관련항목

● 전국다이묘의 수입원은? →No.012
● 병사는 어떻게 모았는가? →No.035
● 논공행상이란? →No.064
● 전국시대의 물건 단위 →No.066
● 전국시대의 화폐 단위 →No.067

영지 주민들도 전투에 차출되었다?

전국다이묘에게 있어 영지의 주민들은 중요한 노동력이기도 하였다. 주민들은 세금의 일환으로서 때로는 전장에도 징집되어야 했다.

● 주민들에게는 괴로운 부역

전국다이묘들은 세금의 일환으로 부역陣夫役이라 불리는 강제노동을 주민들에게 부과하였다. 전투에 병사나 잡일 담당으로 참가해야 하는 진부역陣夫役, 평시에 축성이나 성의 보수 등에 차출되던 후신역普請役, 말과 말의 소유자를 일시적으로 징발하는 전마역伝馬役 등이 부역에 해당된다. 더욱이 치수사업이나 관계사업과 같은 공공사업, 다이묘가 직접 지배하는 직할령의 농사일에도 부역이 동원 되었다.

이러한 대규모의 인력동원에서도 특히 비중이 컸던 것이 진부역이다. 진부역은 장기간 구속 당할 위험이 있기 때문에, 주민들에게 있어서는 일반적인 세보다 부담이 컸다. 잡혀 있는 기간동안 얻을 수 있는 수입에 대한 보상이 없기 때문이었다. 특히 농민의 경우, 농작물을 심거나 수확을 하는 시기에 부역에 동원되는 것은 치명적인 부담이었다. 당시의 농업은 어떻게든 일손이 필요했기 때문이다. 또한 진부역으로 전장에 나간 경우는 전사할 가능성도 있었다. 다케다 신겐이 지배하는 카이노쿠니의 코슈핫토(당시의 분국법)에는, 전사했을 경우는 일시적으로 그 일족의 부역을 면세한다고 나와있다. 그러나 종군 중에 소지품을 잃어버린 경우에는 보상의 대상이 되지 않았다. 또한 종군 중에 식료와 급료는 지급이 되지만, 그것을 가지고 무사히 돌아갈 수 있다는 보장은 없었다.

공공사업에 차출되는 경우도 부담이 적은 것은 아니었다. 식량을 포함해 필요한 물자는 전부 본인 부담이었다. 그 때문에 고생을 견디지 못하고 도망치는 주민들도 적지 않았다. 그러나 다이묘들이 이를 용납하지 않기 때문에 도망친 주민들은 쫓기고, 남아있는 일족에겐 벌금이 부과되었다. 또한 더욱더 노동력을 확보하기 위하여 인신매매가 성행했다는 기록도 남아있다. 그러나 전국시대 후기에 들어서면서 인력동원에 관련된 상황이 변화하였다. **아시가루**의 전문화에 의해 진부역은 줄고, 부역 자체도 금전을 통해서 면제가 되었기 때문이다.

주민과 부역이라는 제도

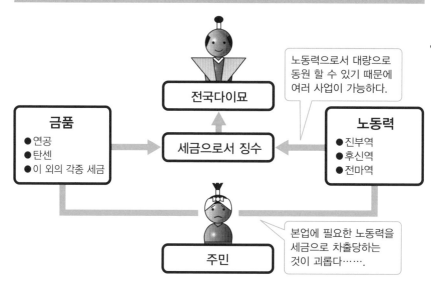

전국다이묘

노동력으로서 대량으로 동원 할 수 있기 때문에 여러 사업이 가능하다.

금품
- 연공
- 탄센
- 이 외의 각종 세금

→ 세금으로서 징수 ←

노동력
- 진부역
- 후신역
- 전마역

주민

본업에 필요한 노동력을 세금으로 차출당하는 것이 괴롭다…….

부역의 실태

진부역

주업무: 진중에서의 잡무. 때로는 전투도 하였다.

노동조건: 급료, 식량은 지급. 그 이외는 전부 자기책임.

이 외의 부역

주업무: 토목작업이나 편지, 물자의 운송.

노동조건: 기본적으로는 무급. 부역으로 본업에서 보는 손해의 보상도 없음.

병농분리에 의한 진부역의 면제나, 세금의 대납으로 인해 본업에 전념할 수 있게 되었다.

관련항목

- 전장에서는 어떤 직무가 있었는가? →No.008
- 분국법 →No.011
- 성은 어떻게 지었는가? →No.044
- 전국시대의 교통 수단 →No.070
- 전국다이묘와 농민 →No.112

No.015
전국무장과 조정의 관직

조정에 종사하는 사람들 이외에는 의미가 없는 조정의 관직. 그러나 전국무장들에게는 매우 매력적이었던 것 같다.

● 너무나도 가지고 싶은 조정의 관직

조정의 관직이란 조정에 종사하는 관리의 직종이나 직무를 나타내는 것이다. 원래대로라면 조정의 관리가 아닌 전국무장에게 관직은 전혀 무의미한 것이라 할 수 있다. 그러나 무장, 특히나 전국다이묘들은 조정의 관직을 얻기 위해 분주히 뛰어다녔다. 다이묘들에게 있어서 조정의 관직이란 그 정도로 매력이 있는 것이었다.

전국시대 조정은 수입원인 토지를 다이묘들이 횡령을 하는 탓에 금전적으로 궁핍하였다. 그렇기에 조정은 돈을 마련하기 위해 관직을 매매하게 되었다. 이것에 다이묘들이 달려든 것이다.

그렇다면 다이묘들은 어째서 관직을 원하였던 것일까? 우선 사회적 지위로서 관직을 원했기 때문이다. 높은 관직을 가지고 있을수록 무장으로서 지위도 높았기 때문이다. 높은 관직을 가진 자는 낮은 관직을 가진 자를 업신여겼다. 그렇기 때문에 다이묘들은 물불 안 가리고 관직을 원했다. 이런 사회적 지위를 위해 원하는 관직은 조정 안에서 일하는 사람의 것이 많았다. 예를 들면 우마야반馬屋番(조정에서 쓰는 말을 관리한 곳)의 반장과 같은 관직이 그것이다. 그러나 실제로 조정에 출근을 한 것은 아니었기에, 완전히 유명무실한 것이었다.

또 하나의 이유로는 영토를 다스리기 위해서라는 실리적인 이유였다. 전국시대에는 무로마치 막부의 관직인 슈고의 권위에 한계가 보이기 시작한 때여서, 다이묘들은 영토지배의 방법으로서 다른 권위를 필요로 하게 되었다. 그 목표가 된 것이 조정에서 파견되어 각 지방을 다스렸던 국사라는 관직이었다. 지방이름 + 카미守, 예를 들어 오와리노카미尾張の守가 있다.

그러나 이러한 관직을 얻기 위해서는 조정에 헌금은 물론이고 막부나 **궁정 귀족**에게 사전 공작도 반드시 필요하였기에, 막대한 금품이 사용되었다. 그렇기 때문에 실제 존재하는 관직명을 살짝 바꾸어 스스로 내걸거나, 가신에게 실제로 존재하지 않는 적당한 관직을 하사한 전국다이묘도 적지 않았다고 한다.

전국다이묘가 조정의 관직을 원했던 이유

명예적 관직
이유: 대외적인 서열의 기준이 필요.
구체적인 관직: 좌마수(左馬守)(마료(馬寮)라는 말을 관리하는 기관의 장관이라는 의미) 등. 조정에서 일을 하지는 않았다.

실질적 관직
이유: 영토를 다스리기 위한 권위로 이용.
구체적인 관직: 국사의 오와리노카미(오와리 지방을 다스리는 장관이라는 의미) 등. 조정에 납세의무는 없음.

관직명의 구조

관사(기관명이나 지역명)　＋　사등관(카미(長官), 스케(次官), 호칸(判官), 사칸(主典))

관사	카미	스케	호칸	사칸
다이죠칸(太政官)	다이진(大臣)	나곤(納言)·산기(参議)	나곤(納言)·벤(弁)	게키(外記)·시죠(史生)
쇼(省)	쿄(卿)	후(輔)	죠(丞)	로쿠(録)
시키(職)	다이부(大夫)	스케(亮)	신(進)	조쿠(属)
료(寮)	카미(頭)	스케(助)	인(允)	조쿠(属)
코쿠시(国司)	카미(守)	스케(介)	죠(掾)	소칸(사칸)(目)
단죠다이(弾正台)	인(尹)	히츠(弼)	츄(忠)	소(疏)
뵤에·에몬부(兵衛·衛門府)	카미(토쿠)(督)	사(佐)	이(尉)	시(志)

관련항목
● 전국무장의 이름은 어떻게 정해지는가? →No.023　　● 전국다이묘와 천황, 궁정 귀족 →No.103

전국무장과 무로마치 막부의 관직

전국시대에는 이미 유명무실한 것이 되어버린 무로마치 시대의 관직. 그러나 전국시대를 논하는데 있어서 빼놓을 수 없는 지식 중 하나이다.

● 무로마치 시대의 관직과 전국무장의 관계

오닌의 난 이후 무로마치 막부는 실질적인 지배력을 잃었다. 그러나 그 권위 자체는 전국무장에게 있어서 매력적인 것이었다고 한다. 무로마치 막부의 관직은 권위 자체를 상징하는 것이라 말할 수 있다.

슈고守護, 슈고다이守護代 같은 관직을 예로 들 수 있다. 슈고는 무로마치 막부가 지방을 지배하기 위해 임명한 관리, 슈고다이는 슈고가 지방에 파견시켜서 실제로 지배를 하게 한 대역이다. 슈고는 세습을 시키는 경우가 많아서 일족이 대를 이어온 관직은 다이묘에게 있어서는 사회적 지위이기도 하고 영토지배의 정통성을 나타내는 것이기도 했다. 그렇기 때문에 어느 정도 힘을 키운 다이묘들은 막부에 헌금을 해서 슈고 관직을 얻으려 했다. **다케다 신겐**의 다케다 가문은 대대로 슈고 집안이었다. 그의 라이벌로 유명한 **우에스기 켄신**의 나카오 가문은 슈고다이의 집안이었다. 이 이외에 슈고의 가문으로는 토카이 지방의 **이마가와 가문** 등이 있다.

다음으로 칸토칸레이關東管領라는 관직이 있다. 이것은 켄신이 임명된 관직이다. 칸토칸레이는 가마쿠라부鎌倉府의 가마쿠라쿠보鎌倉公方를 보좌하는 관직이었다. 가마쿠라쿠보는 칸토를 지배하기 위하여 파견된 아시카가 가문의 일족으로, 말하자면 동쪽 지방의 쇼군이었다. 켄신은 에치고노쿠니越後国에서 거리가 먼 칸토까지 여러 번 군사를 출병했는데, 그 이유 중 하나가 바로 칸토칸레이로서 칸토 지방의 평화를 지킨다는 대의명분이 있었기 때문이다.

또한 칸레이管領라는 관직도 빼 놓을 수 없다. 칸레이는 장군의 보좌역으로서 사실상 막부 정치의 실권을 쥐고 있는 관직이었다. 그렇기 때문에 아시카가 장군 가문과 혈연관계에 있는 유력한 다이묘인 호소카와 가문細川氏, 시바 가문斯波氏, 하타케야마 가문畠山氏, 이 세 곳에서만 돌아가며 임명되어 왔다. 이들을 산셋케三管家라 불렀으나, 이중에 하타케야마 가문의 가주 승계 분쟁이 오닌의 난이 일어나는 직접적인 원인이 되었다. 또한 **오다 노부나가**에게 **쇼군**인 아시카가 요시아키가 칸레이 관직을 하사했으나 이것을 거절했다는 일화가 남아있다.

무로마치 시대의 주요 관직(중앙)

장군

실질적인
막부의 지배자

칸레이

효죠슈(評定衆)	히키츠케카타(引付方)	마도코로(政所)	몬츄죠(問注所)	사무라이도코로(侍所)	코자무라이도코로(小侍所)
슛세효조슈 (出世評定衆) 시키효조슈 (式評定衆)	토닌(頭人) 콘노가미닌(權頭人) 요료도(寄人) 카이코(開闔) 등	시츠지(執事) 마도코로다이(政所代) 요료도(寄人) 쿠닌(公人) 등	시츠지(執事) 시츠지다이(執事代) 요료도(寄人)	쇼시(所司) 쇼시다이(所司代) 카이코(開闔) 요료도(寄人) 등	벳토(別当) 쇼시(所司)
효죠부교(評定奉行) 쿠닌부교(公人奉行) 슈고부교(守護奉行) 등		모시츠기슈(申次衆) 히로부교(披露奉行) 고소부교(御所奉行) 등	옷소부교(越訴奉行) 쇼닌부교(証人奉行) 켄시부교(検使奉行)	지방토닌(地方頭人) 지방가이코(地方開闔) 메츠키(目附) 등	

무로마치 시대의 주요 관직(지방)

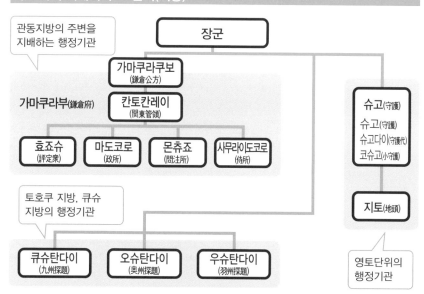

관동지방의 주변을
지배하는 행정기관

장군

가마쿠라쿠보
(鎌倉公方)

가마쿠라부(鎌倉府)

칸토칸레이
(関東管領)

효죠슈
(評定衆)

마도코로
(政所)

몬츄죠
(問注所)

사무라이도코로
(侍所)

슈고(守護)

슈고(守護)
슈고다이(守護代)
코슈고(小守護)

지토(地頭)

토호쿠 지방, 큐슈
지방의 행정기관

큐슈탄다이
(九州探題)

오슈탄다이
(奥州探題)

우슈탄다이
(羽州探題)

영토단위의
행정기관

전국다이묘들은 왜 죠라쿠를 목표로 하였는가?

무언가에 이끌리듯이 쿄토로 향한 전국다이묘들. 그 곳에는 그들의 마음을 사로잡을 정도의 권위와 실리가 있었다.

● 죠라쿠의 참을 수 없는 매력

죠라쿠란 쿄토를 목표로 이동하는 행위이다. 당시의 일본의 수도는 쿄토이고, 수도를 중국식으로 말하면 낙洛이 된다. 여기에서 위로 올라간다 하여 죠라쿠上洛이다. 전국시대, 많은 유력한 전국다이묘들은 죠라쿠를 목표로 활동했다. 왜냐하면 죠라쿠에는 그에 상응 할만한 이익이 있었기 때문이다.

죠라쿠에는 소수의 가신을 데리고 가는 사적 죠라쿠와 자신이 지배하는 영토에서 쿄토에 이르는 길에 있는 다이묘들을 평정시키면서 가는 군사적 죠라쿠, 이 두 가지가 있다. 이 두 가지의 죠라쿠는 다이묘가 목적에 맞추어 구분하였다. 사적 죠라쿠는 **막부**나 **조정**에서 영토 지배를 위한 린지綸旨(조정의 적을 토벌하기 위한 명령) 등을 보장받기 위하여 실행한 경우가 많다. 물론 영토의 내부 통일은 자력으로 해야 하지만, 전국시대의 무장들은 권위와 명분을 중시하였다. 죠라쿠를 하여 영토 내부통일의 정당성을 얻게 된다면, 반대세력을 누를 수 있는 구실을 얻을 수 있었다.

한편 군사적 죠라쿠는 천하를 손에 넣기 위한 목적으로 이루어졌다. 전국시대 초기에서 중기에 걸쳐, 쇼군을 옹립하고 죠라쿠를 하여 쿄토와 그 주변을 군사적으로 제압하는 일은 천하를 제압한다는 의미를 가지고 있었다. 쿄토와 그 주변을 손에 넣는다면 천하를 호령하는 일이 가능했다. 또한 군사적 죠라쿠를 한 다이묘로는 츄고쿠 지방의 전국다이묘 **오오우치 요시오키**大内義興와 시코쿠 지방에서 진출한 **미요시 쵸케이**三好長慶, 그리고 **오다 노부나가**를 들 수 있지만, 오다 노부나가 이전의 다이묘들은 자신의 영토 지배와 쿄토의 지배를 별개의 것으로 생각하고 있었다. 천하통일=전 영토 통일이 된 것은 노부나가가 등장한 이후였다.

더욱이 죠라쿠에는 문화, 경제, 기술을 흡수하려는 목적도 있었다. 당시의 쿄토는 모든 문화적 활동의 중심지였다. 전국다이묘들은 죠라쿠를 하여 영토를 풍요롭게 하는 방법을 배우려 했던 것이다.

전국다이묘와 죠라쿠

죠라쿠란?

죠라쿠란 쿄토에 들어가는 것. 쿄토를 중국의 수도인 낙양(洛陽)에 비유한 것에서 유래하였다.

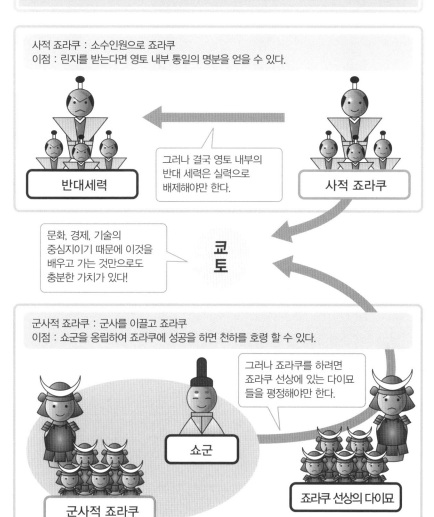

사적 죠라쿠 : 소수인원으로 죠라쿠
이점 : 린지를 받는다면 영토 내부 통일의 명분을 얻을 수 있다.

그러나 결국 영토 내부의 반대 세력은 실력으로 배제해야만 한다.

반대세력

사적 죠라쿠

문화, 경제, 기술의 중심지이기 때문에 이것을 배우고 가는 것만으로도 충분한 가치가 있다!

쿄토

군사적 죠라쿠 : 군사를 이끌고 죠라쿠
이점 : 쇼군을 옹립하여 죠라쿠에 성공을 하면 천하를 호령 할 수 있다.

그러나 죠라쿠를 하려면 죠라쿠 선상에 있는 다이묘 들을 평정해야만 한다.

쇼군

군사적 죠라쿠

죠라쿠 선상의 다이묘

관련항목

●전국시대 초기의 쇼군과 그 주위의 상황 →No.074
●전국시대 초기의 시코쿠 지방 →No.082
●오다 노부나가의 대두 →No.086
●전국다이묘와 천황, 궁정 귀족 →No.103
●전국시대와 쇼군가 →No.104

No.018

전국무장은 어떤 곳에 살았는가?

예의적, 형식적인 귀족들의 시대와는 반대로 여러 가지를 합리적으로 바꾸려 했던 전국시대. 전국무장의 주거 역시 합리화에서 예외는 아니었다.

● 신분에 의해 무장의 주거지도 변한다

전국시대 무사의 주거지로서 유명한 것은 토노모즈쿠리主殿造り, 쇼인즈쿠리書院造り라 불리는 형식의 무가武家저택이다. 이것은 다이묘급을 포함하는 유력한 무장의 주거로서 매우 사치스러운 주거지였다.

무로마치 시대 이전, 무사의 저택은 궁정 귀족의 저택을 흉내낸, 신덴즈쿠리寢殿造り라고 불리는 좌우대칭형으로 전면 마룻바닥이 기본이었다. 그러나 무로마치 시대에 들어서면서, 좌우대칭을 고집하지 않고 필요한 기능별로 독립된 건물을 지어서 건물들을 해자로 감싼 토노모즈쿠리의 저택이 등장한다.

토노모즈쿠리는 그 이름의 유래가 되는 토노모主殿를 중심으로 북쪽과 남쪽을 구분하였다. 북쪽에는 침실이나 처자식이 사는 타이노야対屋, 가신이 대기하는 토자무라이遠侍, 부엌과 같은 시설을 마련해둔 사적 공간, 남쪽에는 토노모, 욕실, 차실 등의 설비가 마련된 접객 공간이 있다. 저택의 주변은 해자로 둘러싸여 있고 큰 문이 하나, 작은 문이 여러 개 있다. 토노모는 저택과 마찬가지로 북쪽이 무장의 서재인 쇼인, 남쪽에는 방문객 접객용 공간이다. 토노모는 접객용이기 때문에 다다미가 깔려있는 경우가 많았다. 당시 다다미는 사치품으로 건물 전체에 깔려있는 경우는 드물었다고 한다. 지붕은 기본적으로 억새나 판자로 이었다. 기와지붕은 다다미와 마찬가지로 사치품이라서 사원이나 성에 사용되는 물건이었다. 또한 중급무사의 저택도 시설은 적지만 토노모즈쿠리를 따라 지어서 구조 자체는 크게 다르지 않았다.

이러한 상급무사, 중급무사의 저택과는 다르게 아시가루를 포함한 하급무사의 주거는 검소 그 자체였다. 저택의 옆에 길게 지어진 나가야長屋가 그들의 거주지로, 지붕은 억새로 되어있고 바닥은 마룻바닥이었다. 심한 경우는 따로 바닥이 없고, 단순히 흙을 굳히고 위에 볏짚을 깔아 놓기도 하였다. 담은 생목 울타리로 오가피 나무 같은 식용이 많았다고 한다.

상급무사의 저택

다케다 신겐의 저택

*이즈나당 : 이즈나콘겐을 모시는 사당. 이즈나콘겐은 일본나가노현 이즈나산 인근의 민속신앙에서 믿어오던 신도에 불교가 접목되어 불교의 신으로서 모셔졌다.

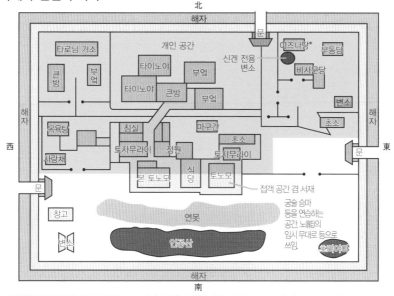

●바닥은 기본적으로 마룻바닥이며, 다다미는 토노모 같은 한정된 곳에만 깔았다.
●지붕은 억새나 판자로 되어있는 것이 많다.

하급무사의 나가야

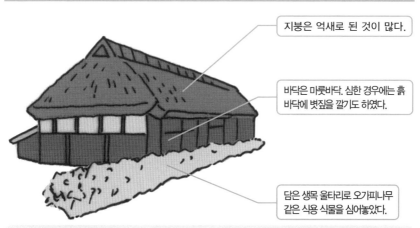

지붕은 억새로 된 것이 많다.

바닥은 마룻바닥. 심한 경우에는 흙 바닥에 볏짚을 깔기도 하였다.

담은 생목 울타리로 오가피나무 같은 식용 식물을 심어놓았다.

상급무사의 저택에 같이 세워져 있는 하급무사의 나가야는 매우 검소했다. 여러 무사가 공동생활을 했다.

전국무장은 어떤 병에 걸렸는가?

의료기술이 발달하지 않았던 전국시대. 무장들은 여러 가지 병으로 인해 고통스러웠다.

● 전국무장의 생명을 앗아간 병마들

몸이 밑천인 전국무장에게 병은 번거로운 적 중의 하나였다. 게다가 당시는 우수한 의사가 쿄토, 특히 조정이나 막부 주변에만 있던 상황이었다. 지방에서 큰 병에 걸리게 되면, 쿄토에서 의사를 파견해 달라고 부탁 하거나 기도를 하는 수 밖에 없었다. 그 때문에 무장 중에서는 쿄토의 의사에게 기술을 배운 의사단을 육성하는 자나, 독자의 기술을 고안하여 가문에 전수한 자도 있었다고 한다.

당시 무장들의 사인으로 많이 거론 되는 병은 암이었다. 당시는 암이라는 이름은 없고, 샤쿠쥬(積聚)라고 불렸다. 암에 걸린 무장으로 가장 유명한 것은 오다 노부나가와 도요토미 히데요시의 밑에서 일했던 니와 나가히데丹羽長秀였다. 나가히데에게는 스스로 배를 갈라, 병이 난 곳을 끄집어 냈다는 일화가 있다. 다케다 신겐, 모리 모토나리, 도쿠가와 이에야스의 사인 역시 암이라는 설도 있다.

고혈압에서 오는 뇌졸중이나 뇌출혈인 중풍도 무사들을 괴롭혔다. 짠 것을 먹고 매일 술을 마시는 생활이 원인이었다. 우에스기 켄신의 사인에는 여러 설이 있지만, 뇌졸중이라 주장하는 이가 많다. 또한 노부나가, 히데요시의 가신인 이케다 테루마사池田輝政는 발작으로 인한 반신불수가 되었다고 당시의 기록에 남아있다.

여러 전염병, 감염병도 무장들을 괴롭혔다. 상처에 감염이 되는 파상풍은 몸이 휘는 병이라 불리며, 전장의 병으로서 두려움의 대상이 되었다. 천연두, 당시에는 두창이라 부른 이 병도 심각한 곰보자국을 남기기 때문에 매우 싫어했다고 한다. 두창은 다테 마사무네나 히데요시가 어렸을 때 감염되었다. 특히 마사무네는 두창으로 오른쪽 눈을 잃게 되어, 이 상처가 후에 그의 인생에 어두운 그림자를 드리우는 원인이 되었다. 그 외에 노해(결핵), 학질(말라리아)도 많은 인명을 앗아갔다.

해외에서 들어온 매독도 무장들 사이에서 맹위를 떨쳤다. 이에야스의 아들인 유키 히데야스結城秀康는 매독에 걸려서 코가 떨어지고, 젊은 나이에 목숨을 잃었다. 히데요시의 가신인 가토 키요마사加藤清正, 쿠로다 칸베黑田官兵衛 등도 매독을 앓았다고 한다.

전국무장과 의사와의 관계

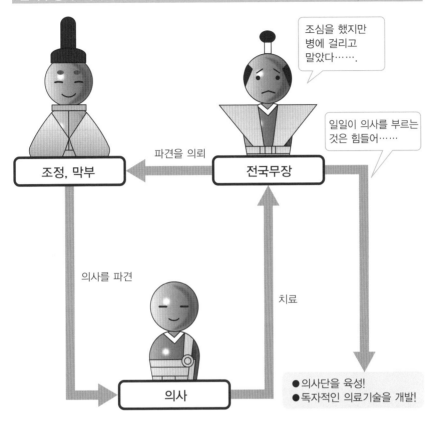

조심을 했지만 병에 걸리고 말았다…….

일일이 의사를 부르는 것은 힘들어……

파견을 의뢰

조정, 막부

전국무장

의사를 파견

치료

의사

● 의사단을 육성!
● 독자적인 의료기술을 개발!

전국무장과 당시의 병

당시의 병명	현재의 병명	병에 걸렸던 무장
샤쿠쥬	암	니와 나가히데, 다케다 신겐, 모리 모토나리 도쿠가와 이에야스
중풍	뇌졸중, 뇌출혈	이케다 테루마사, 우에스기 켄신
휘는 병	파상풍	
두창	천연두	다테 마사무네, 도요토미 히데요시
노해	결핵	
학질	말라리아	
당창	매독	유키 히데야스, 가토 키요마사, 쿠로다 칸베

전국무장은 어떤 것을 먹었는가?

몸이 밑천인 전국무장. 그러나 그 식생활은 놀랄 정도로 간소했다고 한다.

● 식사는 검소하게 아침, 점심 두 끼

전국무장들의 식사는 기본적으로 아침 8시의 조식, 오후 2시의 중식 두 끼뿐이었다. 밤 늦게까지 일어나 있는 경우에는 오후 9시경에 가벼운 야식을 먹는 일도 있었으나, 이것은 예외라고 할 수 있다.

식사는 통상 국 한 가지에 반찬 한 가지가 기본이다. 이것은 전국다이묘도 다르지 않았다. 반찬이 없는 만큼 밥을 많이 먹어서, 한번의 식사에 2홉 반 정도로 지금의 밥공기로 5공기 분을 먹었다. 그러나 밥이라 하더라도 백미가 아니라 현미나 잡곡이 많았다. 또한 찜통에 찐 밥은 코와이이強飯라 하고, 지금과 같은 밥은 히메이이姫飯라 한다. 국 종류는 된장국이나 쌀겨된장국, 단순히 소금국 등 여러 종류가 있다. 국은 식사가 끝날 때 밥에 부어서 남은 밥과 같이 먹는다. 반찬은 새나 물고기, 채소나 해초, 어묵이나 낫토 같은 가공식품, 우메보시나 장아찌 등 비교적 종류가 많았다. 그러나 이 정도 식사는 비교적 괜찮은 수준이었다. 중급 이하의 무사들은 주변에서 채취한 것을 넣어 죽을 끓여 식사를 하는 일도 많았다.

그러나 손님을 초대하여 접대를 할 때는 갑자기 호화로워진다. 예법에 맞추어 몇 가지 상을 차린 산해진미를 손님에게 대접하였다. 다이묘의 경우에는 자신의 권력을 과시하는 것으로 연결되었다.

요리는 소금, 된장, 식초, 옛날 간장ひしお으로 간을 맞추었다. 몸을 많이 쓰는 무장들은 맛이 진한 음식을 좋아했다고 한다.

전투 중의 식사는 평소의 것과 많이 달랐다. 다이묘에 따라서는 대량의 백미와 고단백질의 반찬을 준비해서 무장과 병사들에게 먹였다.

또한 무장들의 식탁에 **빼놓을** 수 없는 것으로 술이 있다. 무장들은 술을 전혀 마시지 못하는 경우를 제외하고, 하루 종일 술을 마셨다. 당시의 술은 탁한 탁주로서, 지금의 청주와 같이 알코올 도수는 높지 않다. 또한 일부에서는 **수입품**인 소주나 와인도 마셨다고 한다.

전국무장의 식사

전국무장

식사 시간은?
식사는 오전 8시와 오후 2시의 아침저녁 2회. 오후 9시 이후에
야식을 먹는 일도 있었으나 드물었다.

음식의 간은?
소금, 된장, 식초, 옛날 간장(생선을 소금에 절였을 때 나오는 생선
간장魚醬 등으로 하였다. 몸을 많이 쓰기에 맛이 진한 음식을 좋아했다.

기본적인 식사 (국 한 가지 반찬 한 가지)

2홉반(현재의 밥 5공기
정도) 찐 밥인 코와이이,
지금의 밥과 같은
히메이이가 있다.
현미나 잡곡, 죽 등.

반찬
새고기나 생선, 채소,
해초, 가공 식품, 장아찌
등.

밥

국
된장국, 쌀겨된장국, 소금국.
밥에 부어 먹으며 식사를
마무리 하였다.

향응(손님을 대접하는 식사)의 예

첫번째 상:
문어, 도미 구이, 회, 채소 절임, 붕어
초밥, 채소국, 밥

두번째 상:
은어내장 젓갈, 뱀장어, 무 조림, 전복,
갯장어, 멍게 냉국, 잉어국

세번째 상:
닭 꼬치 구이, 꽃게, 권패류(소라나 고동.
상세한 것은 불명). 학국, 농어국

네번째 상
원형으로 만 오징어, 유자 된장,
표고버섯 붕어국

다섯번째 상:
병어 회, 생강 식초, 얇은 다시마,
오리국

후식:
요히떡¥喉餅(떡의 한 종류), 콩사탕, 미노감
(미노 지방의 감, 꽃 모양 다시마, 말린 꽃조화)

※오다 노부나가가 도쿠가와 이에야스를 대접 했을 때 내놓은 것.
 이것은 약식 상이며, 원래는 앞에 답례품, 술과 국이 3번 나온다. (식삼헌이라 한다.)

전투 중의 식사
●대량의 흰쌀 주먹밥
●된장 등 고단백질 반찬
●출진 전에 술이나 산해진미를 내어 줄 때도 있다.

그 이외
●탁주(당시의 술에 청주는 없었다. 알코올
 도수는 낮다)
●수입품 소주, 와인

관련항목

●전국무장의 하루 →No.025
●전투에는 어떤 물건을 가지고 갔는가? →No.052
●전국무장과 남만인 →No.111

전국무장은 어떤 오락을 즐겼는가?

여러 오락이 넘쳐나는 현대사회. 그러나 전국시대에도 이에 뒤지지 않을 정도의 풍부한 오락거리가 있었다.

● 전국무장들을 매료 시킨 여러 취미

전국무장이 즐긴 오락은 야외와 실내의 두 종류로 나눌 수 있다. 야외에서 즐긴 가장 인기가 있었던 오락은 매사냥이었다. 매사냥은 훈련시킨 매를 사용하는 사냥이지만 그 역할이나 순서가 매우 상세하게 정해져 있었다. 그렇기 때문에 군사훈련으로도 매우 좋았지만 그 이상으로 무장들이 매력적으로 느끼는 무언가가 있었던 것 같다. 그렇기에 사냥에 쓰이는 매는 무장들 사이에서 귀한 선물로 여겨졌다. 경우에 따라서는 운반되는 매를 가로채려는 무장도 있을 정도였다. 도쿠가와 이에야스도 매사냥의 매력에 푹 빠져있었지만, 그 즐거움을 탐닉하는 것은 좋지 않다고 경계하였다. 이 외에 야외에서 즐긴 오락은 쿠라베우마競馬라고 하는, 2마리의 말을 경쟁 시키는 것이나 수영, 스모 등이 있었다. 축국蹴鞠도 귀족적인 취미로 일부 무장들이 열중했다고 한다.

한편 실내에서 즐긴 오락으로는 렌카連歌나 와카和歌, 노能, 쿄겐狂言, 각종 무용, 바둑, 장기, 다도, 지식인(승려나 오토기슈御伽衆라 불린 측근)과의 문답 등이 있다. 렌카는 와카의 전반부와 후반부를 다른 사람이 짓는 것으로 게임의 요소가 강하였다. 무장들은 남몰래 렌카시連歌師라고 불리던 교양인을 초대하여 렌카 대회를 열었다고 한다. 대회에는 때때로 서로 적대하는 무장들까지 모일 정도였다. 다도도 무장들을 매료시킨 취미 중 하나이다. 노부나가가 가신들에게 다도회를 열 수 있는 허가를 상으로 내릴 정도로, 무장들에게 있어 다도는 그만큼 가치가 있었다. 이러한 렌카나 다도에 대한 열성은 겉치레의 성격도 강하였다. 이러한 취미에 심취함으로 자신이 **궁정 귀족**에 지지 않는 문화인이라는 것을 드러내려 한 것이다.

그러나 이러한 취미에 지나치게 푹 빠진 무장도 적지 않았다. 츄고쿠 지방의 다이묘인 오오우치 요시타카는 당시 일류의 **문화인**이었으나, 너무나도 취미에 몰두한 나머지 가신에게 배신을 당하고 말았다.

전국무장이 즐긴 여러 취미

야외에서 즐긴 오락

무술의 단련을 겸한 것이 많다. 특히 매사냥은 도쿠가와 이에야스는 물론 여러 무장에게 매우 인기가 높았다.

체력단련을 겸한 오락

매사냥	수영
쿠라베우마	스모

귀족적인 오락

축국

실내에서 즐긴 오락

겉치레 때문에, 또한 기초 교양으로 중시했던 무장도 많았다. 게다가 정치적 도구로서 이용되는 측면도 있었다.

기초 교양으로서 오락

와카	노
쿄겐	각종 무용
지식인과의 문답	바둑·장기

정치적인 도구로서 오락

다도	렌카 대회

오락에 너무 빠져서 멸망의 원인이 되는 경우도 있었다.

관련항목

● 전국무장은 어떻게 몸을 단련 하였는가? →No.026
● 싸움터로 가기 전에 어떤 일을 하였는가? →No.039
● 진중에서는 어떻게 지냈는가? →No.049
● 전국다이묘와 천황, 궁정 귀족 →No.103
● 전국다이묘와 문화인 →No.108

카오, 인반이란?

전국시대의 중요한 연락 수단이었던 편지와 문서. 그 문서의 필자를 증명하는 카오와 인반에는 여러 가지 방법이 궁리되었다.

● 운치 넘치는 전국무장의 서명

전국무장들이 남긴 사적인 편지나 공적 문서에는 카오花押나 인반印判이 남아있다. 이것을 통해 문서 발행 시, 발행한 사람이 본인이라는 것을 증명하였다. 그렇다면 카오, 인반은 구체적으로 어떤 것이었을까?

카오는 간단히 이야기하면 본인의 사인이다. 공적인 문서에 사용하는 경우도 있으나, 주로 사적인 문서에 사용하는 경우가 많았다. 소묘라 하여, 이름을 흘려서 쓴 사인에서 나온 것으로서 중국의 진나라 시대부터 사용하기 시작했고 일본에서는 헤이안 시대부터 사용하게 되었다. 원래는 자신이 직접 문서를 쓰고 그 마지막에 넣었으나, 차차 **유히츠**右筆라고 하는 문서 작성의 전문가에게 글을 쓰게 하고, 문서 내용의 증명을 위하여 문서의 마지막에 넣는 식으로 변했다. 카오에는 소묘에서 발전한 소묘체, 이름으로 쓰는 한자에서 왼쪽의 변이나 오른쪽의 방을 합쳐서 만든 이합체, 길하다고 여겨지는 글자를 흘려 쓴 일자체, 또한 글자의 위 아래에 선을 그은 것 등 여러 종류가 존재한다. 카오는 본인을 증명하는 중요한 수단이었기에 다른 사람이 쉽게 따라 할 수 없도록 많은 노력을 기울였다. 그러나 전국시대 후기에 들어와서는 목판도 등장하게 되었다.

한편 인반은 단순히 이야기하면 도장으로, 주로 전국무장이 영토 내에서 발행하는 공적 문서에 사용되었다. 인반의 역사는 오래되어 아스카 시대 이전으로 거슬러 올라간다. 인반은 그 때부터 여러 공적 기관에서 사용되었다. 다이묘의 인반은 매우 다양하여, **호죠 소운**北条早雲의 꿈에서 유래한 호죠 가문의 호랑이 인반이나 **오다 노부나가**의 신조를 써 넣은 천하포무天下布武의 인반, 세례명을 로마자로 쓴 **오토모 소린**大友宗麟의 인반 등 다양한 종류가 있었다. 인반을 찍을 때는 먹이나 인주를 사용하였으나 차차 다른 색깔도 사용하게 되었다. 또한 인반은 사적인 글에 이용되는 경우도 있었다. 그러나 칸사이의 무가사회에서는 인반보다 카오를 중시하여, 어쩔 수 없이 써야 하는 경우는 사과의 말을 곁들였다 한다.

카오란?

오다 노부나가의 카오. 「린(麟)」
의 한자를 도안화 한 일자체

전국무장

카오란?
본인 임을 나타내기 위해 문서의 말단에
적어 넣은 사인

역사
중국의 진나라 시대부터 사용되기 시작하였다.
일본에서 사용된 것은 헤이안 시대부터이다.

주로 사용한 경우
사적인 문서

사용 방법
발행자의 서명으로 문서 끝에 쓴다.
쉽게 흉내내지 못하도록 많은
노력을 기울였다.

카오의 종류
소묘체…이름을 흘려서 쓴 것
이합체…이름의 일부를 합쳐서 쓴 것
선긋기…위 아래로 선을 그은 것
일자체…길하다 여기어지는 한 글자를 흘려서 쓴 것

소묘체의 예   선긋기의 예

인반이란?

오다 노부나가의 인반.
「천하포무」의 글자를 도안화 한 것이다.

전국무장

인반이란?
본인이 발행한 문서임을 증명하는
인감

역사
일본에서는 아스카 시대부터 이미
사용. 여러 공적 기관에서 쓰였다.

주로 사용한 경우
공적인 문서

사용방법
발행자를 증명하기 위하여 문서 끝에
날인. 대부분 인주나 먹으로 찍었지만,
다른 색으로 찍기도 하였다.

인반의 예
호죠 가문의 인반. 초대
소운의 호랑이 꿈에서
유래한 호랑이 그림이
특징.

오토모 가문의 인반.
세례명의 로마자를 쓴
것이다.

관련항목

● 가신에게는 어떤 직무가 있었는가? →No.007
● 전국시대 초기의 칸토 지방 →No.076
● 전국시대 초기의 큐슈 지방 →No.083
● 오다 노부나가의 대두 →No.086

전국무장의 이름은 어떻게 정해지는가?

전국무장은 많은 이름을 가지고 있다. 왜 무장들은 그렇게 많은 이름을 가지고 있었을까?

● 본명을 부르는 것은 실례?

전국시대의 일본에서, 상대를 본명(이미나^諱)으로 부르는 것은 실례였다. 이것은 중국 문화의 영향으로 본명에 주술적인 힘이 있다는 생각이 전해진 것이었다. 당시에는 이러한 의미 자체는 없어졌지만, 역시 누군가가 얼굴을 마주대하고 본명으로 자신을 부른다는 것은 매우 불쾌한 일이었다고 한다.

그렇다면 당시의 사람들은 서로를 어떻게 불렀을까? 사실은 애칭으로 상대방을 불렀다. 그러나 애칭이라고는 하지만, 그것도 여러 종류가 있다. 본 항목에서는 전국무장의 이름은 어떻게 정하는지 알아보도록 하자.

전국무장은 태어나면 일단 아명이라는 애칭으로 불린다. 킷보시^{吉法師}나 타케치요^{竹千代} 같은 통칭이 그것이다. 아명은 기본적으로 어린이의 건강을 기원하여 붙여진 것이지만, 그 밖에도 호주의 계승권을 나타내는 경우도 있었다.

전국무장이 성인이 되면, 드디어 본명을 받는다. 본명은 조상의 이름에서 한 글자를 받아서 짓는 경우가 많았다. 그런데 본명은 평생 바뀌지 않는 것이 아니라, 살면서 몇 번씩 바뀌기도 한다. 바뀌는 가장 큰 이유는 헨키^{偏諱} 때문이었다. 헨키란 높은 사람의 이름에서 한 글자를 받는 것으로, 매우 명예로운 일이었다. 우에스기 켄신 같은 경우 헨키를 받아 몇 번이고 이름을 바꾸었다. 그러나 위에서 말한 대로 본명을 부르는 것은 실례이다. 그렇기에 본명과 함께 통명^{通名}이라 불리는 애칭을 붙였다. 그런데 무장이 **조정**이나 **막부**로부터 **관직**을 받으면, 이번에는 관직명으로 불러야만 한다. 본명을 부르는 것과 마찬가지로, 관직을 가지고 있는 무장을 통명으로 부르는 것은 실례이기 때문이다. 관직은 여러 번 바뀌기 때문에, 거기에 맞추어 불러야만 했다.

이 외에 무장이 출가를 하면 부르는 방법도 바뀌게 된다. 이것을 법호 혹은 법명이라 한다. 켄신이나 신겐과 같은 유명무장의 통칭이 법명에 해당한다.

전국무장이 이름을 정하는 법

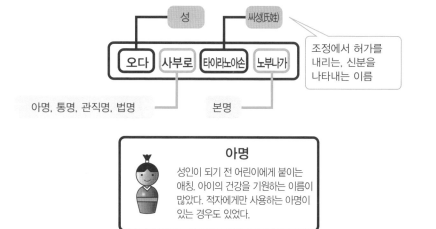

성 ─── 씨성(氏姓)

| 오다 | 사부로 | 타이라노아손 | 노부나가 |

조정에서 허가를 내리는, 신분을 나타내는 이름

아명, 통명, 관직명, 법명 ─── 사부로

본명 ─── 노부나가

아명

성인이 되기 전 어린이에게 붙이는 애칭. 아이의 건강을 기원하는 이름이 많았다. 적자에게만 사용하는 아명이 있는 경우도 있었다.

본명을 부르면 실례가 된다!

성인 !

통상적으로 이쪽을 부른다.

본명

성인이 된 후 짓는 진짜 이름. 선조의 이름에서 한 글자를 따서 짓는다. 헨키를 하여 개명이 되는 경우도 자주 있었다.

통명

성인이 된 후 부르는 이름. 지로(차남), 사부로(삼남)등, 사람의 입장을 나타내는 경우가 많다.

관직을 얻는다

출가한다

관직명

무장이 관직을 얻은 경우 통명이 아닌 관직명을 사용하는 것이 예의다.

법명

무장이 출가를 하였을 때 짓는 이름. 법명 역시 통명 대신 쓰여졌다.

관련항목

- 전국무장과 조정의 관직 →No.015
- 전국무장과 무로마치 막부의 관직 →No.016
- 논공행상이란? →No.064

겐씨가 아니면 쇼군이 될 수 없다?

전국다이묘의 출신을 나타내는 씨, 그리고 성. 당시의 사람들은 징크스를 중시했던 탓에, 성이나 씨에서 여러 의미를 찾아내려 하였다.

● 쇼군이 된 것은 겐씨 뿐이라는 것이 진짜인가?

정이대장군은 겐씨(겐지)源氏만 될 수 있다는 설이 있다. 이것에 대해서는 여러 다른 설이 있어 현재에는 부정이 되고 있지만, 이러한 설이 어떻게 나오게 되었을까? 그 배경을 알기 위해서는 당시의 씨성氏姓제도를 이해할 필요가 있다.

현재의 성과 다르게 전국 시대에는 성과 같은 역할을 하는 것이 3개가 있었다. 구체적으로는 우지氏, 카바네姓, 묘지名字이다. 우지는 인물이 속한 혈족을 나타낸다. 예를 들자면 겐씨源氏, 헤이씨平氏, 후지와라씨藤原氏, 타치바나씨橘氏 등 이 있다. 카바네는 조정과 일족의 관계를 나타내는 것이다. 전부 8개가 있는데 위에서부터 마비토真人, 아손朝臣, 스쿠네宿禰, 이미키忌寸, 미치노시道師, 오미臣, 무라지連, 이나기稲置이다. 우지와 카바네는 조정에서 공인 받은 것으로, 주로 공식문서에 사용되었다. 한편 묘지는 지배하는 토지나 살고 있는 지역에서 유래하여 짓는 자칭이다. 이후에 우지와 카바네는 혼동이 되어서 우지=카바네로 취급하게 되었다. 그렇기 때문에 겐씨, 헤이씨와 같은 우지가 현재에는 본성으로 불리고 있다.

여기서 정이대장군과 겐지(겐씨)의 관계에 대한 이야기인데, 사실은 가마쿠라 막부, 무로마치 막부, 에도 막부를 연 정이대장군들은 모두 세이와겐지清和源氏로 불리웠다. 세이와겐지는 세이와텐노의 조상으로, 대대로 무가의 수장으로서 지위를 확립한 일족이었다. 그러나 이것은 막부를 여는 것에 맞추어서 무가 수장에 걸맞는 지위를 원했던 결과에 지나지 않는다. 사상 처음으로 정이대장군이 된 사카노우에타무라마로坂上田村麻呂는 겐씨가 아니고, 가마쿠라 막부도 4대 장군 이후에는 후지와라씨나 황족이 정이대장군이 되었다.

그리고 본성에 있어서는 겐씨와 헤이씨가 교대로 되어야 한다는 사상도 존재하였다. 이것은 겐씨와 헤이씨가 돌아가며 세상을 다스린다는 사상으로 헤이씨, 겐씨, 호죠씨北条氏(헤이씨), 아시카가씨足利氏(겐씨)라는 순서이다. 노부나가도 이 사상에 영향을 받은 듯, 후지와라씨藤原氏(인베씨忌部氏)에서 헤이씨로 본성을 바꾸었다.

전국시대의 성의 구성

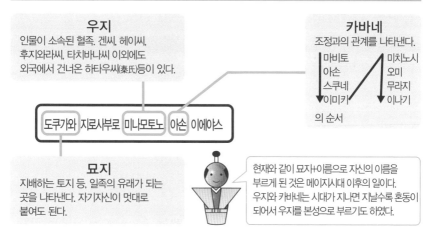

우지
인물이 소속된 혈족. 겐씨, 헤이씨,
후지와라씨, 타치바나씨 이외에도
외국에서 건너온 하타우씨(秦氏)등이 있다.

카바네
조정과의 관계를 나타낸다.

마비토
아손
스쿠네
이미키
의 순서

미치노시
오미
무라지
이나기

도쿠가와 지로사부로 미나모토노 아손 이에야스

묘지
지배하는 토지 등, 일족의 유래가 되는
곳을 나타낸다. 자기자신이 멋대로
붙여도 된다.

현재와 같이 묘자+이름으로 자신의 이름을
부르게 된 것은 메이지시대 이후의 일이다.
우지와 카바네는 시대가 지나면 지날수록 혼동이
되어서 우지를 본성으로 부르기도 하였다.

정이대장군과 우지(본성)의 관계

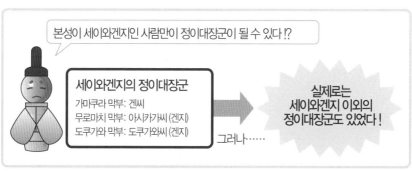

본성이 세이와겐지인 사람만이 정이대장군이 될 수 있다!?

세이와겐지의 정이대장군
가마쿠라 막부: 겐씨
무로마치 막부: 아시카가씨 (겐지)
도쿠가와 막부: 도쿠가와씨 (겐지)

그러나……

**실제로는
세이와겐지 이외의
정이대장군도 있었다!**

겐페이源平 교질迭送 이란 무엇인가?

겐페이 교질 사상 → 겐씨와 헤이씨가 교대로 천하를 다스린다는 사상.

헤이씨 | 겐씨 | 호죠씨 (헤이씨) | 아시카가씨 (겐씨)

가마쿠라 막부
초대의 쇼군 가문

가마쿠라 막부의
실권을 잡았다.

무로마치 막부의
쇼군 가문

오다 노부나가도 이 사상에 의하여 헤이씨로 성을 바꾸었다는 설도…….

관련항목

● 전국무장의 이름은 어떻게 정해지는가? →No.023 　　● 전국다이묘와 쇼군가 →No.104

전국무장의 하루

방심 할 수 없는 전국시대를 살아가는 전국무장의 생활. 그 생활은 그야말로 충실하고 합리적이었다.

● 일찍 자고 일찍 일어나는 것이 기본인 생활

전국무장이라 하면 전장에서 싸우는 것만이 부각되어서 일상 생활의 모습은 거의 알려지지 않았다. 그렇다면 그들은 어떤 생활을 하였을까? 여기서는 당시의 자료를 통해서 그들의 생활을 재현해보고자 한다.

무장이 일어나는 것은 오전3시부터 오전5시 사이이다. 꽤나 이른 시간인데, 일설에 의하면 야습을 경계하였기 때문이라 한다. 그래서인지, 무장이 일어나서 가장 처음으로 하는 일은 저택의 점검이었다. 점검이 끝나면 간단하게 몸을 씻고 **신불**에 예불을 드렸다. 그후, 몸단장을 하고 가인에게 여러 일을 명령하였다. 성에서 일하는 무장이라면 오전 6시에는 성에 출근을 하였다. 출근이라 하더라도 현재의 회사원과 같이 매일마다 출근 한 것이 아니라, 일이 있을 때에만 출근하였다 한다. 또한 당시의 **아침식사**는 오전 8시 정도였다. 당연히 출근시간과 맞지 않았기에, 도시락을 들고 가던가 무엇인가를 먹고서 갔다. 주군에 따라 아침식사를 지급해주는 경우도 있었다.

성에서 하는 일은 신분이나 **직무**에 따라 다르다. 신분이 낮은 자는 말을 돌보거나, 성의 비품관리 같은 잡일이나 경비 일을 하였다. 그 이외에 사람들, 예를 들자면 유히츠(서기)라면 서류 작성 등 직무에 맞는 일을 하였다. 정신적으로 가장 힘이 들었던 것은 코쇼로, 거의 24시간 주군의 신변 잡일로 매우 분주하였다 한다.

성으로 출근하지 않는 경우라도 무장들이 한가하지는 않았다. 신분이 높은 무장이라면 자신의 영지를 관리하거나 접대 등으로 분주하였고, 신분이 낮은 무장도 식량을 확보하기 위해 열심히 밭일을 해야만 했다.

경비 같은 일을 제외하고, 일은 대부분 저녁이 되면 끝난다. 지금과 같이 조명이 발달하지 않았기 때문이다. 저녁은 오후 2시에 먹고 오후 6시에는 문을 닫았다. 그 후 저택을 점검하고, 불씨를 확인 한 다음 저녁 8시에는 취침을 하였다. 이렇게 무장들의 하루가 끝나는 것이다.

전국무장의 하루

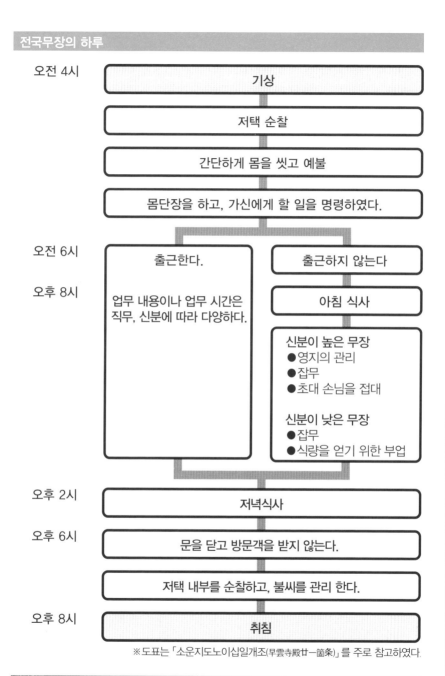

오전 4시	기상
	저택 순찰
	간단하게 몸을 씻고 예불
	몸단장을 하고, 가신에게 할 일을 명령하였다.

오전 6시 ~ 오후 8시	출근한다. 업무 내용이나 업무 시간은 직무, 신분에 따라 다양하다.	출근하지 않는다
		아침 식사
		신분이 높은 무장 ●영지의 관리 ●잡무 ●초대 손님을 접대 신분이 낮은 무장 ●잡무 ●식량을 얻기 위한 부업

오후 2시	저녁식사
오후 6시	문을 닫고 방문객을 받지 않는다.
	저택 내부를 순찰하고, 불씨를 관리 한다.
오후 8시	취침

※도표는 「소운지도노이십일개조(早雲寺殿廿一箇条)」를 주로 참고하였다.

관련항목

●가신에게는 어떤 직무가 있었는가? →No.007
●전국무장은 어떤 것을 먹었는가? →No.020
●전국무장은 어떤 신을 믿었는가? →No.030

전국무장은 어떻게 몸을 단련 하였는가?

전장에서 믿을 수 있는 것은 자신의 몸뿐이다. 그렇기 때문에 전국무장들은 여러 가지 방법으로 몸을 단련하였다.

● 문무겸비라 하더라도

「문무는 마차의 두 바퀴와 같은 것」이라 전국무장들은 생각하였으나, 어느 쪽을 더 중히 여겼냐 하면 역시 문보다는 무였다. 전장에서 필요로 하였던 것은 역시 교양보다는 전공을 세우는 것이었기 때문이다. 그래서 무장들은 여러 가지 방법으로 몸을 단련 하고, 전장에서 도움이 되는 기술을 익혔다.

무장들이 먼저 익혀야만 하는 것은 가지각색의 무예였다. 무예라고 한 마디로 말했지만 그 내용은 여러 가지여서 활과 승마, 검, 창, 조총 등을 시작으로 쿠미우치(맨손으로 하는 격투기), 수영이나 둔갑술(인술)까지도 무예에 포함되었다. 대부분의 무예는 전국시대에는 이미 체계화 되어, 무장들은 각 무예의 스승을 찾아가 제자가 되었다. 그러나 전국다이묘에게 고용이 된 무장들의 경우에는 제대로 시간을 내기가 어려웠기 때문에, **일하는 중간**에 짬짬이 시간을 내서 수행을 했다고 한다.

어느 집안에도 고용이 되지 않은 무장의 경우에는 무사수행을 하는 경우가 많았다. 각지를 돌며 여러 유파의 기술을 배우거나, 다른 파와 시합을 하여 실력을 닦기도 하였다. 명성이 높아지면 흥미를 가진 다이묘가 초대를 하는 일도 있었기 때문에 자신을 단련하는 것과 동시에 **취직활동**으로 이어지기도 하였다.

오락을 겸한 훈련도 많았다. 오랫동안 하기 쉽고, 잠시 숨도 돌릴 수 있었기 때문이다. 야부사메(流鏑馬), 카사카케(笠懸), 이누오우모노(犬追物)는 궁술과 승마술을 훈련할 수 있어서 많은 인기가 있었다. 야부사메와 카사카케는 말 위에서 표적에 활을 쏘는 것이다. 이누오우모노는 말로 개를 쫓아서 활로 쏘아 사살하는 것이다. 또한 매사냥도 연대 훈련이나 육체의 단련에 알맞았다. 격투기 훈련으로는 스모가 인기있었다. 오다 노부나가는 스모를 좋아하는 것으로 유명하여, 대규모의 스모 대회를 열었던 적이 있을 정도였다. 수영도 무장들에게 훈련으로 인기가 있었던 오락 중 하나이다. 도쿠가와 이에야스는 늙어서도 강에서 수영을 하여 주위를 놀라게 했다고 한다.

전국무장의 단련방법

「문무는 마차의 두 바퀴와 같은 것」이라고 하지만, 전장에서 평가되는 것은 역시 체력과 몸에 익힌 기술이다!

그래서……

스승에게 배운다.

무예는 전국무장에게 필수과목. 평소에는 스승에게 배운다. 일하는 시간을 쪼개서 단련을 하는 경우가 많다.

승마술	궁술	검술
창술	조총	쿠미우치(격투기)
둔갑술	수영	

무사 수행으로 단련한다.

임관을 하지 않은 무장이 각지에서 여러 유파를 배우고, 실력을 겨루며 여행하는 것. 취직활동의 측면도 있다.

무장에 따라 여러 가지

오락을 겸한 훈련으로 단련한다.

오랫동안 할 수 있고, 한숨을 돌리기에도 좋다.

야부사메	카사카케	이누오우모노
매사냥	스모	수영

관련항목

● 가신의 채용 방법은 →No.009
● 전국무장의 하루 →No.025
● 전국무장은 어떤 오락을 즐겼는가? →No.021

전국무장은 어떤 것을 배웠는가?

나날이 전쟁으로 세월을 보냈던 전국무장들. 그러나 그들 대부분은 당시 최고 지식인이기도 했다.

● 문무겸비를 목표로 한 전국무장

전장에서는 창을 잡고 싸우는 것이 본분인 전국무장들. 하지만, 그들은 신체만을 단련하지는 않았다. 사실은 여러 교양도 배웠던 것이다. 특히 전국다이묘의 자식 정도이라하면 익혀야 하는 교양도 매우 넓고 다양하였다. 그렇기 때문에 많은 무장들은 어렸을 때부터 열심히 공부하였다.

그들을 가르치는 주요 교육기관으로 선종의 사원이 있다. 오다 노부나가나 다케다 신겐, 우에스기 켄신 같은 유명한 다이묘는 물론이고, 낮은 신분으로 출세에 성공한 도요토미 히데요시도 사원에서 가르침을 받았다. 또한 전문 교육기관으로서 시모츠케노쿠니下野国의 아시카가 학교 같은 것도 있었다.

이와 같은 교육기관에서 실제로 어떤 것을 배웠을까? 무장들이 사원에서 배우는 것은 대략 2~3년, 길게는 3~4년이다. 먼저 기본적인 읽기와 쓰기를 시작으로, 사원답게 경문 같은 것을 가르치기도 하였다. 이어서 오라이모노往来物라고 불린 일문일답 형식의 교과서가 준비되어, 무사 가문의 관례나 일반상식, 그 외 아동 교육이 이루어졌다. 이것이 끝나면 다음에 배우는 것이 중국의 학문서인「사서」,「오경」과 와카 등의 지식이다.

그러나 이러한 학문은 무장에게 있어서는 지루했던 것 같다. 신겐의 경우는 좀 더 실전적인 것을 배우고 싶다고 스승에게 부탁했다고 한다. 신겐 같은 무장들에게 가르친 것이「칠서」라는 중국의 군사학문이었다. 당시의 사원에서는 군사학도 가르쳤다. 공부가 더 진행이 되면 일본의 고전문학인『겐지모노가타리源氏物語[1]』나『고킨와카슈古今和歌集[2]』,『만요슈万葉集[3]』, 여기서 더 나아가 당시 와카의 교과서인『와칸로에이슈和漢朗詠集[4]』등의 문학적 교양이나 의술 등을 익혔다.

그리고 어른이 되어서도 전국무장은 공부를 계속하였다. 특히 다이묘 정도가 되면 막부나 궁정 귀족과의 교섭을 위해서 관지　법령　의상의 공부나 축국, 회화, 꽃꽂이, 향도 같은 귀족적인 문화도 배웠다고 한다.

*1: 헤이안 중기 무라사키 시키부에 의해 쓰여진 일본에서 가장 오래된 고전소설. 천황의 아들인 히카루 겐지의 일대기를 그리고 있다.
*2: 서기 905년, 다이고 텐노의 지시에 따라 키노 츠라유키(紀貫之) 등이 편찬한 와카집.
*3: 7세기에서 8세기에 걸쳐 편찬된 가집(歌集). 작가는 미상.
*4: 서기 1018년, 후지와라노 킨토(藤原 公任)에 의해 편찬된 가집.

전국무장의 교육기관과 주요 학습내용

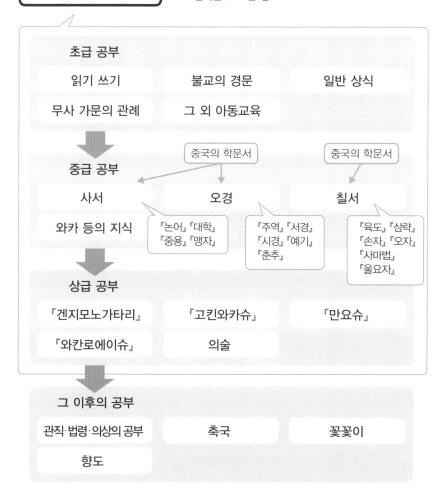

선종의 사원
아시카가 학교 같은 양성기관

기간은 통상 2~3년
길게는 3~4년 정도

전국무장의 자식

초급 공부

| 읽기 쓰기 | 불교의 경문 | 일반 상식 |

| 무사 가문의 관례 | 그 외 아동교육 |

중급 공부

중국의 학문서　　중국의 학문서

| 사서 | 오경 | 칠서 |

와카 등의 지식

『논어』『대학』
『중용』『맹자』

『주역』『서경』
『시경』『예기』
『춘추』

『육도』『삼략』
『손자』『오자』
『사마법』
『울요자』

상급 공부

| 『겐지모노가타리』 | 『고킨와카슈』 | 『만요슈』 |

| 『와칸로에이슈』 | 의술 |

그 이후의 공부

| 관직·법령·의상의 공부 | 축국 | 꽃꽂이 |

| 향도 |

관련항목

● 군사는 어떤 일을 하였는가? →No.037
● 전국다이묘와 천황, 궁정 귀족 →No.103
● 전국다이묘와 쇼군가 →No.104
● 전국다이묘와 불교계 →No.105

전국무장은 어떤 옷을 입었는가?

옛날의 의복이라면 기모노를 생각하기 쉽지만, 실제로 전국무장이 입었던 옷에는 여러 종류가 있었다.

● 전국무장의 여러 가지 의복

전국시대 무사의 복장은 예복과 사복, 두 가지로 나뉜다. 예복은 궁정 귀족 계통과 무사 가문 계통의 두 가지가 있어, 장소에 따라 맞추어 입었다. 궁정 귀족 계통의 예복으로는 소쿠타이스가타束帶姿, 이칸스가타衣冠姿, 카리기누스가타狩衣姿가 있다. 소쿠타이, 이칸, 카리기누는 헤이안시대의 이야기를 담은 두루마리에서 흔히 보는 의복으로, 소매가 넓은 츠메에리詰襟의 상의를 따로 고정시켜서 옷자락을 바지 위로 내어 입는다. 소쿠타이, 이칸의 경우는 머리에 갓을 쓰고, 카리기누의 경우는 에보시烏帽子를 썼다. 무사가문 계통의 예복으로는 히타타레스가타直垂姿, 다이몬스가타大紋姿, 스오스가타素襖姿가 있다. 히타타레는 지금의 기모노와 닮았지만, 겨드랑이 부분이 바느질 되어있지 않아서 앞 부분을 겹치게 모아 끈으로 고정해서 입었다. 옷자락은 바지에 넣어서 입고, 사무라이에보시侍烏帽子라 불리는 복잡하게 구부러트린 에보시를 썼다. 히타타레는 전국시대 초기에는 무사들의 사복이었으나, 이후에 예복으로 쓰게 되었다. 다이몬은 히타타레에 커다란 가문 고유의 문장을 붙인 것이고, 스오는 다이몬보다 붙이는 문장을 작게 하고 끈을 가죽으로 바꾼 것이다.

전국시대 중기 이후, 무사의 사복으로 사용한 것이 코소데하카마스가타小袖袴姿이다. 코소데는 현재 기모노의 원형이지만, 지금의 기모노보다 몸 부분이 넓고 소매가 좁다. 코소데는 원래 히타타레의 밑에 입는 속옷이라던가, 서민의 복장이었다는 이야기도 있다. 간이예복으로서 카타기누肩衣라 불리는 소매가 없는 윗옷을 입기도 하고, 방한용으로 도후쿠胴服라 불리는 하오리羽織를 위에 입는 경우도 많았다. 출가한 무사의 경우는 도후쿠道服라 불린 승복의 한 종류나 가사를 코소데의 위에 입기도 하였다.

전국시대 성인 남성의 머리 모양은 상투를 틀고 이마의 머리카락을 깎는 것(사카야키月代라 한다)이 기본이었다. 성인이 되기 전에는 머리 꼭대기만 깎고 앞머리를 남겼다. 수염을 깎는 경우는 거의 없었고, 각자 심사숙고하여 여러 모양으로 수염을 길렀다. 전국시대 초기에 성인 남성은 에보시 같은 쓰개를 반드시 썼으나, 시대가 지나면서 풍습은 쇠퇴하여 취미나 실익을 겸해 두건이나 갓을 몸에 지니고 다니는 정도가 되었다고 한다.

전국무장의 복장

예복

궁정 귀족 계통

소쿠타이스가타   카리기누스가타

이칸스가타

무사가문 계통

스오스가타   다이몬스가타

히타타레스가타

사복

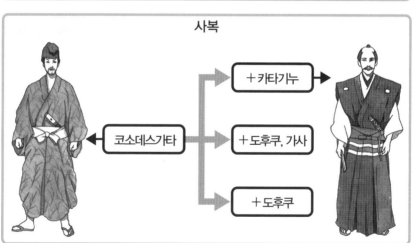

＋카타기누

코소데스가타 → ＋도후쿠, 가사

＋도후쿠

머리 모양 · 그 외

● 이마를 깎고 상투를 틀었다.
● 수염은 깎지 않고, 여러 모양으로 다듬었다.
● 미성년자는 앞머리를 남겼다.

No.029
여성은 어떤 옷을 입었는가?

호화로운 고급 옷으로 몸을 치장한 신분이 높은 여성에 비해서, 신분이 낮은 여성은 검소한 복장이었다.

● 전국시대의 여러 복장

전국시대 여성의 복장은 코소데^{小袖}라 불리는 의복이 기본이었다. 코소데는 현재 기모노의 원형이 된 의복이지만, 당시의 코소데는 몸 부분이 넓고 소매 부분이 좁은 점 등, 현재의 기모노와는 큰 차이가 난다.

신분이 높은 여성은 이 코소데를 몇 겹이나 겹쳐 입었다. 코소데를 겹쳐 입는 것은 우치카케스가타^{打掛姿}, 코시마키스가타^{腰巻姿}의 2종류로 나누어 진다. 우치카케스가타는 코소데를 겹쳐 입은 위로 우치카케라 불리는 큰 코소데를 걸친 것에서 유래된 이름이다. 오비^帯는 현재 여성의 기모노에 사용하는 오비보다 훨씬 가는 끈 모양의 것을 사용하였다. 코시마키스가타는 우치카케스가타의 여름용 복장으로 우치카케를 허리에 두른 것이다. 이러한 옷의 대부분은 비단에 염색이나 자수를 놓은 사치스런 것으로, 매우 귀중히 여겼다. 외출 할 때는 카츠기^{被衣}라 불리는 전용의 코소데나, 이치메가사^{市女笠}라는 갓을 썼다. 또한 이 시대는 신분이 높은 여성이라 하더라도 버선을 신는 일은 거의 없어서 겨울에도 맨발로 지냈다.

한편 신분이 낮은 여성의 복장은 매우 간소하였다. 마로 된 코소데(카타비라^{帷子}라고도 한다)를 1장, 혹은 여러 장 겹쳐 입고 그 위에 앞치마를 하거나 안 하거나 하는 정도였다. 게다가 여벌의 옷을 가지고 있지 않았다. 어렸을 때부터 같은 옷을 계속 입어서, 적어도 정강이가 가려지는 옷이 입고 싶다고 탄식하는 이야기가 남아있을 정도이다. 자수는 없고, 손으로 그린 무늬나 베로 짠 문양으로 옷을 장식하였다.

전국시대 여성의 머리모양은 머리를 길게 길러서 늘어뜨리는 스이하츠^{垂髪}가 일반적이었다. 그러나 전국시대 후기에 오면서 뒤로 묶게 되었다. 또한 신분이 낮은 여성은 생활하는데 방해가 되지 않도록 어깨 정도에서 머리를 자르거나, 카라와마게^{唐輪髷}와 같이 상투를 튼 경우가 많았다. 당시의 화장은 흰 분을 바르고, 입술에는 연지를 바르고, 눈썹은 깎아서 그려 넣은 것으로 성인이 되면 이를 까맣게 물들였다. 이에 바르는 검은 염료로 치아의 울퉁불퉁한 부분을 감추었다고 한다.

64

전국시대 여성의 복장

전국시대 여성의 복장은 코소데가 기본이었다.
코소데는 현재 기모노의 원형이지만, 당시의 코소데는
소매가 작고 몸 부분이 넓었다.

신분이 높은 여성의 복장

우치카케스가타

코시마키스가타

+카츠기스가타

● 신분이 높은 여성은 코소데를 많이 겹쳐 입는다. 옷감도 사치스러운 것이 많았다.

신분이 낮은 여성

● 코소데를 한 겹에서 수 겹 겹쳐 입은 정도. 옷이 한 벌 밖에 없었다.

머리 모양, 화장

● 신분이 높은 여성은 머리를 길러서 늘어뜨린 스이하츠가 기본이었다. 시대가 지나면서
뒤로 묶게 되었다.
● 화장은 흰 분, 입술 연지, 눈썹을 그리는 먹, 이빨을 검게 물들이는 정도.
● 신분이 낮은 여성은 방해가 되지 않는 길이로 자르던가, 위로 묶었다.

No.030

전국무장은 어떤 신을 믿었는가?

전장에서 목숨을 걸고 싸우는 전국무장들. 그들은 마음의 안식처로 여러 신불을 믿고 있었다.

● 역시 마지막에는 신에게 의지 할 수밖에 없다?

많은 전국무장들은 신이나 부처를 깊이 믿었다. **분국법**의 한 가지로 당시의 생활 규범이 적혀있는 『소운지도노이십일개조』에는 아침 일찍 일어나서 몸가짐을 바르게 하고, 신불에게 기도를 올리라고 적혀있다. 전장에서 목숨을 걸고 싸우는 무장들에게 있어서, 운을 자기 편으로 만드는 것은 매우 중요한 일이었다. 그렇기 때문에 열심히 신불에 기도를 올려 전장의 무운을 얻으려 하였다. 오다 노부나가도 신사나 절에서 **전투의 승리를 기원하는 기도**를 올리고, 전사자들을 공양하였다. 노부나가는 히에이잔比叡山[1]을 불태우고, **불교**의 종파인 **잇코슈**와 대립한 것이나, 선교사 루이스 프로이스가 기록한 서적 때문에 무신론자라 알고 있는 사람이 많이 있다. 그러나 노부나가도 당시의 다른 무장과 마찬가지로 신앙을 가지고 있었다.

그러나 이러한 무장의 신앙은 종교의 가르침을 전부 다 지키려 하는 그런 엄격한 것이 아니었다. 우에스기 켄신은 불교의 수호신이자 군신이기도 한 비사문천毘沙門天을 깊게 믿어서, 생애를 독신으로 지냈다. 그러나 불교에서 금하는 술을 매우 사랑하였으며, 전국무장으로서 살생을 계속하였다. 다른 무장도 이와 비슷해서, 입도(머리를 밀고 승려의 복장을 하고, 법명을 자신의 이름으로 한다)를 하고도 계속해서 무장으로서 살생 삼매경에 빠져 생활하는 자도 많았다고 한다.

무장들이 믿었던 신불은 앞에서 말한 비사문천을 시작으로 마리지천魔利支天, 애염명왕愛染明王, 부동명왕不動明王, 아타고쇼군지조愛宕勝軍地蔵 등의 불교계, 하치만가미八幡神[2]를 시작으로 한 신도계의 여러 신들(이 경우는 신사 자체적인 신앙이 많고, 현재와 같이 체계화 된 신을 모시는 신앙은 적었다), 산악신앙에서 발전한 이즈나곤겐飯綱権現(p.43 참조) 등 여러 가지이다. 또한 선교사에 의해 기독교가 널리 퍼지게 되자, 그들이 믿는 데우스[3]도 신앙의 대상이 되었다. 큐슈지방의 다이묘인 오토모 소린이나, 노부나가의 가신인 타카야마 우콘高山右近 등 많은 무장들이 기독교 신자가 되었다.

*1: 사가현에 있는 산. 1571년 9월 30일, 오다 군이 이 산에 있던 엔라쿠지(延暦寺)의 적대 세력을 격퇴하고 학살한 후, 산을 불태웠다고 전해진다.
*2: 일본 고유의 신도에서 무운의 신, '활과 화살 하치만'으로 받들어지고 있다.
*3: Deus. 포르투갈어. 기독교의 신을 의미.

전국무장의 신앙 생활

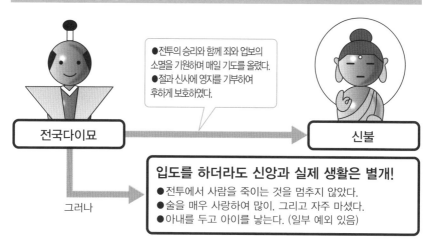

●전투의 승리와 함께 죄와 업보의 소멸을 기원하며 매일 기도를 올렸다.
●절과 신사에 영지를 기부하여 후하게 보호하였다.

전국다이묘 → 신불

그러나

입도를 하더라도 신앙과 실제 생활은 별개!
●전투에서 사람을 죽이는 것을 멈추지 않았다.
●술을 매우 사랑하여 많이, 그리고 자주 마셨다.
●아내를 두고 아이를 낳는다. (일부 예외 있음)

전국무장이 믿었던 주요 신불

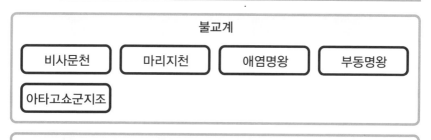

불교계

비사문천　마리지천　애염명왕　부동명왕

아타고쇼군지조

신도계

하치만가미　그 외

※신도계의 신들에 대한 신앙은, 각 신사 별 신앙이 주를 이룬다. 신사에 모신 신 자체나.
　믿고 있는 신사와 같은 신을 모시는 모든 신사를 믿는 것은 아니다.

슈겐도계(修験道系)

이즈나콘겐

기독교

기독교

관련항목

●분국법 →No.011
●전국무장의 이름은 어떻게 정해지는가 →No.023
●싸움터로 가기 전에 어떤 일을 하였는가? →No.037

●전국다이묘와 불교계 →No.105
●전국다이묘와 잇코슈 →No.106
●전국시대를 알 수 있는 자료4 『일본사』 →No.101

전국무장은 연애를 할 수 있었나?

정략결혼이 일반적이었던 전국시대의 결혼. 그러나 그런 시대에도 그들은 사랑의 감정으로 몸을 태우고, 때로는 행동으로 옮기기도 하였다.

● 목숨을 건 연애

전국시대의 결혼은 **정략결혼**이 많고, 자유연애로 결혼하는 경우는 거의 없었다. 그렇다 하더라도 어쨌든 인간인지라 당연히 사랑에 몸을 태우는 무장도 적지 않았다. 그 중에는 무사히 연애결혼까지 도달한 무장도 있다. 큐슈 지방의 전국다이묘인 **류조지**龍造寺 **가문**의 가신 나베시마 나오시게鍋島直茂는 같은 가신인 이시이 타다츠네石井忠次의 딸에게 한눈에 반해 매일마다 밀회를 하였다. 결국엔 타다츠네의 집에서 일하는 사람들에게 의심을 받아, 수상한 자로 오인당해 부상을 입는 사건까지 일어나고 말았다. 그러나 나오시게는 포기하지 않고 교제를 계속하여 결혼에 성공하였다. 토호쿠 지방의 전국다이묘인 **모가미**最上 **가문**의 가신 토리우미 노부미치鳥海信通라는 무장의 경우 주군 부인의 시녀와 연애관계를 맺어 사형에 처해질 상황에 놓여있었다. 그 후 노부미치는 상사의 중재로 무사히 시녀와 결혼을 하였으나, 은혜를 갚기 위해 전장에서 젊은 나이에 생을 마감하게 되었다.

그러나 사랑하는 두 사람이 맺어지는 일은 그렇게 많지 않았다. **우에스기 켄신**에게는 젊은 시절 첫눈에 반한 여성이 3명 있었다고 한다. 그러나 정치적인 입장의 차이나 가신들의 드센 반대로 그의 연애는 결실을 맺지 못하였다. 당시에는 신분이 높을수록 연애보다 정치나 주위의 의견이 우선되었다고 한다.

전국시대에는 남자 사이의 연애담도 많이 남아있다. 당시에는 남자끼리의 동성애도 매우 일반적인 것이었다. 특히 무장과 무장의 신변 시중을 드는(성적인 의미를 포함하여) 코쇼가 연애관계로 발전 하는 경우가 많이 있어서, **다케다 신겐**이나 **다테 마사무네**가 코쇼에서 쓴 러브레터가 남아있기도 하다. 그 내용은 정사를 거부당했기 때문에 바람은 피지 않고 있다던가, 뺨에 키스를 하는 정도는 바람을 핀 게 아니라는 등 매우 노골적이다. 그 이외에도 전장에서 한눈에 반한 무장을 잡으려는 경우나, 사랑하는 무장을 위해서 무서운 기세로 활약을 한 무장 등, 남성의 동성애에 관한 에피소드는 수도 없이 많았다. 그 중에는 좋아하는 무장에게 실연당한 것을 비관하여 무리하게 전투를 하다 목숨을 잃은 경우도 있다고 한다.

전국무장의 연애(남녀 사이)

사랑하는 두 사람을 가로막는 문제

기본적으로 정략결혼
신분의 차이
정치적 입장의 차이
가신의 의견

그러나……

본인의 열의나 주위의 협력으로
결혼까지 이르는 경우도 있었다!

전국무장의 연애 (남성 동성간)

사랑하는 두 사람을 가로막는 문제?

남성끼리의 동성애는 흔하였기 때문에 상대에 따라
다르다. 특히 코쇼와는 연애로 발전하기 쉽다.

이 때문에 전장에서는 이런 일도……

사랑하는 무장을 위해서 용맹히 싸움   실연해서 전사하는 일도

첫눈에 반한 상대를 잡기 위해서 고군분투

관련항목

● 전국무장의 결혼이란? →No.032
● 전국시대 초기의 토호쿠 지방 →No.075
● 전국시대 초기의 큐슈 지방 →No.083
● 우에스기 켄신과 다케다 신겐의 싸움 →No.084

전국무장의 결혼이란?

좋아하는 사람과의 결혼이 자유로운 현대 사회와는 다르게, 전국시대의 결혼은 자신의 마음대로는 되지 않았던 것 같다.

● 정치적으로 이용된 결혼

전국무장들의 결혼은 현재의 결혼 같이 자유롭지는 않았다. 특히 전국다이묘 정도쯤 되면 자신의 의사에 의한 결혼은 사실상 불가능 하였다. 결혼도 난세에서 살아남기 위한 중요한 무기였기 때문이다. 다이묘의 딸들은 정략결혼을 위한 장기말로 취급되는 경우가 많았다. 정략결혼은 동맹국과의 결속을 높이기 위해서, 가신을 혈족으로 만들기 위해서, 강한 세력에 복종을 한다는 증거로서 등 여러 가지 이유로 행하여 졌다. 이 외에 침략한 토지의 주인인 다이묘의 딸을 부인, 혹은 측실로 들임으로서 토지를 지배하는 정통성을 자신의 혈족에 부여하는 경우도 있었다. 게다가 시집을 간 딸은 시댁의 내정을 고향에 전하는 스파이 역할도 했다고 한다. 이렇게 정략적 의미가 강한 결혼이기에, 다이묘는 가신의 결혼에는 항상 눈에 불을 켜고 있었다. 특히 다른 세력의 여성을 부인으로 맞이한 경우에는, 정보의 유출이나 가신의 배신을 주의할 필요가 있었기 때문이다.

당시의 혼인제도는 현재의 일부일처제가 아니어서, 남성은 측실을 들이는 것이 허가되었다. 결혼의 목적에는 자손을 남겨서 집안을 잇게 한다는 것도 있었기 때문이다. 또한 초혼을 중히 여기지 않아서, 남녀 모두 몇 번씩 결혼 경험이 있는 경우도 적지 않았다. 부부는 성이 같지 않고, 부인이 남편의 성을 따라갈 필요는 없었다.

위와 같은 내용을 보면 전국시대의 결혼생활은 무미건조하고 형식적인 것 같지만, 실제로는 부부의 사이가 좋아서 평생 1명의 부인만을 사랑한 전국무장도 있었다. 그렇지 않은 경우라도 좋은 관계를 이어간 무장도 많았다고 한다.

그리고 당시의 결혼식은 지금과 같이 정해진 형식은 없었다고 한다. 단, 다른 옷으로 갈아입어야 된다는 관례는 있어서 2일간 흰옷차림으로 지낸 후, 색깔이 있는 기모노를 입었다. 또한 이때에 신부 쪽 친척이 답례품을 건네는 것이 일반적이었다.

결혼의 의미

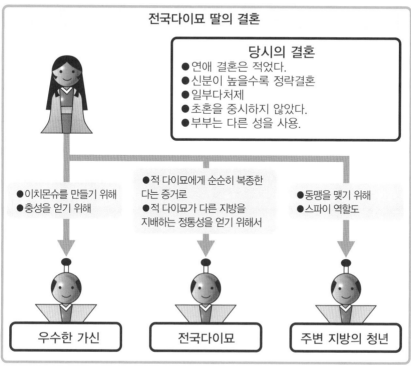

전국다이묘 딸의 결혼

당시의 결혼
- 연애 결혼은 적었다.
- 신분이 높을수록 정략결혼
- 일부다처제
- 초혼을 중시하지 않았다.
- 부부는 다른 성을 사용.

- 이치몬슈를 만들기 위해
- 충성을 얻기 위해

- 적 다이묘에게 순순히 복종한다는 증거로
- 적 다이묘가 다른 지방을 지배하는 정통성을 얻기 위해서

- 동맹을 맺기 위해
- 스파이 역할도

우수한 가신

전국다이묘

주변 지방의 청년

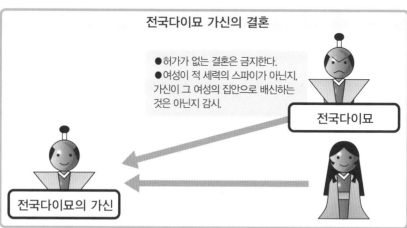

전국다이묘 가신의 결혼

- 허가가 없는 결혼은 금지한다.
- 여성이 적 세력의 스파이가 아닌지, 가신이 그 여성의 집안으로 배신하는 것은 아닌지 감시.

전국다이묘

전국다이묘의 가신

관련항목

- 전국다이묘와 자식들과의 관계는 →No.004
- 분국법 →No.011
- 전국무장은 연애를 할 수 있었나? →No.031

전국무장에겐 예의범절이 중요하다?

전국시대 무사들이 자신의 손으로 만든 예의범절. 그것은 「무사의 체면」을 중시한 것이었다.

● 전국시대의 예의범절

개인의 능력보다 집단의 능력을 우선시 하게 된 전국시대. 조직을 원활하게 운영하기 위해 필요한 것이 예의범절이었다. 상하관계나 동기간의 관계에 일정한 기준이나 해결 방법을 마련하는 것으로 집단 내의 불필요한 알력을 해소하려 하였다.

헤이안 시대부터 가마쿠라 시대에 걸쳐서, 무사의 예의범절에서 기본이 된 것은 **궁정 귀족**의 예의범절이었다. 그러나 무사에게는 익숙치 않았던 탓인지 정착이 되지 않았다. 무로마치 시대에는 막부 주도로 오가사와라류와 같은, 무사의 예의를 연구하기도 하였지만 전국시대에 들어오면서 이것 역시 일부의 지식인 계층의 무사만 지키는 것이 되었다. 그리하여 전국다이묘들은 자신이 지배하는 영토 내에서만 통용되는 법률, **분국법**(가법家法)에 예의범절을 규정하게 된다. 이렇게 영토 별로 여러 가지 예의범절이 정해졌지만, 모든 것에 공통이 되는 것이 「무사의 체면」을 지키는 일이었다.

사생활의 예법에 있어서는 서로의 체면을 존중하고, 상응하는 대우가 없을 경우에는 상대방을 죽여버렸다. 예를 들어 상대방이 술을 권하는 경우, 한번이라도 마신다고 했으면 싫어하는 상대가 권하는 술이라 하더라도 몇 잔이고 마셔야만 했다. 반대로 한번 마시지 않는다고 하면 끝까지 마시지 말아야 했다. 술을 권하는 쪽의 경우에는 상대가 아무리 거절한다 하더라도 끝까지 마시게 해야만 했다. 당연히 타협이 될 리가 없기 때문에, 목숨을 거는 수준으로 발전 하기도 한다.

공공장소에서의 예법 같은 경우, 주군의 체면을 구기지 않기 위하여 세심한 주의를 기울일 필요가 있었다. 예를 들면, 주군이 부르면 아무리 멀리 있어도 「앗」이라 대답을 하고 달려가야만 했다(아시가루의 경우는 「네이」). 또한, 주군의 앞에서는 버릇없이 다리를 꼬거나, 소매를 걷어 올리거나, 담소를 하거나, 웃거나 하는 것은 예의에 어긋나는 행동이었다.

전국무장의 예의범절이 생기기까지

영토를 다스리다 보면 여러 인재들이 모이기 때문에
상하관계나 동기 관계에 있어서 기준이 필요하다!

⬇

궁정 귀족의 예법은 맞지 않았다

⬇

무로마치 막부가 정한 예법은 지식계급이 지키는 것이었다.

⬇

「무사의 체면」을 중시하는 예의범절을
영지내의 무사들이 지키도록 만들었다!

당시 주요 예의범절의 예

사적인 경우	평소에 사이가 좋지 않은 상대방이 권하는 술이라도 몇 잔이고 마셔야 한다. 한번 거절한 경우에는 끝까지 마시지 말아야 한다. 술을 권하는 쪽은 어떻게 해서든 마시게 하여야 한다. 〈『코요군칸(甲陽軍鑑)』〉
	연회에서 사람이나 허리에 차는 작은 칼을 발로 찬 경우는, 평소에 사이가 안 좋은 상대라 해도 정중히 손을 바닥에 대고 3번 사과를 하였다. 사과를 받는 쪽도 이 이상은 결례라 하여 손을 저어서 용서 하였다. 〈위와 같음〉
	걸어가는 사람이 길에서 말을 탄 사람을 만났다면, 상대가 인사를 하기 위해 말에서 내리지 않도록 안 보이는 곳에 숨는다. 말을 탄 쪽은 상대를 보면 말에서 내려서 인사를 하고, 걸어가던 사람도 상대방의 말을 붙잡아준다. 〈위와 같음〉
	여성의 방에 가까이 다가간 경우는 빨리 그 장소를 떠난다. 〈『군쇼루이쥬(群書類従)』〉

공적인 경우	주군이 부르면 멀리 있어도 「앗」 이라 (아시가루의 경우는 「네이」) 대답을 하고 달려가야 한다. 〈『소운지도노이십일개조』〉
	성 안에서는 담소를 삼가고, 그와 아울러 조용히 한다. 〈위와 같음〉
	복도를 지날 때는, 신분이 높은 사람이 있으면 조금 허리를 굽히고 손을 대고 조용히 지나간다. 〈위와 같음〉
	주군의 앞에서는 버릇없이 다리를 꼬거나, 소매를 걷거나, 담소를 하거나, 웃으면 안 된다. 〈『소고오조시(宗五大草紙)』〉

관련항목

●분국법 →No.011

●전국다이묘와 천황, 궁정 귀족→No.103

전국시대를 살아간 무예인들

전투에서 효율적인 전투방법 확립 된 한편, 개인 무예를 높이 추켜올린 것도 전국시대의 특징이었다.

이러한 전국시대의 무예인으로서 꼽을 수 있는 것이 검성이라 불린 2명의 검호, 카미이즈미 노부츠나와 츠카하라 보쿠덴이다. 노부츠나는 원래 야마노우치우에스기 가문의 가신이었으나 이후 호죠 가문, 나가노 가문, 다케다 가문에 등용되었다. 다케다 가문의 가신으로 있을 때는 무인으로 명성을 높이기 위하여 무사수행을 해서, 후에 신카게류를 창시하였다. 지금도 사용되고 있는 죽도는 그가 발명한 것이라 한다.

츠카하라 보쿠덴은 카시마의 신사 출신으로, 신토류의 창시자이다. 무예인으로서 각지를 돌며 무명을 떨쳤으나, 킨키 지방을 지배하는 미요시 쵸케이를 모신 적도 있다. 쇼군인 아시카가 요시테루를 시작으로, 노토노쿠니의 키타바타케 토모노리, 오다 노부나가의 가신인 호소카와 후지타카, 히타치노쿠니의 사타케 가문 가신인 마카베 우지모토, 다케다 신겐의 가신인 운노 테루유키 등과 같이 많은 전국무장이 그의 제자였다.

시대가 지나면서 대두한 사람이 야규신카게류의 야규 무네요시였다. 그는 원래 노부나가의 가신이었으나 세금을 속이다 걸려서 영지를 몰수당하고, 카미이즈미 노부츠나에게 배운 검술 하나로 먹고 살게 되었다. 그러나 이것이 행운이었다고 이야기 할 수도 있다. 쿄토에 자신의 이름을 알리게 된 무네요시는 아들인 야규 무네노리와 함께 도쿠가와 이에야스에게 가신으로 등용되게 되었다. 무네요시, 무네노리 둘다 정치적으로 뛰어난 인물이었기에 이것을 계기로 야규 가문은 쇼군의 검술지도 사범이, 그리고 다이묘가 되었다.

한편 야규 가문과 마찬가지로 도쿠가와 가문의 검술지도 사범으로 있으면서도 불우한 대우를 받은 무예인도 있었다. 일도류의 미코카미 타다아키(나중의 오노 타다아키, 텐젠이란 이름을 가지기도 했다)였다. 타다아키는 원래 아와노쿠니의 사토미 가문에서 가신으로 있었으나 후에 도쿠가와 히데타다를 모셨다. 검술지도 사범이 된 것은 야규 가문보다 먼저였으나, 쇼군이라 하더라도 가차없이 지도했기 때문에 대접을 받지 못하였다.

전국시대 최후의 검호로 명성이 높은 무예인이 바로 미야모토 무사시이다. 수많은 일화에 대해서는 여기서 이야기를 할 필요도 없지만, 그의 말년은 그렇게 유복한 삶은 아니었다고 한다. 수많은 다이묘 가문의 가신이 되려 하였으나 불러주지를 않아서, 최종적으로는 부젠노쿠니의 호소카와 가문에 300석을 받는 가신이 되어서 생애를 마쳤다고 한다.

이 이외에 전국시대에는 호죠 가문의 가신이었다가, 호죠 가문이 멸망한 후 명나라로 건너가서 무예를 닦았던 신신카게류의 오가사와라 나가하루, 시마즈 가문의 가신인 지겐류의 토고토베, 미노노쿠니의 사이토 요시타츠의 부탁을 받고 가신과 시합을 한 나카죠류의 토다 세이겐, 히고노쿠니의 사가라 가문 가신이었던 타이샤류의 마루메 쿠란도 등 다수의 무예인이 있다.

또한 이러한 무예인들의 무예는 전장에서의 싸움과는 조금 달랐던 것 같다. 그렇기 때문에 완전히 습득하여 자신의 것으로 만들면 전장에서 비교할 것이 없을 정도로 매우 강력한 힘을 발휘했지만, 어중간하게 배운 상태에서는 실력을 발휘 할 수 없었다. 도요토미 히데요시가 어릴 적부터 길러온 무장인 후쿠시마 마사노리의 가신이었던 카니 사이조는, 이전에 창술을 배운 적이 있었으나 전장에서 실력이 오히려 나빠졌다. 그래서 스승을 찾아가 상담한 결과 「어중간한 무예는 몸을 망칠 것이나」라는 충고를 들었다고 한다.

제 2 장
전투라는 이름의 업무

전투에는 어느 정도의 비용이 들었는가?

국가의 대사인 전쟁과 전투. 여기에 들어간 비용은 계산을 넘어서는 막대한 것이었다.

● 물 쓰듯이 사라지는 군사비

예나 지금이나 군사비는 국가의 예산에 있어서 큰 비중을 차지한다. 전국시대에도 예외는 아니었다. 그러나 전국시대의 전투에 어느 정도 비용이 쓰였는지 구체적인 숫자를 알아보기는 쉽지 않다. 흩어져서 없어진 자료가 많다는 것이 가장 큰 이유이지만, 군사비를 다이묘만 부담한 것이 아니라는 점 역시 구체적인 숫자를 더욱 알기 힘들게 만든다. 사실 전국시대의 군사비는, 다이묘와 가신이 각각 분담 하였던 것이다.

그러나 이 분담이 명확하지 않다. 일반적으로 다이묘가 전투 중의 보급물자나 군사공작비용을 부담. 가신들은 군역이 정한 무장이나 노동력인 **진부**陣夫들의 급료, 전장까지의 식량이나 그 운송비를 부담하는 정도이다.

예를 들면 도요토미 히데요시가 칸토 지방의 다이묘인 호죠 가문을 공격한 **오다와라 공격**의 경우, 보급물자 쌀 20만 섬을 준비. 거기다 금 1만장을 투입하였다. 히데요시의 금 1장은 금 10냥 분. 즉 40관 상당이다. 일설에 의하면 쌀 한 섬이 1관(실제로는 시세가 변동하기에 좀더 가격이 낮았다는 기록도 있다)이기에 합이 60만관. 1관은 현재의 금액으로 약 15만 엔으로 계산 하면, 900억엔 정도(약 1조2000억 원)의 거액을 투자한 것이다. 이 전투에서는 축성*도 하였기에, 비용은 더욱 더 커졌을 것이다.

한편 군역을 부여 받은 가신 쪽의 기록으로서, 이쪽은 큐슈 지방의 다이묘인 **시마즈 가문의 임진왜란**에 관련된 기록이 남아있다. 히데요시의 요구는 약 1만5천명. 이중에 진부가 4000명이다. 5개월 분의 보급물자로 쌀 1만522섬, 대두 616섬이 준비되어 인원 운송을 위해서 4305관을 투입하여 66척의 배를 새로 만들었다. 대두 역시 1섬에 1관이므로 보급물자와 배 건조 금액만으로 약 23억엔(약 315억 원). 거기에 장병 1만1000명 분의 무장비용과 진부 4000명 분의 급료를 더해 계산하게 된다. 이러한 수치는 전국시대 말기의 대규모 전투에서 나온 숫자이지만, 전투에는 위와 같이 막대한 비용이 필요하였던 것이다.

* **築城** 성을 쌓음.

전투에 들어가는 비용

전투를 하기 위해서는 최소한 이 정도의 비용이 필요하다.

전국다이묘

전투를 하기 위한 주요비용 (다이묘 부담)

전투 중의 군량 (무장, 병사의 식량) 비용. 소모품 (탄약, 화살 등) 비용. 군사공작 (군량 공격이나, 수공 등)을 위한 비용.

전투에 들어가는 주요비용 (가신 부담)

장병의 무장 및 그 외의 비용. 진부 (잡역을 위해 모은 주민) 들의 급료, 보급물자 등의 잡비.
전국다이묘→군자금을 만들려면 여러 가지 경제 활동을 해야 했다……

군자금을 만들려면 여러 가지 경제 활동을 해야 했다……

전투에 들어간 비용의 계산

오다와라 공격 (다이묘의 경우)

전투 중의 군량	: 쌀 20만섬 = 300억엔
그 이외의 소모품	: 금 1만장 = 600억엔
군사 공작비	: 불명

보급물자 만으로 600억엔 이상!

임진왜란 (가신의 경우)

| 장병의 군장 및 그 외의 비용 : 군선 건조 = 6억엔 |
| 진부의 급료 | : 불명 |
| 보급 물자 | : 쌀, 대두 = 17억엔 |

가신이라도 23억엔 이상!

관련항목

- 영지 주민들도 전투에 차출되었다? →No.014
- 전국시대의 물건 단위 →No.066
- 전국시대의 화폐 단위 →No.067
- 큐슈 정벌 →No.092
- 오다와라 정벌 →No.093
- 히데요시의 죽음 →No.095

병사는 어떻게 모았는가?

전투에서 빼놓을 수 없는 병사들. 전국무장들은 어떻게 병사를 모았을까?

● 병사를 모아라!

무기와 식량, 군자금. 전투에 필요한 것은 여러 가지가 있지만 가장 필요한 것은 병사이다. 그렇다면 전국다이묘는 어떻게 전투에 필요한 병사를 모았던 것일까?

전국다이묘의 병력에 기본이 되는 것은 다이묘가 가신인 무장에게 부여한 군역에 의해 모이는 병사들이다. 군역이란 무장들이 참전 할 때 몇 명의 병사를 끌고 와야 하는지를 정한 것으로, **치교치**(영지)의 넓이나 소출에 따라 결정된다. 전국시대 후기에 들어와서 병농분리가 실행 되기 전까지, 군역의 중심이 된 것은 무장이 지배하는 주민들이었다. 특히 농민의 비율이 높아, 전투가 농한기에 이뤄지지 않는다면 만족할 만큼의 병사를 모으지 못했다고 한다.

전투나 출근 같은 일이 없으면, 무장들은 각자의 영지에 머문다. 그렇기 때문에 전투에 필요한 병사를 모으기 위해서, 다이묘는 각지에 **소집령**을 내린다. 이것은 진부레^{陣触}라고 한다. 진부레에는 종이나 태고 같은 타악기, 혹은 봉화를 사용하는 경우가 많으나 먼 곳에 있는 경우에는 사자를 보내야만 했다. 당연히 먼 곳의 무장과 병사들이 모이는 데는 시간이 걸리기 때문에, 행군 중이나 현지에서 합류하는 경우도 적지 않았다. 무장이 합류하면 챠쿠토부교^{着到奉行}가 군역대로 병사를 모았는지, 기일 내로 도착을 하였는지를 평가하여 키토죠^{着到状}라 불리는 증명서를 발행한다. 이 키토죠는 전투 중의 공적과 마찬가지로, 무장을 평가하는 근거 자료가 되었다고 한다.

이렇게 병사들을 모으면, 중진 급의 무장 별로 할당하여 여러 군단을 만든다. 각각의 군단에게는 난전에 대비하여 통일된 인식표 역할을 하는 깃발이나 **사시모노**^{指物}가 주어진다. 거기다 여유가 있으면 각종 훈련을 한다. 전투 중의 신호나 **진형**, 무기를 취급하는 방법을 배우는 경우도 많았다고 한다.

어떻게 병사를 모았는가?

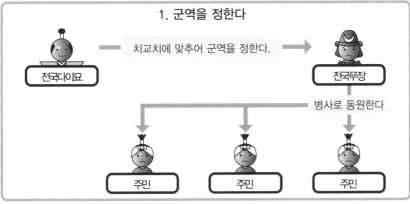

1. 군역을 정한다

전국다이묘 → 치교치에 맞추어 군역을 정한다. → 전국무장

병사로 동원한다

주민 | 주민 | 주민

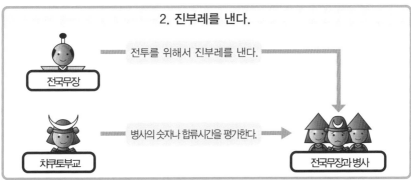

2. 진부레를 낸다.

전국무장 → 전투를 위해서 진부레를 낸다.

챠쿠토부교 → 병사의 숫자나 합류시간을 평가한다. → 전국무장과 병사

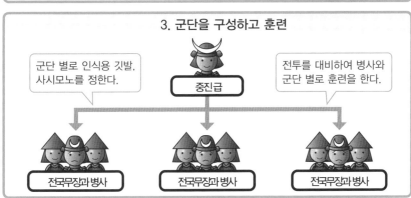

3. 군단을 구성하고 훈련

군단 별로 인식용 깃발, 사시모노를 정한다.

중진급

전투를 대비하여 병사와 군단 별로 훈련을 한다.

전국무장과 병사 | 전국무장과 병사 | 전국무장과 병사

관련항목

● 전장에서는 어떤 직무가 있었는가? →No.008
● 칸다카제와 고쿠다카제란 무엇인가? →No.013
● 진형, 진법이란? →No.040
● 우마지루시, 사시모노란? →No.058
● 논공행상이란? →No.064
● 전국시대의 정보 전달 수단 →No.069

아시가루란 어떤 존재였는가?

전국시대 가장 낮은 계급의 전투원으로 군에서 일한 아시가루. 그들은 가난한 농부나 도적 같이 생계가 막막한 계급 출신들이었다.

● 무뢰배에서 전문적 병사로

아시가루^{足輕}라는 말의 역사는 매우 오래 되었다. 헤이케^{平家}의 성쇠를 그린 『헤이케모노가타리^{平家物語}』에도 나와 있다. 이 때는 아시가루라는 말 그대로 갑옷을 입지 않는 가벼운 무장을 한 병사로서, 종자나 잡역부로 일하는 존재에 불과했다.

아시가루라는 말이 갑자기 주목을 받기 시작한 것은 오닌의 난 때문이었다. 이 시기에 등장한 아시가루는 신분이 낮은 무사나 생계가 막막한 농민들이 무리를 이룬, 말하자면 용병과 같은 존재였다. 바로 사용할 수 있는 병력이 필요하였던 **슈고다이묘**들은 적극적으로 아시가루를 고용했다고 한다. 이러한 아시가루들은 적을 교란시키는 데에는 도움이 되었으나, 도적과 같은 행동도 많이 하여 평판이 매우 나빴다.

그러나 전국시대가 진행되면 될수록 아시가루의 중요성은 늘어갔다. 당시는 전투가 개인전에서 집단전으로 바뀌어 가던 시대였기 때문이다. 이 때문에 아시가루는 정식 병사로서 군의 편제에 들어가게 되었다(남북조 시대에 이미 활 부대 같은 형식으로 군 편제에 들어가 있었다는 설도 있다).

군 편제에서 아시가루의 역할은 보병이다. 전국시대 초기에 대부분의 아시가루는 **농민**이나 **기술인**과 같이 영토의 사는 주민들을 임시로 고용한 것이었다. 그들은 「야토이아시가루^{雇足輕}」라 불리며, 무사와는 다른 신분으로 구별 되어 차별을 받았다고 한다. **녹**(급료)도 낮아 무장도 자신이 마련 할 수 없었기 때문에, 성에 비축되어있는 무장을 빌려주었다.

전국시대 중기 이후가 되면서 아시가루는 전투에 특화된 존재가 되었다. 병농분리가 행해져, 상비병력인 아시가루가 등장하였기 때문이다. 이 등장은 무기로 보급된 조총을 사용하는데 훈련이 필요했던 것과 관계가 있다. 그러나 상비군으로 아시가루를 유지하려면 막대한 비용이 든다. 그렇기에 오다 노부나가나 그의 후계자인 도요토미 히데요시 등 강력한 힘을 가진 다이묘들만 상비군으로 아시가루를 보유했다고 한다.

아시가루의 등장과 변천

헤이안 시대의 아시가루

갑옷을 입지 않은 병사를 총칭. 「발이 가벼우니(足が軽い)」 아시가루.

무장의 종자(從者)로 전장에서는 잡일을 하였다.

무로마치 시대의 아시가루

신분이 낮은 무사나 생활이 어려운 농민들이 모인 용병.

적을 교란시키는 즉석 고용 병사. 평판은 최악.

전투가 개인전에서 집단전으로 변화!

전국시대 초기의 아시가루

주로 징병된 농민이 대부분이었다.

집단전으로 변한 전장에서 주 병력으로 활약하였다. 영토에서 차출한다.

유력다이묘가 등장하고 상비군으로 유지가 가능해졌다

전국시대 중기 이후의 아시가루

농업과 분리된 상비군.

조총 등 훈련이 필요한 무기를 사용하게 되었다.

관련항목

- 슈고다이묘와 전국다이묘는 어떻게 다른가? →No.002
- 전장에서는 어떤 직무가 있었는가? →No.008
- 전투에는 어떤 물건을 가지고 갔는가? →No.052
- 논공행상이란? →No.064
- 전국다이묘와 기술인 →No.110
- 전국다이묘와 농민 →No.112

No.037

군사는 어떤 일을 하였는가?

전국다이묘를 보좌하는 두뇌나 참모로 일컬어지는 군사. 그러나 당시 그들은 전쟁과 관련된 주술적인 측면을 관리하던 존재이다.

● 군사의 일은 주술적 역할이었다

전국다이묘의 옆에서 여러 조언을 하는 무장-군사^{軍師}. 그러나 당시에는 군사란 말은 없었고 **군바이샤**^{軍配者}나 단순히 군바이라 불렸다. 현재의 이미지로는 군사라 하면 군사참모적인 인상이 있으나 당시 그들의 역할은 이러한 인상과는 동떨어진 것이었다고 한다. 그들은 전투에 관련된 모든 주술적인 부분을 담당하였다.

예를 들면 승리를 기원하는 가지^{加持}*, 기도, 거기에 전투의 날짜를 잡거나 당일 날씨를 점치는 복점 같은 것이다. 날씨를 점치는 것이라 해서 단순한 미신은 아니고, 경험이나 지금까지의 데이터를 근거로 하여 점을 쳤기 때문에 능력이 있는 군사의 점은 꽤나 정확했다고 한다. 또한 운을 불러들이는 행위는, 매일 목숨을 걸고 전투를 하는 전국무장들에게는 반드시 따라 다니는 것으로 도요토미 히데요시 같은 경우는 매달 3일을 길일이라 하여 그 때 전투를 벌였다(다른 날에 개전을 한 경우도 많이 있다).

장소가 전장으로 옮겨지면 군사는 더욱 바빠진다. 출정식에서의 전반적 의례나, 적의 목을 군신에게 바쳐 아군의 사기를 높이는 의식이나, 전투 종료 후 적 장수와 병사의 잘린 목을 살펴보는 **쿠비짓켄**^{首実検}과 같은 모든 의식을 관장하였다. 또한 싸움터로 나가기 전에 군법을 정하여 군의 모럴(moral)을 높이는 것도 그들의 역할이었다.

그러나 시대가 지나면서 군바이샤의 역할은 점차 변해 갔다. 당시에는 중국의 역학 경전인 무경칠서라는 병법서를 공부할 것을 군바이샤에게 요구하였다. 이러한 서적들은 당시 군바이샤에게 요구되었던 주술적인 면 이상으로 군사적 측면이 강하였다. 이러한 지식이 긴 세월 계속 된 전란에 의해 숙성되어, 병법으로서 완성이 되었던 것이다. 이리하여 군바이샤는 현재의 이미지와 비슷한 참모의 역할을 담당하게 되었다. 또한 군바이샤에겐 일종의 **육성기관**이 다수 존재하였다. 대표적인 것이 시모츠케쿠니의 아시카가 학교이다. 아시카가 학교 출신자는 군비이샤로 지원 히였을 경우 대접을 받았다.

---

* 부처의 대자대비(大慈大悲)한 힘으로 중생을 가호하는 것.

군사의 정의와 업무

군사란?

전투에 관한 의식과 주술적 부분을 보조하는 역할. 전국시대에는 군바이샤, 군바이라고 불렀다

군사의 자격은

군사학을 배웠어야 할 것. 아시카가 학교 출신자가 바람직하다.

군사

군사의 업무는?

전투준비
● 필승기원 가지, 기도
● 상서로운 방위와 길일을 찾아낸다.
● 기상 예측

전투 시작 전 ~ 전투 후
● 출정식, 사기 고양 의식
● 군법의 설정
● 쿠비짓켄 귀환식

군사는 우수한 지식인

실천적 병법이 완성

참모 역할의 군사가 등장

군사

군사적 조언

정치적 조언

전국다이묘

관련항목

● 전장에서는 어떤 직무가 있었는가? →No.008
● 전국무장은 어떤 것을 배웠는가? →No.027
● 싸움터로 가기 전에는 어떤 일을 하였는가? →No.039
● 전투 종료 후에는 어떠한 일을 했는가? →No.061

전투는 어떻게 시작하였는가?

다른 세력과의 전투는 스포츠가 아니라, 서로의 존망을 건 살인 행위이다. 그렇기 때문에, 예를 갖추어 침공을 알리는 경우는 거의 없었다.

● 전국다이묘가 전투를 시작할 때까지

현재의 국가간 전쟁은 선전포고를 하고 시작하는 것으로 되어있다. 그러나 전국시대의 전투에 있어서, 그러한 규칙은 존재하지 않았다. 그렇기 때문에 전투의 시작 형태는 다양하였다. 명확하게 선전포고가 이루어진 경우는, 도요토미 히데요시가 칸토 지방의 전국다이묘인 호죠 가문을 멸망시킨 **오다와라 공격**을 예로 들 수 있다. 히데요시는 5개 조항으로 된 최후통첩을 보내 선전포고를 하였다.

이러한 직접적인 선전포고 이외에 적대하는 다이묘와 항전 할 것을 영토 안팎에 선언하는 경우나, 자신이 정당하다고 주장하는 격문을 보내어 선전포고를 대신하는 경우도 있었다. 도요토미 히데요시의 가신이자 서군대장으로서 도쿠가와 이에야스와 싸웠던 이시다 미츠나리石田光成의 격문이나, **우에스기 켄신**의 가신인 나오에 카네츠구直江兼続가 쓴 나오에죠直江状* 등이 이에 해당한다. (나오에죠는 가상이라는 설도 많다.)

그러나 거병이 선전포고로 받아들여지는 경우도 많고, 동맹국을 기습하는 일도 일상다반사였다. 때로는 두 세력의 가운데에 있는 중요거점에 한쪽이 멋대로 성을 쌓아 올린 것이 전투의 계기가 되는 일도 있었다.

전투의 계기로 지금까지의 예와는 조금 다른 경우가 조정에서 발표하는 치바츠린지治罰綸旨이다. 치바츠린지는 조정의 적을 멸하도록 천황이 직접 선언하는 것으로, 토벌을 명령 받은 다이묘는 관군의 깃발을 걸고 거리낄 것 없이 적을 멸하는 것이 가능하였다.

이렇게 전투가 가까워지면, 가신과 이쿠사효죠戦評定라는 회의를 열었다. 다이묘들은 적군과의 전력 차, 자국의 물자, 주변 다이묘들의 동향을 가신들과 같이 검토하고 이후의 향방을 결정하였다. 전력 차가 클 경우에는 화친공작이나 항복을 준비한다. 반대로 병력 차가 대등하다면 철저하게 항전 할 준비를 시작한다.

*도쿠가와 이에야스가 나오에 카네츠구의 수군인 우에스기 카게카츠(上杉景勝)에게, 죄를 묻겠다며 상경하여 사죄를 하도록 명령하자 그에 반발하는 내용을 담아 보낸 답장. 그로 인해 도쿠가와가 아이즈 정벌을 결심하게 되어, 결과적으로 세키가하라 전투가 발생한 원인이 되었다고 전해진다.

다양한 전투의 계기

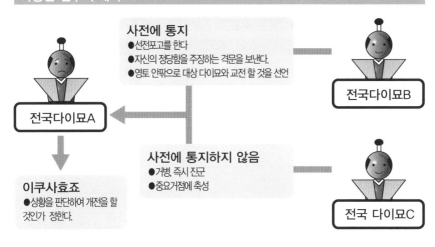

사전에 통지
- 선전포고를 한다
- 자신의 정당함을 주장하는 격문을 보낸다.
- 영토 안팎으로 대상 다이묘와 교전 할 것을 선언

전국다이묘B

전국다이묘A

사전에 통지하지 않음
- 거병, 즉시 진군
- 중요거점에 축성

전국 다이묘C

이쿠사효죠
- 상황을 판단하여 개전을 할 것인가 정한다.

치바츠린지란?

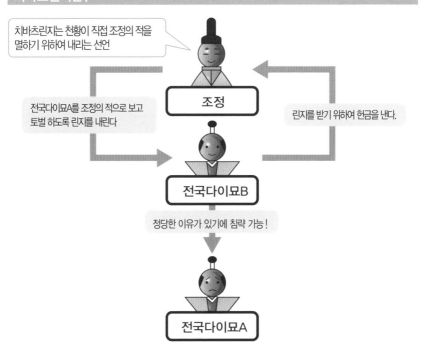

치바츠린지는 천황이 직접 조정의 적을 멸하기 위하여 내리는 선언

조정

전국다이묘A를 조정의 적으로 보고 토벌 하도록 린지를 내린다

린지를 받기 위하여 헌금을 낸다.

전국다이묘B

정당한 이유가 있기에 침략 가능!

전국다이묘A

관련항목

- 전국다이묘들은 왜 쵸라쿠를 목표로 하였는가? →No.017
- 전국시대 초기의 호쿠리쿠 지방 →No.077
- 오다와라 정벌 →No.093
- 세키가하라 전투 →No.096

싸움터로 가기 전에는 어떤 일을 하였는가?

전투에서 승리하는 것에 목숨을 거는 전국무장들. 그들은 승리를 얻기 위하여, 여러 가지로 길흉을 따지며 승리를 기원하였다.

● 설령 그것이 미신이라 하더라도

목숨을 거는 전장에 나가기 전, 전국무장들은 승리를 기원하기 위하여 운이 좋아진다고 여겨졌던 여러 가지 행동을 하였다.

먼저 정진결재精進潔齋이다. 무장들은 출진을 앞두면 신변을 정리하고, 몸이 더러워 진다 하여 여성을 멀리하였다. 특히 출산 직후의 여성에게는 옷이나 장신구에 손을 대는 것조차 용납하지 않았다.

다음으로 렌카 대회를 열어서, 대회에 나온 렌카를 신사에 봉납했다. 무장들 사이에서 렌카 대회를 열면, 전투에서 승리한다는 믿음이 유행했다.

마지막으로 군바이샤가 점을 쳐서 길일을 정하고 출정식을 올렸다. 대개의 경우 출정식은 총대장의 저택이나 절과 신사에서 이루어졌다. 총대장은 우선 완전히 무장하고(의식이 끝난 다음에 무장한다는 설도 있다.), 남쪽 혹은 동쪽을 향해 놓아둔 쇼기几라 부르는 의자에 앉는다. 그리고 「시키산콘式三献」이라는 의식을 행하였다. 결혼식 등에서 지금도 하는 삼삼구도(세 개의 잔으로 세 번씩, 모두 9번 술을 마시는 것)이다. 총대장의 앞에는 「황밤(카치구리)勝栗」, 「말린 전복(우치아와비)打鮑」, 「다시마(콘부)昆布」. 이 세가지 안주와 술이 준비되어, 안주를 하나씩 먹을 때마다 술을 한잔씩 마셨다. 세가지 안주는 「적을 쳐 승리하여 기쁘다打ち勝って喜ぶ」 라는 말과 발음이 비슷해서 의식에 나온다. 어떻게 보면 단순한 말장난이지만, 그 당시 사람들에게는 진지한 의식이었다. 3가지 안주를 준비 할 수 없는 경우는 「사람을 베다(히토키레)人切れ」 라는 의미로 발음이 비슷한 장아찌 한 조각(히토키레)一切れ을 준비하는 경우도 있었다. 삼삼구도를 마치면 총대장은 자신이 믿는 신에게 기도를 올렸다. 여기에서도 발음이 비슷하다는 이유로 세가지 안주의 이름을 기도문에 넣어서 기도를 올렸다고 한다. 「적군에 황밤(승리하여), 적군을 말린 전복(물리치고), 승리를 얻는 것이다われこの軍に勝栗、われこの軍を打鮑、なにとぞ勝利を得させたまえ」

출정식을 무사히 마치면 「에이, 에이, 오」 라는 구령과 함께 출진을 한다. 먼저 총대장이 오른쪽에 부채, 왼쪽에 활을 들고 「에이, 에이」 라고 하면, 줄지어 앉아있는 무장들이 「오!」 라고 대답하였다. 이때 점점 더 목소리를 크게 하는 것이 기본이다. 또한 출진 할 때, 총대장의 말은 남쪽이나 동쪽으로 바라보고 출진을 했다. 말이 뒤쪽으로 물러나는 경우에는 주문을 외운 후, 다시 말에 다서 방향을 잡았다고 한다.

출진까지의 순서

정진결재

몸을 깨끗이 한다. 여성, 특히 출산 직후의 여성은 몸을 더럽힌다 하여 멀리하였다.

렌카 대회

출정 전에 렌카 대회를 열어서, 여기서 나온 렌카를 절이나 신사에 봉납하는 것이 유행.
아케치 미츠히데가 오다 노부나가에게 반기를 들었을 때에도 렌카 대회를 열었다고 한다.

출정식

1. 점을 쳐서 길일을 고른다.
2. 총대장은 완전히 무장을 하고 남쪽, 혹은 동쪽을 보고 앉는다.
3. 운이 좋아진다는 안주를 준비한다.
4. 삼삼구도로 안주를 먹고 술잔을 비웠다. (시키산콘)
5. 믿고 있는 신에게 승리를 기원한다.
6. 오른손에 부채, 왼손에 활을 들고 총대장의 「에이, 에이」의 구령에 무장들이 「오!」
라 대답하여 출진한다.

시키산콘의 예

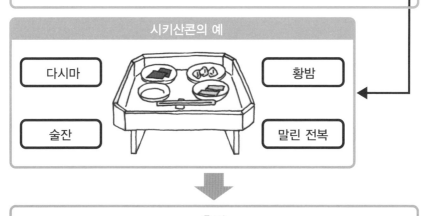

다시마

황밤

술잔

말린 전복

출진

총대장의 말은 남쪽이나 동쪽을 보고 출진. 말이 뒷걸음질 치면 주문을 외운 다음, 다시
올라타고 재출발.

관련항목

● 전국무장은 어떤 오락을 즐겼는가? →No.021
● 전국무장은 어떤 신을 믿었는가? →No.030
● 군사는 어떤 일을 하였는가? →No.037

No.040

진형, 진법이란?

전투의 양상이 점차 집단전으로 바뀌어 갔던 전국시대. 전국다이묘들은 승리를 위해 진형, 진법을 연구하였다.

● 목적에 맞춰 구별하여 사용한 여러 진형

진형이란, 간단히 말하자면 전장에서 병사를 배치하는 방법이다. 전국시대의 전투는 개인전에서 집단전으로 계속 바뀌어 가고 있었다. 이 과정에서 집단의 효율적인 이동을 추구하게 되었다. 결국 효율적인 이동 수단으로 사용한 것이 진형이고, 진을 펴기 위한 지식이 진법이었다. 진법은 나라 시대에 이미 중국에서 들여와서, 헤이안 시대에 많은 연구가 이루어 졌다고 한다. 그러나 전국시대가 되자 그 중요성이 더욱 높아졌다. 각지에서 많은 연구가 이루어졌고 실제로 전투에서 사용이 되었다.

진법 중에 현재 가장 많이 알려진 것은 다케다팔진이라 불린 것 이다. 이름 그대로 8개의 진형을 기본으로 한 진법으로, 각각 어린魚鱗, 학익鶴翼, 안진雁行, 언월偃月, 호시鋒矢, 장사長蛇, 방원方円, 충액衝軛이란 이름이 붙여져 있다. 어린, 호시는 돌파에 쓰였고 학익, 언월은 포위에 쓰였으며 안진, 장사는 여러 상황에 대응하려 사용하였고 방원은 방어에 쓰였다. 이와 같이 각각 유효한 경우나, 상성이 다르기 때문에, 진형을 잘 골라서 사용 하는 것이 승패를 좌우하는 경우도 많이 있었다. 또한 상황에 맞춘 진법의 변경도 요구되었다고 한다.

진을 펴는 시기는 여러 가지 설이 있어 명확하지는 않다. 전장에 도착한 순간에 편다는 의견이 있는가 하면, 정찰을 하여 적군을 발견한 시점에서 편다는 의견도 있다. 군세는 선진, 본진, 후진 그리고 보급부대인 코니다로 나누어져서 배치되며 각 부대는 **츠카이반**이라 불리는 전령을 통해서 서로 연락을 하였다.

그러나 이러한 진법의 유용성에 대해 의문을 나타내는 사람도 있다. 먼저 진법을 유용하게 활용 하기 위해서는 이에 상응하는 훈련이 필요하기 때문이다. 또한 당시의 **정보 전달 수단**으로는 적의 상황을 파악하고, 정확히 정보를 전달하는 일이 어려웠기 때문이다.

진형, 진법이란?

진형은 효율 높은 군세 이동을 위한 병력의 배치.
진법은 그 방법론이다. 집단전에 있어서는 매우 중요하다!

기본적인 진의 부대 배치

선진

본진

후진

독립부대

츠카이반

코니다

연락수단이 많지 않은 전국시대에
정상적으로 기능을 했을지
의문시하는 의견도……

주요 진형의 종류와 사용 목적

어린	학익	안진	언월
부대의 교체가 용이하고 길게 버틴다.	소수의 상대를 포위한다.	진형의 변경이 용이하다.	작은 성을 포위하기 위한 진형.

호시	장사	방원	충액
적군을 갈라 놓을 때 사용.	여러 가지 상황에 대응하기 위한 진형.	적지나 적에서 포위당했을 경우.	여러 설이 있다. 상세한 것은 불명.

(방원 칸)

관련항목

● 전장에서는 어떤 직무가 있었는가? →No.008
● 전쟁에는 순서가 있었다? →No.041
● 전투 중에는 어떻게 정보를 모았는가? →No.042
● 전국시대의 정보 전달 수단 →No.069

전쟁에는 순서가 있었다?

전투라고 하면 용맹한 전국무장이 활약하는 장면을 상상하기 쉽다. 그러나 실제 전장에서는 누가 더 효율적으로 싸우느냐가 중시되었다고 한다.

● 체계화된 전투의 순서

　전국시대, 전투의 모습은 많이 변화했다. 개인의 무용으로 승부를 내는 전투방법에서, 다이묘의 지략으로 승부를 내는 단체전으로 변했다. 이 때문에 전투의 순서 역시 다소 체계적으로 바뀌었다.

　당시의 전투에서는 앞에서부터 순차적으로 **조총**을 장비한 아시가루로 구성된 조총 부대, **활**을 장비한 아시가루로 구성된 궁 부대(투석을 담당하는 아시가루로 구성된 투석 부대도 여기에 포함), **장창**을 장비한 아시가루로 구성된 장창 부대, **기마무사**와 종자로 구성된 기마무사대. 이런 형식으로 대열을 짠다. 대장은 후방에 위치하여 대열을 지휘한다.

　적군과 거리가 1~2간(약 218~327m) 정도가 되면 서로 조총을 쏘기 시작하여(이것을 야아와세ﾖﾘ･｡ｾ라고 한다. 마찬가지로 활을 쏠 때도 명칭은 같음), 거리가 반쵸ﾟ(약54m)에 다다르면 활을, 12~13간(약 21~23m)만큼 가까워지면 장창 부대가 등장한다. 참고로 당시 장창의 전투 방법으로는, 찌르는 것보다 때리는 것을 중시하였다. 장창대가 돌격하면 서로 창으로 죽어라 때렸다고 한다.

　이리하여 적군의 자세가 조금 흐트러지면, 드디어 기마무사대가 등장한다. 기마무사대라 하면 용맹하게 돌격하는 기마무사대를 상상하기 쉽지만, 이런 용맹한 돌격은 전국시대 초기까지만 행해졌다고 한다. 전국시대도 중기를 지나면 기마무사들은 돌격할 때 말에서 내려서, 말을 끌고 다니는 종자와 함께 적군을 향하여 걸어갔다(말을 타고 전투를 한 것 자체를 부정하는 설도 있다).

　또한, 스즈키 신야의 연구에 의하면 전국무장들이 부상을 입는 원인 중 대부분이 조총에 의한 것이라 한다. 여기에 화살, 투석에 의한 상처에 이어서 창, 검에 의한 부상은 3할에 지나지 않았다. 창과 검으로 입은 상처의 대부분은 중상을 입은 적장의 목을 치기 위해 접근했다가 입은 부상이라 한다. 목숨을 건 전장에서는 걷치레라던가 용맹보다는, 얼마나 적을 많이 쓰러트리느냐가 우선시 되었을지도 모른다.

전투의 순서

각 부대의 진행순

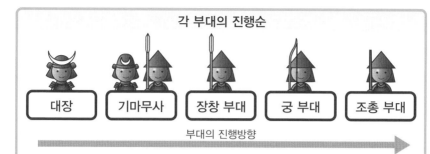

| 대장 | 기마무사 | 장창 부대 | 궁 부대 | 조총 부대 |

부대의 진행방향

300~200m까지 접근 하면
조총 사격 개시!

20m이내에서는 장창 부대가
활약. 백병전으로 적의
진형을 무너뜨린다.

적진이 무너지면
드디어 기마무사와
종자의 차례.

50m까지 접근하면
궁 부대의 차례

아군

적군

전장에서 부상을 입는 원인.

1위: 활과 화살(38.6%)

2위: 조총(22.2%)

3위: 창(20.8%)

4위: 투석(11.3%)

5위: 도검류(4.5%)

관련항목

● 전장에서는 어떤 직무가 있었는가? →No.008
● 검은 무사의 혼? →No.053
● 창은 전장의 주역? →No.054
● 무사의 상징은 활 쏘기였다? →No.055

● 조총은 전투를 바꾸었다? →No.056
● 말은 무장의 지위를 나타냈다? →No.059
● 전국시대의 물건 단위 →No.066

전투 중에는 어떻게 정보를 모았는가?

전장에서 정확한 정보를 획득하는 일은 반드시 필요한 것이었다. 그렇기 때문에 전국다이묘들은 여러 방법을 강구하여 정보수집을 하였다.

● 정보수집의 중요성

전투의 승패를 결정하는 것 중 하나는 정보수집이다. 정확한 정보를 입수하면, 수적으로 불리한 전투에서 승리하는 것도 불가능 하지 않았다. 오다 노부나가와 토카이 지방의 전국다이묘인 이마가와 요시모토가 싸운 오케하자마桶狭間 전투도 노부나가가 이마가와 군의 움직임을 파악하고 있었기에 승리할 수 있었다. 그 증거로 전투 후에 요시모토를 죽인 무장이 아닌, 정보수집을 한 무장을 가장 큰 공로를 세운 무장으로 뽑은 것을 들 수 있다.

그렇다면 다이묘들은 전투 중에 어떤 방법으로 정보수집을 하였을까? 전국시대 정보수집 활동은 모노미物見라고 불렸다. 모노미는 전장의 지형, 적군의 동향, 적군의 사기(간단히 말하자면 의욕), 물자의 양 등을 조사해서 총대장에게 보고하였다. 규모에 따라 몇 명으로 정찰을 하는 코모노미小物見, 수십 명 단위의 츄모노미中物見, 수백 명 단위의 다이모노미大物見의 3종류로 나누어진다. 비밀리에 정보를 얻는 데에는 당연히 코모노미가 유리하다. 그러나 소수의 인원으로는 위험 할 경우에는 적과의 교전 가능성도 염두에 두고서 다수의 인원으로 정찰을 하였다. 우에스기 켄신 같은 경우는 스스로 수백기의 기마무사를 이끌고 다이모노미를 한 적이 있었다고 한다.

이와 같이 모노미로 파견되는 것이 **닌자**, 혹은 무장이다. 적진 깊숙이 잠입하는 것을 시노비모노미忍物見라 하여, 닌자나 신분이 낮은 무장, 아시가루가 파견 되었다. 이 때는 상인이나 종교관계자로 변장하고 침입하는 경우가 많았다. 또한 적진이 아닌 주변의 도시나 마을에 진입하여, 주민들에게 정보수집을 하는 경우도 있었다. 인물 선정 시에는, 연령이나 경험은 관계없이 세밀하게 관찰하고 충실하게 행동을 할 수 있는 인물을 뽑았다고 한다. 전공을 탐내 명령을 무시하고 독단으로 일을 진행하는 인물을 모노미로 파견하면, 거꾸로 아군이 위험해지기 때문이다.

정보수집 수단

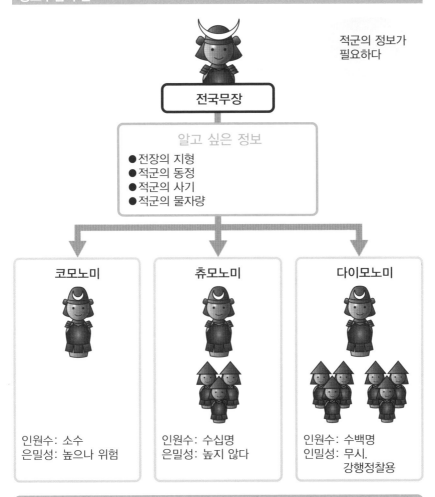

전국무장

적군의 정보가
필요하다

알고 싶은 정보
● 전장의 지형
● 적군의 동정
● 적군의 사기
● 적군의 물자량

코모노미
인원수: 소수
은밀성: 높으나 위험

츄모노미
인원수: 수십명
은밀성: 높지 않다

다이모노미
인원수: 수백명
인밀성: 무시.
　　　　강행정찰용

그 이외에도……

시노비모노미

임무: 상인이나 종교관계자 등으로 변장하여 적진이나
적국에 잠입
적임자: 신용이 가능한 무장이나 닌자 등. 세밀하게
관찰하고 충실히 행동 할 수 있는 인재가 좋다. 연령 등은
그다지 고려하지 않았다.

관련항목

● 오다 노부나가의 대두 →No.086　　　　　● 전국다이묘와 닌자 →No.113

성에는 어떤 종류가 있었는가?

성은 전국다이묘의 거점이 되는 중요한 시설이다. 처음에는 전투에서 보루의 역할을 수행하는 것에 지나지 않았던 이 건물은, 결국 행정의 중심으로 발전하였다.

● 요구에 맞추어 변화한 성의 구조

성은 전국다이묘에게 있어서 중요한 군사적 거점이다. 그 때문에, 전국시대 초기에는 방어적 측면을 우선시한 것이 많았다. 그 대표적인 것이 산성이었다. 산성은 산 정상 부근에 지어진 성으로, 험난한 자연이 천연의 요새 기능을 하여 직접적인 공격에 대한 방어 능력이 매우 강하였다. 그 반면 이용 가능 한 토지가 작고, 교통이나 취수取水가 불편하였기 때문에 주거용으로는 적합하지 않았다. 그렇기 때문에 산성은 어디까지나 전투 때 사용되는 것으로 구분되었고, 다이묘와 가신의 거처는 산기슭에 지어졌다. 또한 전장의 범위가 넓어질 수록 교통편이 나쁜 산성에서의 출병은 큰 부담이 되었다.

이러한 결점을 해소하기 위해, 전국시대 중기 이후에 많이 축성된 것이 히라야마죠平山城이다. 히라야마죠는 강변에 있는 조금 높은 언덕이나, 조금 높고 평평한 땅의 가장자리에 지은 성으로 산성에 비교하여 교통이 편하고 취수가 용이하였다. 또한 성의 넓이 역시 넓게 만들 수 있기 때문에 다이묘나 가신의 저택도 성 안에 지을 수 있었다. 또한 주변에 죠카마치城下町라는 도시를 만들 수 있어서 경제 중심지의 역할도 할 수 있었다. 히라야마죠가 널리 지어진 이유는 이것뿐만이 아니었다. 축성 기술의 발달도 그 이유 중 하나였다. **축성 기술의 발달**에 의해 히라야마죠도 산성에 지지 않을 정도의 방어력을 얻는 것이 가능하였다. 또 다른 이유로는 **조총**의 등장이 가져온 전술의 변화 역시, 히라야마죠가 보급 되는데 큰 역할을 하였다.

시간이 흘러 전국시대 말기에 다다르면 히라죠平城라 불리는 성이 많이 축성되었다. 원래 히라죠는 무사의 저택 주변에 방어용 울타리나 해자를 만드는 정도였다. 그러나 축성기술의 발달로 거대하고 많은 **방어시설**을 갖춘 난공불락의 요새를 만드는 것이 가능했다. 그렇다 하더라도, 대부분의 히라죠는 방어시설이라기 보다는 정치의 중심지라는 의미가 강하였다. 천하의 추세가 정해지고, 성 역시 그 역할이 바뀌었던 것이다.

전국시대 성의 종류

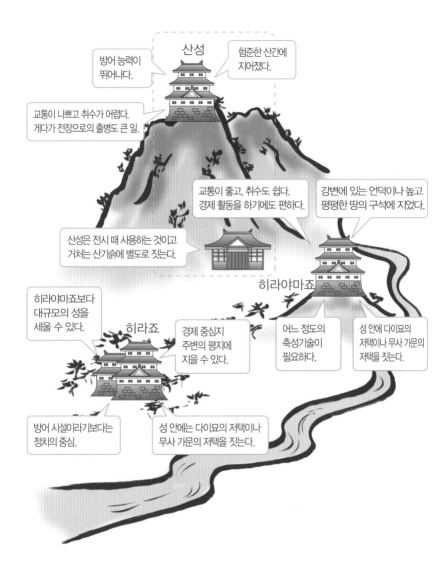

방어 능력이 뛰어나다.

산성

험준한 산간에 지어졌다.

교통이 나쁘고 취수가 어렵다. 게다가 전장으로의 출병도 큰 일.

교통이 좋고, 취수도 쉽다. 경제 활동을 하기에도 편하다.

강변에 있는 언덕이나 높고 평평한 땅의 구석에 지었다.

산성은 전시 때 사용하는 것이고 거처는 산기슭에 별도로 짓는다.

히라야마죠

히라야마죠보다 대규모의 성을 세울 수 있다.

히라죠

경제 중심지 주변의 평지에 지을 수 있다.

어느 정도의 축성기술이 필요하다.

성 안에 다이묘의 저택이나 무사 가문의 저택을 짓는다.

방어 시설이라기보다는 정치의 중심.

성 안에는 다이묘의 저택이나 무사 가문의 저택을 짓는다.

관련항목

● 전국무장은 어떤 곳에서 살았는가? →No.018
● 성은 어떻게 지었는가? →No.044
● 성은 어떻게 방어하였는가? →No.046
● 조총은 전투를 바꾸었다? →No.056

성은 어떻게 지었는가?

각지에서 위용을 자랑하는 거대한 성. 성을 짓기 위해서는 막대한 인원과 수많은 절차, 그리고 많은 시간이 필요하였다.

● 견고한 성이 완성될 때까지

당시 건축 기술의 정수를 모은 전국시대의 성. 축성의 지휘를 맡은 것은 전국다이묘 자신이나 가신 무장이었다. 그들은 각각의 경험과 지식, 인맥을 총동원하여 견고한 성을 쌓아 올렸다.

축성의 순서는 크게 나누어서 지도리地取り, 나와바리繩張, 후신普請, 사쿠지作事의 4단계로 나뉜다. 지도리는 성의 건설예정지를 정하는 것으로, **성의 사용 목적**에 따라 선택하는 토지가 달랐다. 방어거점으로 사용하는 성이라면 방어에 뛰어난 자연이 험준한 장소. 정치, 경제의 거점으로 사용하는 성이라면 영토의 중심지나 교통이 좋은 장소를 고르는 것이다.

다음은 나와바리인데, 이것은 성의 설계를 가리키는 말이다. 매우 초기의 축성 시에는 성의 설계를 종이에 하지 않고 실제 성을 지을 땅에 줄을 치는 것으로 대강의 계획을 세웠다. 이렇게 줄을 치는 행위에서 유래해, 성의 설계를 나와바리라 부르게 되었다.[1] 혼마루本丸나 니노마루二の丸 등의 쿠루와曲輪[2]라 불리는 구획, 해자, 보루(흙을 쌓아 올린 것), 석벽, 성벽, 성루 등의 **방어시설**, 천수각天守閣[3]이나 저택 같은 건물의 위치는 여기서 정한다. 성의 방어력은 나와바리에 따라 결정이 된다 하더라도 과언이 아니기에, 축성을 맡은 무장이 실력발휘를 하는 곳이다.

대부분의 설계가 끝이 나면 후신을 한다. 후신이란 간단히 말하면 토목공사로서, 쿠루와나 해자, 보루, 석벽은 여기서 갖추어지게 된다. 또한 우물 같은 생활에 필요한 부분도 이 시점에서 만들어 진다. 후신을 제대로 하지 않으면 완성 후에 성이 기우는 등 여러 불편한 점이 있었다.

사쿠지는 말하자면 건축작업으로, 후신과 같이 병행하여 작업한다. 전국시대 초기에는 성 자체가 비교적 간소하였기 때문에 사쿠시도 그렇게까지 손이 많이 가는 작업이 아니었다. 그러나 전국시대 중기 이후에는 축성기술도 복잡해져서 방어시설도 많아졌기 때문에, 완성까지 수십 년 단위의 막대한 시간이 필요하였다.

*1: 나와바리란 건축 부지에 줄을 쳐서 건물의 위치를 정하는 행위를 가리킨다. 또 폭력배 등의 세력 범위를 뜻하는 속어적 의미도 가지고 있다.
*2: 성곽. 성이나 요새를 둘러싼 울타리.
*3: 성의 중심 건물에서 가장 높은 곳에 축조한 망루. 성 안팎의 감시와 전시의 원활한 지휘를 위해 지어졌다. 그리고 동시에 외관은 성의 상징물로서도 기능했다.

성이 지어질 때까지 순서

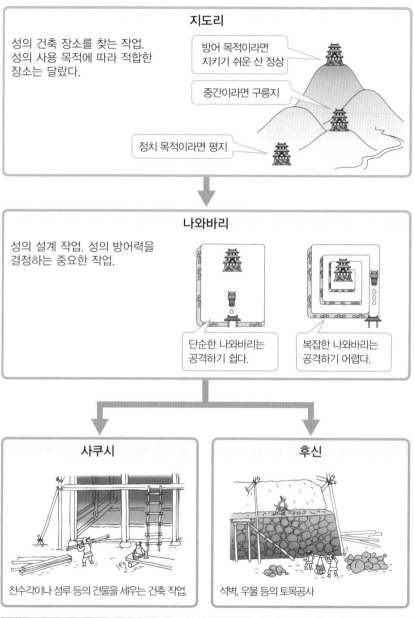

지도리

성의 건축 장소를 찾는 작업.
성의 사용 목적에 따라 적합한
장소는 달랐다.

방어 목적이라면
지키기 쉬운 산 정상

중간이라면 구릉지

정치 목적이라면 평지

나와바리

성의 설계 작업. 성의 방어력을
결정하는 중요한 작업.

단순한 나와바리는
공격하기 쉽다.

복잡한 나와바리는
공격하기 어렵다.

사쿠시

천수각이나 성루 등의 건물을 세우는 건축 작업.

후신

석벽, 우물 등의 토목공사

관련항목

● 성에는 어떤 종류가 있었는가? →No.043

● 성은 어떻게 방어하였는가? →No.046

97

성은 어떻게 공격하였는가?

성을 공격하려면 지키는 것보다 몇 배의 인원이 필요하다고 한다. 전국무장들은 성을 함락 시키기 위해 여러 가지 연구를 거듭하였다.

● 난공불락의 성을 공략하라!

전투를 할 때, 병력의 소모가 많은 공성은 매우 껄끄러운 것이었다. 우수한 전국무장일수록 공성은 피했다고도 한다. 그러나 지배의 중심인 성을 공략하는 것은 피할 수 없는 일이었다. 그 때문에 공성을 위한 여러 전법이 고안 되었다.

정공법은 무력으로 적병을 쓰러뜨리고 적 성을 공략하는 방법이다. 통상적으로 성에서 방어하는 병력의 3배에서 10배의 병력이 필요하다 하기에 효율이 매우 나쁘다. 성이나 주변 지역에 불을 놓아 태우는 것도 동시에 진행하지만, 성의 방비가 굳건하면 아무래도 장기전이 되어버린다. 사실, 「**오사카 겨울의 진**」에서는 도쿠가와 군이 도요토미 군을 공격하다가, 결국은 잠시 휴전을 하게 되어버리기도 할 정도였다.

쵸이는 보급을 끊고, 적이 자멸하기를 기다리는 지구전이었다. 농성하는 쪽은 마실 것도 먹을 것도 끊겨, 비참한 상태에 빠지는 경우가 많았다. 사전에 식량의 보급을 끊고 적 성을 대규모 병력으로 둘러싸는 군량 공격, 하천을 막아서 적의 성을 수몰 시키는 수공, 역으로 수원을 끊는 히코로시^{干殺し} 등이 쵸이에 해당된다. 쵸이는 도요토미 히데요시가 공성을 할 때 즐겨 사용하던 전략으로 유명하다. 그러나 사전에 철저한 준비가 필요한 전법으로, 수공을 실패하여 아군을 물로 쓸어버린 무장도 있었다.

기습은 적의 의표를 찔러 성 안을 혼란 시켜서 공략하는 전략으로, 정공법과 같이 사용하는 경우가 많았다. 성 안에 아군을 만들거나, **닌자**를 보내거나 해서 성문을 열게 만들거나, 두더지 공격이라고 하는, 지하를 파고 나아가는 전법이 기습에 포함된다. 간토 지방의 전국 다이묘인 **호죠 소운**은 사냥에 실패한 멍청이로 위장해서 성문을 열게 하여, 난공불락이라 불리던 오다와라성을 함락시켰다고 한다.

쵸랴쿠^{調略}는 적 성주나 적장을 회유시켜 성을 넘겨주도록 설득하는 방법이다. 그러나 적 성의 성주나 적장을 회유시키려면, 그에 상응하는 시간과 금전, 혹은 상당한 병력의 차이가 필요하기 때문에 많이 쓰이지는 않았다.

공성의 순서

공성은 큰 위험.
하지만 피해갈 수 없다.

그래서 여러 공성
방법을 생각했다.

정공법

단순히 무력으로 적을 제압하는 방법.

특별한 준비는 필요 없다.

적의 몇 배나 되는 병력이 필요. 피해도 크다.

쵸이

군량 공격, 수공 등 적의 소모를 기다리는 방법.

아군 병력의 피해는 적다.

세밀한 준비와 막대한 비용이 들어간다.

기습

적군의 의표를 찔러서, 성 안으로 침입하는 방법

정공법과 섞어서 사용하면 높은 효과를 얻을 수 있다.

사전에 준비, 혹은 총대장의 지혜가 필요하다.

쵸랴쿠

교섭을 해서 성을 넘기게 하는 방법.

아군 병력의 피해는 적다.

적장을 설득 하는데 시간과 비용, 병력이 필요하다.

관련항목

- 공성병기란? →No.047
- 전국시대 초기의 칸토 지방 →No.076
- 혼노지의 변 →No.089
- 오사카 겨울의 진, 여름의 진 →No.097
- 전국다이묘와 닌자 →No.113

성은 어떻게 방어하였는가?

농성전은 전투의 최종단계가 되는 경우가 많다. 수비하는 쪽의 다이묘는 가능한 모든 수단을 써서 자신의 몸을 지키려 하였다.

● 평상시부터 농성전의 준비

전투 중에서도 난이도가 높은 **공성전**. 그러나 농성을 하는 쪽도 결코 쉬운 것은 아니었다. 같은 편의 원군을 기다리면서, 장기간 계속 싸워야 했기 때문이다.

농성을 뒷받침 하는 것은 평상시의 준비였다. 먼저 병사의 장비이다. 농성전에서는 통상적으로 병사들에게 장비를 빌려준다. 그렇기에 성주는 필요한 장비를 구입하여, 언제나 사용이 가능하도록 관리를 해야 했다. 다음은 식량. 식량은 성 안의 병사가 6개월 이상 먹고살 정도의 양을 비축하고, 전투가 가까워지면 약 1년 6개월 정도는 먹을 수 있는 양을 추가로 구매하였다. 또한 성안에는 식량으로 쓸 수 있는 식물을 심어놓고, 비상 식량으로도 쓸 수 있는 다다미 같은 것을 준비하여 농성 대비하였다. 또한 성에서 파손된 부분의 수복이나 관리도 빼놓지 않았다.

전투가 시작되면, 농성 측은 성의 방어시설을 이용하여 적군에 맞서 싸웠다. 주요 방어시설로는 적병의 침입을 저지하는 석벽이나, 해자, 코구치虎口(성문), 적병의 진행을 지연시키는 쿠루와, 방어의 거점이 되는 천수, 성루 등이 있다. 성벽에는 야하자마矢狭間라고 하는, 밖에서는 안을 노리기 힘들고 안에서는 밖을 노리기 쉬운 특수한 창문이 설치되어 있어, 여기서 활이나 조총으로 공격하였다. 성루에서는 돌이나 날붙이를 박은 츠리비시이타釣りびし板라 불리는 판을 밑으로 던졌다. 그냥 돌이라고 얕볼 수 없는 것이, 검호 미야모토 무사시도 아마쿠사天草의 그리스도교 봉기 중 성에 농성 중인 농민이 던진 돌에 맞아 큰 부상을 입었다고 한다. 게다가 성의 변소에 쌓여있던 배설물을 적 병사에게 뿌리는 경우도 있었다고 한다.

농성 측은 성안에만 있었던 것이 아니라, 기회를 봐서 성에서 나와서 적병과 싸웠다. 또한 틈을 봐서 식량의 보급이나 정보 수집도 하였다. 거기에 전령을 같은 편의 성에 보내서 원군을 부르는 것도 잊지 않았다. 이렇게 농성을 하는 쪽에서는 온갖 수단을 다 써가며 싸웠던 것이다.

성을 지키기 위한 준비

병사의 장비
- 필요한 분량의 장비를 구입한다.
- 언제든 사용이 가능하도록 관리.

성
- 파손된 부분을 수복
- 언제나 사용이 가능하도록 관리

성주

식량
- 통상 6개월 분을 준비
- 식량으로 사용 가능한 식물을 심는다.
- 비상식으로 쓸 수 있는 것을 준비

농성전은 평상시에 신경을 써서 준비를 해야 한다. 성주는 성을 지키기 위하여 여러 가지를 준비해야만 한다.

어떻게 성을 지켰는가?

성벽

성벽의 야하자마에서 활이나 조총을 사용하여 적을 요격하였다.

천수 **쿠루와** **석벽** **해자**

성루

성루에서 츠리비시나 돌을 떨어뜨려서 적 병사를 요격. 물론 활이나 조총도 사용한다.

코구치

천수

이 외에도 틈을 봐서 병사를 내보내거나, 정보수집이나 식량 조달 때문에 매우 바쁘다. 이군의 성으로 원군 요청을 보내는 것도 빠놓지 않았다.

관련항목
- 영지 주민들도 전투에 차출되었다? →No.014
- 전쟁에는 순서가 있었다? →No.041
- 성은 어떻게 지었는가? →No.044
- 성은 어떻게 공격하였는가? →No.045
- 전투 중 주민들은 무엇을 하고 있었나? →No.051

No.047
공성병기란?

견고한 성곽을 공격하기 위해 사용된 여러 가지 공성병기. 공성병기에는 서구의 대형 병기에 지지 않을 정도로 여러 가지 창의적인 생각이 담겨있었다.

● 공성전의 든든한 아군

전투가 계속 되고 **축성기술**이 향상될수록, 공성을 하는 것은 점점 더 어려워졌다. 특히 계략으로 성을 함락시키지 않고 **정공법**으로 함락시키려는 경우에는 더욱더 어려웠다. 여기서 사용하게 된 것이 여러 가지로 연구를 거듭해 완성된 다양한 공성병기들 이었다.

공성병기는 목적에 따라 몇 가지 유형으로 분류가 가능하다. 먼저 아군의 피해를 줄이면서 적 성으로 접근하기 위한 것이다. 가장 간편한 것은 대나무를 엮어서 방패로 만든 타케타바(竹束)이다. 매우 간단히 만들 수 있고, 조총의 탄환이나 화살을 막기에는 충분하였다. 조금 더 연구한 물건을 살펴보자면, 대차台車에 철판이나 철못으로 보강을 하고 방패를 단 모치조나에持添가 있다. 방패에 활이나 조총을 쏘기 의해 구멍을 뚫어놓아, 공격을 하면서 적 성에 접근 할 수 있었다. 이 외에 대차에 움직이는 방패를 단 모쿠만木まん이나, 거북이의 등껍질 모양의 방패를 단 킷코샤亀甲車라는 것도 존재했다.

다음으로 적 성의 성벽을 돌파하고 성 안으로 침입 하기 위한 것이다. 대표적인 것으로 토텐샤呑天車와 공성차를 들 수 있다. 양쪽 다 성벽을 넘기 위한 거대한 접이식 사다리를 대차에 붙인 것으로, 병사들이 대차를 밀어서 이동시켰다. 토텐샤는 대차가 노출되어 있는 것에 반해, 공성차는 대차 부분이 감싸져 있는 점이 다르다.

적 성의 정보를 얻기 위해서는 세이로井楼라는 망루를 이용하였다. 대차가 붙어있어 이동이 가능한 망루에서, 발판이 상하로 움직이는 츠리세이로釣井楼까지, 그 종류는 다양했다. 또한 세이로는 높은 위치에서 성 안을 공격하기 위해서도 사용되었다.

여기에, 전국시대 후기가 되면 서양에서 수입한 청동으로 만들어진 대포인 후란키仏郎機나, 목제 대포인 목포木砲도 등장한다. 파괴력도 상당하였지만, 무엇보다도 발사 할 때의 굉음이 적 성 병사들의 사기를 꺾었다고 한다.

공성병기란?

적 성에 접근하기 위한 공성병기

타케타바

모치조나에

모쿠만

킷코샤

성벽을 넘기 위한 공성병기

토텐샤

공성차

▲ 안전하게 적성에 접근하고 싶다!

▲ 성벽을 돌파하고 싶다!

 공성병기란 축성기술이 향상되어, 점점 더 공성이 어려워짐에 따라 성을 함락시키기 위하여 사용한 병기를 가리킨다.

▼ 적의 정보를 알고 싶다!

▼ 적을 압도하고 싶다!

정찰을 위한 공성병기

세이로

츠리세이로

신병기

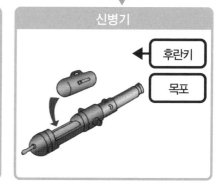

후란키

목포

관련항목

● 성은 어떻게 공격하였는가? →No.045
● 성은 어떻게 방어하였는가? →No.046
● 무사의 상징은 활 쏘기였다? →No.055
● 조총은 전투를 바꾸었다? →No.056

해상에서는 어떻게 싸웠나?

일본을 감싸고 있는 바다. 이 천연의 요새 또한, 전국다이묘들의 전장이었다.

● 해상의 지배자

바다에 인접한 지역을 영토로 가지고 있는 다이묘들에게, 해상에서의 싸움은 피할 수 없는 것이었다. 그 때문에 전국다이묘들은 수군이라 불린 해상전력을 조직하였다. 그러나 이러한 수군은 충성심은 강하지만, 조직하는데 막대한 자금과 시간이 필요했다. 그래서 다이묘들이 주목한 것이 독립 세력의 수군이었다. 토카이 지방의 쿠키九鬼 수군이나, 츄고쿠 지방의 무라카미村上 수군 등이 이에 해당된다. 그들은 평상시에 자신들의 영향권을 지나가는 선박에 통행세를 요구하고, 거절하였을 경우에는 약탈하는 **해적**과 같은 존재였다. 그들의 역사는 오래 되었으며, 이미 헤이안 시대부터 각 지역의 바다를 어지럽혔다고 한다. 역사가 긴 만큼 조선 기술도 훌륭하고 해상전 능력도 매우 뛰어났다. 그렇기 때문에 많은 다이묘들은 그들을 길들여서 자신의 부하로써 이용하였다.

● 해상전의 변화

그렇다면 그들은 어떻게 싸웠을까? 전국시대 초기의 해상전은, 속도가 빠른 소형선박을 이용한 게릴라전이 주류였다. 먼저 조총과 불화살로 공격을 하고, 적선에 접근하면 그쪽으로 올라타서 백병전을 벌였다. 육상에서 싸우는 것과 다르게, 적의 목을 치는 것보다 적의 선원을 바다에 밀어 넣거나, 적선에 남보다 빨리 옮겨 타는 것이 중시되었다.

이러한 해상전에 변화가 나타난 것은 전국시대 중기를 지나서부터이다. 조선기술이 발달하여 화력과 방어력, 둘 다 뛰어난 대형 전함인 **아타케부네**安宅船가 등장하여 포격전이 중요한 전투가 많아졌기 때문이다. 또한 지휘관이 해전에 익숙하지 않는 무사로 바뀐 것 역시, 해상의 전투를 크게 바꾸어 놓았다. 이로 인해 해상전은 격렬한 무력 충돌이 아니라, 해상봉쇄를 목적으로 한 것으로 변화하였다.

수군이란?

다이묘의 수군

● 전국다이묘가 해상의 전투에 대응하기 위하여 조직한 수군
● 훈련이나 선박 건조 등, 조직을 할 때까지 막대한 시간과 비용이 필요하다.

독립수군

● 수군에 종사하는 사람들. 자신의 영역을 가지고 있고 영역을 지나려는 사람들에게 통행료를 징수. 해적 행위를 하는 경우도 있었다.
● 해상을 생활의 터전으로 하기 위해 배를 가지고 있으며, 배의 조종이나 해상에서의 전투 실력은 뛰어났다.

전국의 주요 수군

무라카미 수군
아타케(安宅) 수군
호죠 수군
이마가와 수군
마츠우라(松浦) 수군
쿠키 수군
쿠마노(熊野) 수군
사토미 수군

다이묘의 수군 ■ 독립 수군

해상 전투 방법의 변화

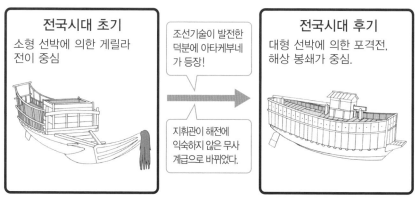

전국시대 초기
소형 선박에 의한 게릴라전이 중심

조선기술이 발전한 덕분에 아타케부네가 등장!

지휘관이 해전에 익숙하지 않은 무사 계급으로 바뀌었다.

전국시대 후기
대형 선박에 의한 포격전, 해상 봉쇄가 중심.

관련항목

● 수군의 배는 어떤 것이었나? →No.060

● 전국다이묘와 범죄자 →No.114

진중에서는 어떻게 지냈는가?

진이란 출정지에 구축된 임시거점이다. 진 안에서의 생활은 의외로 온화한 것이었다.

● 의외로 평온한 진중 생활

진이라 함은 그 지점을 중심으로 군을 운영하는 군사거점이다. 전국시대에는 전투의 규모가 확장 되었기 때문에, 전투가 장기화 되는 경우도 많았다. 그렇기 때문에 출정을 한 무장과 병사들은 진에 체류하며, 그곳에서 생활을 했다. 전투가 장기화 되는 경우, 진에는 간단한 방어시설이나 숙박시설이 세워진다. 생활의 터전이 된 진에는 **상인**이 출입하고, 마치 작은 마을과 같은 기능을 하였다.

생활의 터전이 된다 하면, 전장이라 하더라도 **오락**이 필요하게 된다. 오락으로 맨 처음 꼽을 수 있는 것은 식사이다. 당시는 3일분의 식량을 지참해야 할 필요가 있었으나, 그 이후는 군량으로서 수 차례에 나누어 쌀과 된장 등을 지급하였다. 몇 번에 걸쳐 나누어서 주는 것에는 이유가 있는데, 병사들이 나누어준 쌀로 술을 만드는 일이 있기 때문이라 한다. 그렇다고 하더라도 진중에서 음주가 금지된 것은 아니기 때문에, 무장들이 참여한 작전회의가 주연으로 이어지는 경우도 많았다. 어디까지나 군량을 쓸데 없는 곳에 쓰는 것을 방지하기 위한 조치였다.

무장들 사이에서는 스모나 사냥이 오락으로 성행하였다. 군사훈련의 의미도 있었으나, 대부분은 스트레스 해소를 위한 것이었다. 또한 서적을 들고 다니면서 독파하는 무장이나 노, 쿄겐 등에 열중하는 무장도 있었다.

이외에 무장에서 병사까지 열중하던 것이 마시고, 걸고, 사고—즉 술, 도박, 여자였다. 전장에는 상인이나 창부가 출입을 하여 이러한 오락을 쉽게 즐길 수 있었다. 특히 도박은 인기가 높아서 지급된 식량은 물론이고 무기, 갑주까지 전부 날려서, 상사에게 울며 애원했던 무장도 있었을 정도였다고 한다. 그 때문에 도박은 군법이나 군규로 금지되는 일이 많았다. 그러나 당장 목숨을 잃을지 모르는 전장에서, 이렇게 긴장을 푸는 일은 필수 불가결한 것이었다.

진중에서 스트레스를 해소하는 방법

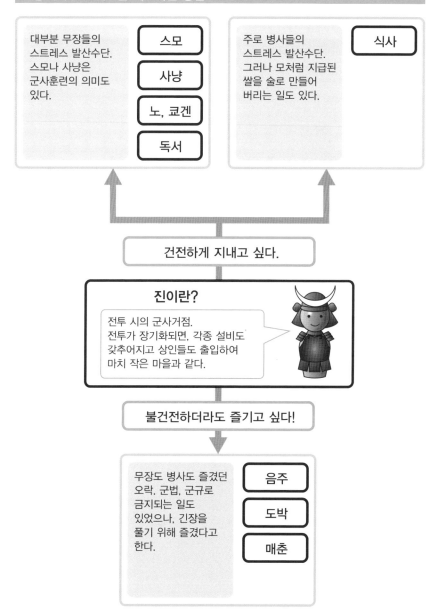

대부분 무장들의 스트레스 발산수단. 스모나 사냥은 군사훈련의 의미도 있다.

스모

사냥

노, 쿄겐

독서

주로 병사들의 스트레스 발산수단. 그러나 모처럼 지급된 쌀을 술로 만들어 버리는 일도 있다.

식사

건전하게 지내고 싶다.

진이란?

전투 시의 군사거점. 전투가 장기화되면, 각종 설비도 갖추어지고 상인들도 출입하여 마치 작은 마을과 같다.

불건전하더라도 즐기고 싶다!

무장도 병사도 즐겼던 오락. 군법, 군규로 금지되는 일도 있었으나, 긴장을 풀기 위해 즐겼다고 한다.

음주

도박

매춘

관련항목

● 전국무장은 어떤 오락을 즐겼는가? →No.021
● 전투에는 어떤 물건을 가지고 갔는가? →No.052
● 전국다이묘와 상인 →No.109

전투 중 성 안의 여자들은 무엇을 하고 있었나?

영토를 공격 당하면 좋든 싫든 전투에 말려들게 되는 여성들. 그러나 여성들은 성 안에서 떨고만 있는 존재가 아니었다.

● 여성이라고 해서 가만히 있을 수 만은 없다

공격하는 쪽의 여성은 전장과 직접적인 관계가 없기 때문에, 전투 중에도 거의 평소대로 생활을 하였다. 그러나 수비하는 세력의 여성들은 그렇지 않았다. 좋든 싫든 전투에 말려들었다. 그렇다면, 여성들은 전투 중에 어떻게 지냈을까?

아직 성이 그렇게 발달하지 않았던 전국시대 초기, 여성들은 성에서 떨어진 장소로 피난을 갔다. 성에서 떨어진 곳이라 하더라도 그 곳 역시 요새와 같이 되어있어서, 여성들을 인질로 잡으러 쳐들어갔던 군세가 오히려 당하는 일도 있었다. 성이 발달한 이후에는, 여성들도 성 안에서 생활을 하게 되었다. 그러나 성 안에서 조용하고 편하게 생활했던 것이 아니라, 여러 가지 잡일에 차출 되었다. 예를 들면, 수비 세력의 무장이 따온 머리에 쿠비짓켄을 위해서 깨끗이 화장을 하는 것은 여성의 임무였다. 때로는 머리가 잔뜩 쌓여있는 방에서 하룻밤을 지내기도 하였다고 한다. 또한 장병의 식사를 준비하는 것도 그녀들의 역할이었다. 때로는 조총의 탄환 제작이나, 해자의 보수 같은 토목공사에 차출당하는 일도 있었다 한다.

여기에 그치지 않고 전투에 참가한 여성이나 성주로서 지휘를 한 여성도 있었다. 토호쿠 지방의 전국다이묘 다테 가문에는 여성으로 구성된 여인조총부대가 존재하여 적장을 쏴 죽였다는 기록이 남아있다. 또한 오다 노부나가의 큰 어머니는 다케다 신겐군과의 전투에서 전사한 남편을 대신해 여자 성주가 되어서, 나중에 항복은 하였으나 용감하게 다케다 군과 싸웠다. 큐슈 지방의 전국무장 타치바나 토세츠立花道雪의 딸 긴치요誾千代 같은 경우, 겨우 6살에 아버지의 뒤를 이어 여자 성주가 되었다. 이 정도까지는 아니더라도 용감한 여성이라면 남편이나 아버지를 돕기 위해 무장을 하고, 마음이 약해져 있는 장병을 질타하고 격려하는 경우도 많았다. 전국시대의 여성들은 여러 의미로 강했다.

전투 중 여성들의 행동

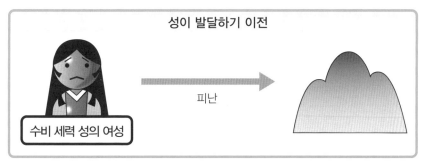

성이 발달하기 이전

수비 세력 성의 여성 → 피난

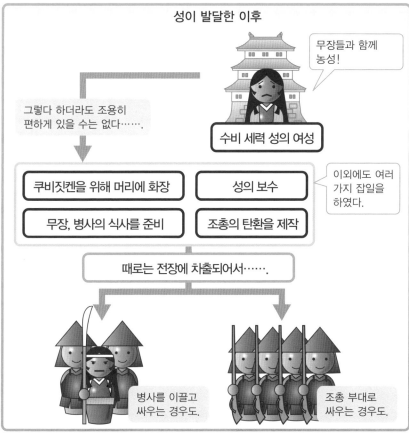

성이 발달한 이후

무장들과 함께 농성!

수비 세력 성의 여성

그렇다 하더라도 조용히 편하게 있을 수는 없다…….

쿠비짓켄을 위해 머리에 화장

성의 보수

무장, 병사의 식사를 준비

조총의 탄환을 제작

이외에도 여러 가지 잡일을 하였다.

때로는 전장에 차출되어서…….

병사를 이끌고 싸우는 경우도.

조총 부대로 싸우는 경우도.

관련항목

● 성은 어떻게 지었는가? →No.044
● 전투 종료 후에는 어떠한 일을 했는가? →No.061
● 전국시대 초기의 토호쿠 지방 →No.075

전투 중 주민들은 무엇을 하고 있었나?

다이묘들의 영지 싸움에 직접적인 관계가 없는 주민들. 그들은 전투가 벌어졌을 때 어떻게 지냈을까?

● 전화를 피해서

전국시대 초기부터 중기에 걸쳐 전투에서의 **약탈**은 일상다반사였다. 전투가 시작되면, 영토 내의 주민이나 전장 주변의 주민들은 여러 방법으로 자기 방어를 하였다.

가장 일반적인 것은 도시와 마을을 버리고 피난을 가는 것이었다. 약탈의 대상이 없다면 아무리 악랄한 병사들이라도 약탈을 할 방법이 없는 데다, 전화에 휩쓸려 죽을 일도 없다. 주요 피난처로는 근처의 성, 절과 신사, 산이 있다. 이 때 재산은 집의 마룻바닥 밑에 구멍을 파서 숨겼다고 한다.

대부분의 경우, 성에서는 주민들이 피난 오는 것을 환영했다. 주민들이 가지고 들어오는 물자나 노동력은 농성에서 빼놓을 수 없는 것이기 때문이다. 게다가 성에다 가두어 두는 것으로, 주민들이 다른 지방으로 도망치는 것을 막을 수 있다는 목적도 있었다. 영토 내의 주민들이 도망을 치는 것은 국력 저하와 연결되기 때문이다.

한편 대부분의 절과 사찰은 성역으로서 도망쳐온 사람들을 보호하였다. 그러나 절과 신사에는 성과 같은 방어능력은 없다. 그래서 레이센을 지불하는 것으로 금제라 불리는 침략금지의 약속을 얻어냈다. 전국다이묘도 절과 신사를 공격하는 일은 거의 없었고, 절과 사찰에는 우선적으로 금제를 약속했다고 한다.

주변에 이러한 시설이 없는 주민들은 산으로 도망쳤다. 이것을 「코야가케小屋かけ」라 하였다. 산이라 해도 단순한 산은 아니고, 피난 시설이나 산성 등이 준비되어 있는 경우가 많았다. 당시의 전장 모습을 전하는 자료에는, 병사들이 주민들에게 공격을 당해 큰 피해를 입고 퇴각했다는 예도 있다. 더욱이 전투 종료 후에는 전투 중의 답답함을 풀려는 듯 싸움에서 지고 도망치는 무사들을 잡아 죽이는 일도 있었다.

이 외에도 절과 신사와 마찬가지로 도시나 마을에서 모은 금품을 지불하고 금제를 양쪽 군대의 지휘관에게 부탁을 하는 경우도 있다. 그러나 절과 신사에 비교하여 막대한 비용을 필요로 하기 때문에, 유복한 지역 이외에는 거의 하지 않았다.

주민들의 방어수단

전투에 말려들게 되면……
약탈행위의 대상이 된다.
운이 없으면 죽게 될지도 모른다.

주민

가까운 성에서 농성

성주는 주민들이 가지고 들어오는 물자나
노동력을 기대하여, 농민들의 피난을 유도하였다.

영토 내 주민들이 다른 지방으로 도망쳐서
국력이 저하 되는 것을 막기 위한 의미도 있다.

가까운 곳의 절이나 신사로 피난

성역으로서 도망치는 사람들을 보호한다.

레이센을 지불하여 약탈을 금지하는 금제의
약속을 받아내었다.

산으로 도망간다

주변에 도망 칠 시설이 없는 경우에는 주민이
독자적으로 피난 시설을 준비하였다.

때로는 병사들을 격퇴하는 경우도 있었다.
전투가 끝난 후에는 패주 무사 사냥을 하기도.

금제를 신청하였다

사카이(境)와 같은, 자산이 있는 도시나
마을에서 신청한다.

성역인 절과 신사와는 다르게, 막대한 레이센이
필요하다.

전투에는 어떤 물건을 가지고 갔는가?

당시 전장에서 장비는 개인이 휴대하는 것이 일반적이었다. 그렇기에 무장이라 하더라도 여러 가지 물품을 들고 다녔다.

● 전장으로 출정 시 짐꾸리기

전국시대의 전장에서 개인이 사용하는 물건은 개인이 가지고 다녀야 했다. 전국시대 중기 이후에는 코니다小荷駄라 불린 수송부대도 잘 갖추어 지게 되지만, 무장도 식량도 지급된 이후에는 개인이 관리해야만 했다. 그러면 전장에는 구체적으로 어떤 물건을 가지고 갔을까?

대부분의 경우 짐은 우치가이부쿠로打違袋라 불리는 얇고 긴 주머니나 코시카고腰籠라 불리는 바구니에 넣어, 허리에 묶어서 가지고 다녔다. 무장의 경우에는 말에 싣고 다니는 경우도 많았다. 당시 아시가루의 생활을 묘사한 『조보모노가타리雜兵物語』에 따르면 식량, 자질구레한 일을 적어두는 종이, 약, 소독용 참깨, 잔돈, 가위, 붓, 방하용 고추 등이 주요 짐이었다. 이외에 수통과 화약 같이 젖으면 곤란한 물건을 싸는 방수처리된 종이, 휴지, 톱, 낫 등을 들고 다녔다.

식량은 구워서 된장이나 소금을 바른 주먹밥이나, 한번 찐 뒤에 말린 보존용 밥, 매실 장아찌, 흑설탕, 가다랑어 포, 군량환이라 부르는 비상식 등이 일반적이다. 이 식량을 우치가이부쿠로에 넣어 허리에 묶으면 코시효로腰兵糧, 한끼 분량을 한 알로 꼬아서 띠처럼 만들어 어깨에 메면 효로부쿠로兵糧袋라 하였다.

여기에 개인의 무장도 들고 다녔다. 아시가루의 무장은 기본적으로 빌리는 것으로, 무장武士에 비해서 장비가 간소하였다. 투구도 없고, 대신 철로 되어있어 냄비로도 쓸 수 있는 전립을 빌려주었다. 이 이외에 피아식별을 위한 아이지루시, 사시모노 등을 몸에 걸쳤다. 무기는 소속 부대에 따라 달라서 창 부대 소속은 창을, 활 부대라면 활과 화살을, 조총 부대라면 총과 화약 등을 들고 다녔다. 무장의 경우에는 의무적으로 휴대하고 다녀야 되는 창, 말과 마구, 그 외의 도검, 갑주 등이 필요하였다. 갑주는 전장에 도달할 때까지는 일부만 몸에 걸치고, 나머지는 요로이비츠鎧櫃라 불리는 상자에 넣고 다녔다. 또한 이 상자 안에는 행운을 빌기 위해 춘화를 몰래 넣어두는 무장도 있었다고 한다. 또한 행운을 빌기 위해 투구에 작은 불상인 카부토보토케兜仏를 넣어두는 무장도 있었다.

전투에는 어떤 물건을 가지고 갔는가?

일용잡화

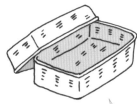

우치가이부쿠로

코시카고

- ●메모 용지
- ●잔돈
- ●수통
- ●낫
- ●약
- ●가위
- ●방수용 종이
- ●톱
- ●소독용 참깨
- ●방한용 고추
- ●휴지

식료품

코시효로

효로부쿠로

- ●주먹밥
- ●말린 밥
- ●매실 장아찌
- ●흑설탕
- ●가다랑어 포
- ●군량환

그 이외

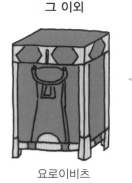

요로이비츠

- ●아시가루용 대여 장비
- ●카부토호토케
- ●각자의 장비품
- ●춘화

관련항목

- ●전장에서는 어떤 직무가 있었는가? →No.008
- ●전국무장은 어떤 것을 먹었는가? →No.020
- ●아시가루란 어떤 존재였는가? →No.036
- ●전국무장의 갑주는 어떤 것이냐? →No.057
- ●우마지루시, 사시모노란? →No.058
- ●말은 무장의 지위를 나타냈다? →No.059

검은 무사의 혼?

무사의 혼이라 일컬어지는 검. 그러나 전국시대의 전장에서는 그 역할이 한정되어 있었다.

● 전국시대의 도검류

　　일설에 의하면, 전국시대의 전장에 있어서 타치(太刀)나 우치가타나(打刀)같은 도검류는 보조무기 취급을 받았다고 한다. 전투의 방법이 집단전으로 변함에 따라, 개인전에서 이용하였던 도검류가 사용 되는 일이 줄었다는 것이다. 그러나 당시의 전장의 모습을 기록한 자료에는 타치로 싸워서 적장을 베어 죽였다는 기술도 적지 않다. 또한 전국시대는 개인전투에 있어서 검술이 발달한 시대이기도 하여, 많은 검호들이 등장하였다. 전국무장 중에는 검호 밑에서 수련을 하여 검술이 극한의 경지에 이른 쇼군 아시카가 요시테루나 호소카와 후지타카, 키타바타케 토모노리, 이마가와 우지사네(今川氏真)와 같은 무장도 있었다. 그러나 이러한 검술과는 달리 전장에서 도검류를 사용하는 방법은 조잡 그 자체였다고 한다. 단순히 세게 내리치거나, 갑옷의 빈틈을 노리고 찌르거나 하는 식이었다. 그렇기 때문에 전장에서는 튼튼한 도검류를 필요로 하였다.

　　이 시대의 도검류는 타치, 우치가타나, 코시가타나(腰刀)가 있다. 타치는 약 80cm가 기본으로 150cm정도의 긴 것까지 존재하였다. 기본적으로 날을 밑으로 향하게 하여 허리에 차고, 외장인 코시라에(拵)는 많은 쇠장식으로 보강되었다. 우치가타나, 코시가타나는 날을 위로 향하게 하여 요대에 끼워 넣는 것으로, 코시가타나는 날밑(鍔)*이 없는 것을 가리킨다. 코시라에는 타치에 비하여 쇠장식이 적고 간소하였다. 길이는 40cm 이상에서 80cm 정도까지로 다양하며, 짧은 우치가타나를 와키자시(脇差)라 부른다. 한 손으로 칼을 빼들어 빠르게 사용할 수 있는 것 이외에, 적의 목을 딸 때도 편리하게 사용하였다. 타치도 우치가타나도 전국시대의 것은 매끄럽지 못하고 두꺼웠으며, 앞쪽으로 갈수록 많이 휘어져 있는 것이 특징이다.

　　또한 전국시대의 성인 남성은 무사와 서민에 관계 없이 허리에 칼을 차고 있었다고 한다. 일부 전국다이묘들은 허리에 칼을 차고 있는지를 징병의 기준으로 삼았다고 한다. 또한 전국시대에 민들어진 도검류 중에 명품은 적다고 한다. 해외에 수출하거나, 전장의 수요를 맞추기 위해 무기를 대량으로 생산 한 탓에 도검류의 품질은 저하했기 때문이다.

* 칼날과 칼자루 사이에 끼워 손을 보호하는 테. 칼날을 잡는 한계점의 역할도 겸했다.

도검류 각 부분의 명칭

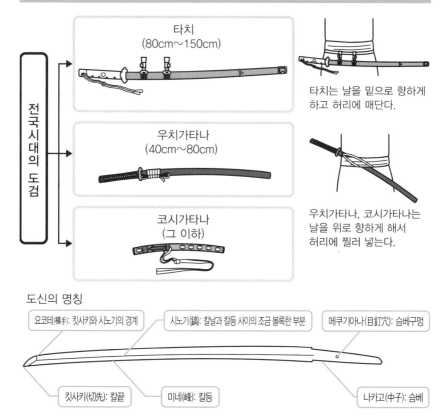

전국시대의 도검

타치
(80cm~150cm)

타치는 날을 밑으로 향하게
하고 허리에 매단다.

우치가타나
(40cm~80cm)

코시가타나
(그 이하)

우치가타나, 코시가타나는
날을 위로 향하게 해서
허리에 찔러 넣는다.

도신의 명칭

요코테(橫手): 킷사키와 시노기의 경계

시노기(鎬): 칼날과 칼등 사이의 조금 볼록한 부분

메쿠기아나(目釘穴): 슴베구멍

킷사키(切先): 칼끝

미네(峰): 칼등

나카고(中子): 슴베

도검의 사용방법

내리친다.

빈틈을 노린다.

목을 딴다.

관련항목

● 병사는 어떻게 모았는가? →No.035
● 전쟁에는 순서가 있었다? →No.041
● 전투에는 어떤 물건을 가지고 갔는가? →No.052

창은 전장의 주역?

전국시대 무렵부터 전장에서 쓰이게 된 창. 실용성이 뛰어난 창은 점차 전장의 주역이 되었다.

● 전장의 주역이 된 무기

창은 가마쿠라 시대에 등장하여 전국시대에 급속히 보급되었다. 특히 전국시대에는 무사들의 필수무기 중 하나가 되어서, 무사로 인정받은 자는 의무적으로 창을 가지고 있어야 했다. 더욱이 창은 간단한 훈련만 받아도 쓸 수 있었기 때문에, 농민들을 모아놓은 아시가루의 무기로도 사용되었다. 오다 노부나가 군이 자루가 긴 창을 사용하기 시작하면서, 각지의 다이묘들도 이것을 따라 긴 창을 사용하는 것이 크게 유행하였다.

창은 그 구조로 따져서 테야리手槍와 나가에長柄, 이 두 종류로 나눌 수 있다. 테야리는 약 2m에서 3m, 나가에는 3m에서 5.5m까지로 매우 길다. 자루는 나무나 대나무로 되어있는 경우가 많고, 나무의 경우는 히젠노쿠니肥前国의 아마쿠사에서 나는 북가시나무를 최고로 쳤다. 대나무는 작은 조각을 둥글게 묶은 것이나 나무를 심으로 사용하는 경우 등 여러 가지이지만, 나무만 가지고 만든 것보다는 가볍기 때문에 나가에에 쓰이는 경우가 많았다. 창 끝의 모양은 여러 가지가 있는데 형상에 따라서 길이가 짧고 양날인 스야리素槍, 검과 같이 길이가 긴 오미야리大身槍, 옆으로 가지가 갈라져 있는 것처럼 날이 있는 카마야리鎌槍 등 생김새에 따라 부르는 이름이 바뀐다. 창 자루에 따라 구별하기도 하고, 신분에 따라 다른 종류를 사용하기도 한다.

창을 사용하는 방법의 기본은, 원래는 빠르게 상대의 급소를 찌르는 것이다. 그렇기 때문에 창 끝이 너무 긴 것은 꺼리게 되어, 약 9cm정도의 길이가 가장 사용하기 쉽다고 여겨졌다. 그러나 전장에서 그렇게 노리고 찌를만한 여유는 없는 탓에, 때리거나 휘두르는 것을 더 중요시 하게 되었다. 난전이 되면, 창으로 계속해서 서로 때리는 경우도 많았다고 한다. 나가에의 경우는 내리치는 것만으로 충분히 치명상을 입힐 수 있었다고 한다.

이밖에 창과 비슷한 무기로 나기나타長刀가 있다. 칼보다 조금 폭이 넓고 많이 휘어져 있는 쇠붙이에, 한쪽에만 날을 만들어 긴 자루를 붙인 것으로, 가마쿠라 시대부터 전장에서 활약하였다. 그러나 전국시대에 들어오면서 시들해지더니, 차츰 승병이나 여성의 무기가 되었다. 길이는 최대 2.8m에서 최소 1m로 다양 하였다.

창 각 부분의 명칭

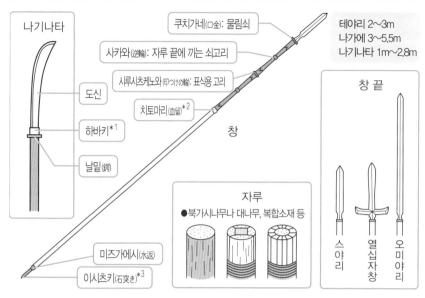

나기나타

쿠치가네(口金): 물림쇠

사카와(逆輪): 자루 끝에 끼는 쇠고리

시루시츠케노와(印つけの輪): 표식용 고리

치토마리(血留)*2

도신

하바키*1

날밑(鍔)

창

테야리 2~3m
나가에 3~5,5m
나기나타 1m~2,8m

창 끝

스야리

열십자창

오미야리

미즈가에시(水返)

이시츠키(石突き)*3

자루
●북가시나무나 대나무, 복합소재 등

*1: 날밑 앞뒤에 끼워 날밑이 움직이지 않고 도신이 빠지지 않게 하는 쇠붙이. *2: 피가 흘러 내려서 손이 미끄러 지는 것을 막는다.
*3: 날의 반대편 끝부분. 청동 등의 금속을 사용하여 창 전체의 균형을 잡을 수 있게 했다.

전장에서 창을 쓰는 방법

때리기, 휘두르기

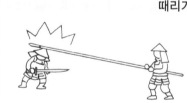

창은 원래는 찌르는 것이 기본.
그러나 전장에서는 때리거나
휘두르는 것이 효과적이었다.

야리부스마(槍衾)

나가에 아시가루들은 돌격해 오는 적을
상대로 밀집하여, 창을 빈틈없이 겨누고
늘어서서 적을 받아 쳤다. 이 대형을
야리부스마라고 한다.

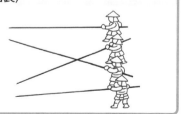

관련항목
●아시가루란 어떤 존재였는가? →No,036
●전쟁에는 순서가 있었다. →No,041
●전투에는 어떤 물건을 가지고 갔는가? →No,052

무사의 상징은 활 쏘기였다?

무사의 상징으로 오랫동안 이용된 활 쏘기. 그렇다면 활은 어떤 소재로 만들어지고, 어떤 종류가 있었던 것일까?

● 무사의 상징

활은 살상능력이 높기 때문에, 헤이안 시대 이전의 고대로부터 무사의 무기로 중요하게 여겨졌다. 무사의 집을 속칭 「궁마弓馬의 집」이나 「궁시弓矢의 집」이라 부를 정도였다. 전국시대 중기 이후, 조총에게 그 위치를 양보했지만 전장에서는 변함없이 활약 하였다.

활의 재료로는 가래나무, 참빗살나무, 느티나무, 황로 등 여러 나무가 사용이 된다. 그러나 시대가 지나면서 황로를 심으로 하고 대나무로 보강을 한 합성궁이 많아졌다. 하얀 등나무를 감아서 장식을 한 시게토重藤의 활, 등나무를 감은 뒤에 옻 칠을 한 누리고메토塗籠藤의 활 등 외관을 기준으로 몇 종류로 나눌 수 있는데 이 중 시게토는 대장용, 누리고메토는 그 외의 장병용으로 사용하였다. 활 시위는 삼끈을 물에 적신 후 딱딱하게 오그라든 것을 꼬아 만들어 매우 튼튼하였다. 활의 길이는 7척5촌(약 2.2m)이 일반적이었다. 그러나 실제로는 몸에 맞추어 길이를 조절하였기 때문에, 검지손가락과 엄지손가락 사이의 길이를 5촌으로 정해서, 이것으로 7척5촌을 재었다.

한편 화살은 구부러진 이대*를 불로 달구어 다듬어서, 모래로 간 것(옻칠을 해서 보강한 것도 있다)에 살깃과 화살촉을 단 것이다. 살깃은 수리의 깃털을 최고급으로 치고, 이 외에는 매, 학, 백조, 백로, 까마귀의 깃털을 사용하였다. 깃털의 개수는 2장~4장이지만, 시대가 지나면서 3장이 주류가 되었다. 화살촉은 좌우 대칭으로 날을 단 것 이외에도 두 갈래로 갈라진 것이나, 소리가 나는 카부라야鏑矢 등 용도에 따라 여러 가지를 맞추어 사용하였다. 길이는 통상적으로 주먹 12개 분인 12속으로, 최대로 15속 길이의 화살도 있었다. 화살은 전장에서는 야바코矢箱나 우츠호空穂라 불리는 화살통에 넣어서 운반하였고, 주인을 알 수 있도록 야지루시矢印라는 식별표가 붙어 있었다.

전장에서의 사격 자세는 현재의 궁도와는 다르게, 쪼그려 앉아서 왼쪽 무릎을 땅에 대고 오른쪽 무릎을 세우는 것이 기본이다. 이에 더하여 먼 곳을 향해 쏘는 경우는 일어서고, 집 근전의 경우에는 엎드리는 등 상황에 맞춰서 여러 자세를 취하였다.

* 볏과 식물. 줄기가 탄탄하여 바구니나 조리를 만드는데도 사용하였다.

활과 화살 각 부분의 명칭

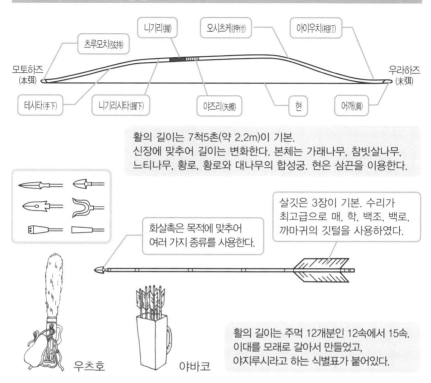

니기리(搦)
오시츠케(押付)
아이우치(相打)
츠루모치(弦持)
모토하즈(本弭)
우라하즈(末弭)
테시타(手下)
니기리시타(握下)
야즈리(矢擦)
현
어깨(肩)

활의 길이는 7척5촌(약 2.2m)이 기본.
신장에 맞추어 길이는 변화한다. 본체는 가래나무, 참빗살나무,
느티나무, 황로, 황로와 대나무의 합성궁. 현은 삼끈을 이용한다.

살깃은 3장이 기본. 수리가
최고급으로 매, 학, 백조, 백로,
까마귀의 깃털을 사용하였다.

화살촉은 목적에 맞추어
여러 가지 종류를 사용한다.

우츠호

야바코

활의 길이는 주먹 12개분인 12속에서 15속.
이대를 모래로 갈아서 만들었고,
야지루시라고 하는 식별표가 붙어있다.

전장에서의 사격 방법

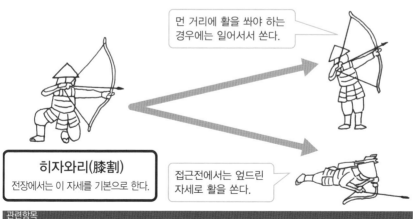

먼 거리에 활을 쏴야 하는
경우에는 일어서서 쏜다.

히자와리(膝割)
전장에서는 이 자세를 기본으로 한다.

접근전에서는 엎드린
자세로 활을 쏜다.

관련항목

● 전쟁에는 순서가 있었다? → No.041

● 전투에는 어떤 물건을 가지고 갔는가? → No.052

No.056

조총은 전투를 바꾸었다?

유럽에서 도입된 후, 전투의 양상을 완전히 바꿔버린 조총. 그 위력은 대단하였으나 사용하기 매우 어려웠다고 한다.

● 전투의 양상을 바꾼 경이로운 위력

조총은 전국시대에 등장한 무기이다. 전래 경로와 연도에 있어서는 여러 설이 있지만, 일반적으로는 1543년 타네가시마種子島에 표류해 들어온 **포르투갈인**이 가지고 들어온 것으로 알려져 있다. 타네가시마의 영주인 타네가시마 토키타카種子島時尭는 이 신비한 무기의 위력에 놀라 대장장이인 하치이타 킨베八板金兵衛에게 제조방법을 배우게 하여, 일본 조총 제1호가 탄생하였다. 그 후 사카이의 상인이 이 조총을 보고, 제조방법을 가지고 돌아간 것이 전국적으로 조총이 퍼지게 된 계기가 되었다. 조총의 주요 생산지는 타네가시마, 사카이, 쿠니토모国友, 네고로根来이다.

당시의 조총은 총구에 화약과 탄환을 채워서 찔러 넣고, 화승으로 화약에 불을 붙여 발사하는 방식의 화승총이었다. 사정거리는 최대 280m로, 위력을 충분히 발휘 할 수 있는 거리는 50m 정도. 30m 이내에서는 거의 확실하게 적의 목숨을 끊을 수 있었다. 그러나 화승총은 발사 준비에 시간이 많이 걸렸다. 또한 5발 정도를 쏘면 화약에 포함되어있는 유황이 총신에 들러붙어서 탄환을 장전 할 수 없었기 때문에, 총신의 청소도 꼼꼼하게 해야 했다. 그렇기 때문에 연속 사격에는 적합하지 않았다. 게다가, 화승을 사용한 발사 방법은 비에 약하다는 약점도 있다. 화승이나 화약이 젖으면 발사 되지 않았다. 이러한 결점은 하야고루合라는, 화약과 탄환을 같이 싼 주머니를 사용하거나 화승을 개량하는 것으로 보완하였다. 그러나 기본적으로 조총은 사용하기 어려운 무기였다. 그래도 조총이 보급된 것은, 개인의 자질에 상관 없이 높은 살상능력을 가진 병기였기 때문이다. 그리고 병기로서 조총의 위력에 대해서는 모두가 인정하였으나, 조총이라는 병기에 대한 전국무장의 평가는 정반대로 나뉘었다. 스스로 훈련하여 조총의 명사수가 된 무장이 있는가 하면, 조총을 천한 것들이나 쓰는 무기라며 좋아하지 않았던 무장도 있었다고 한다.

조총(화승총) 각 부분의 명칭

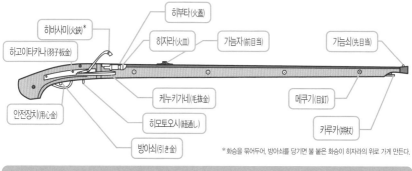

히바사미(火鋏)*
하고이타카나(羽子板金)
히부타(火蓋)
히자라(火皿)
가늠자(前目当)
가늠쇠(先目当)
케누키가네(毛抜金)
메쿠기(目釘)
안전장치(用心金)
히모토오시(紐通し)
방아쇠(引き金)
카루카(朔杖)

*화승을 묶어두어, 방아쇠를 당기면 불 붙은 화승이 히자라의 위로 가게 만든다.

조총을 쓰기 위하여 필요한 도구

부싯돌 상자, 화승　　　오구, 탄환 주머니　　　하야고

이외의 공구　　　쿠치구스리(口薬),일반 화약 통　　　납 국자, 탄형

조총 사격 순서

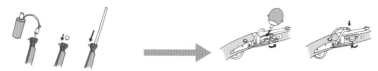

1. 화약과 탄환을 넣고 꽂을대로 밀어 넣는다

2. 히부타를 열고서 히자라에 쿠치구스리를 넣은 다음 히바사미에 화승을 끼워 넣는다.

3. 조준을 하고 방아쇠를 당긴다. 유효 사정 거리는 30∼50m정도이다.

조총의 주요 생산지
● 타네가시마　● 사카이
● 쿠니토모　　● 네고로

관련항목

● 전쟁에는 순서가 있었다. →No.041
● 전투에는 어떤 물건을 가지고 갔는가? →No.052

● 전국다이묘와 남만인 →No.111

전국무장의 갑주는 어떤 것이었나?

연이은 전투 중에 점차 실용적으로 변한 전국시대의 갑주. 그러나 전국무장들은 갑주를 치장하는데 여러 가지 궁리를 하였다.

● 전장의 패션

전국무장이 걸치고 있던 갑주는 여러 종류가 있으나, 크게 나누면 도마루胴丸, 하라마키腹巻, 토세이구소쿠当世具足의 3종류가 있다. 도마루는 몸에 두르듯이 입는 갑옷으로, 오른쪽 겨드랑이에서 양쪽을 연결 하여 고정하였다. 쿠사즈리草摺라고 하는, 허리부터 밑을 보호하는 판이 5장에서 7장 정도가 매달려 있다. 하라마키는 도마루보다 더 간략하게 만든 갑옷으로, 결합 부분을 등쪽에 오게 하여 입기 쉽게 하였다. 두 가지 다 원래는 몸통만 가리는 갑옷으로, 신분이 낮은 자가 입는 것이었다. 그러나 움직이기 편하고 입기 편하다는 이유로, 차츰 신분이 높은 무장들도 입기 시작하였다. 여기에 투구나 손 보호구, 정강이 보호구가 추가 되었다.

전국시대 중기에 들어오면서, **조총**의 위협에 대항하기 위하여 도마루, 하라마키를 개량한 토세이구소쿠가 등장하였다. 토세이구소쿠는 투구, 소데袖(어깨, 팔을 보호하는 보호구), 가슴, 코테籠手(손 보호구), 허벅지를 보호하는 하이다테佩楯, 스네아테臑当(정강이 보호구), 얼굴을 보호하는 멘보面頬의 7가지 부분으로 구성되어 있다. 가슴 부분은 초기에 가죽이나 작은 철 조각을 실로 고정 하였으나, 조총의 탄환을 막아내기 위해 철판을 사용하게 되었다. 또한 서양의 갑옷을 부분적으로 사용하여 만든 난반도南蛮胴라 불리는 갑주도 존재한다. 전국시대의 갑주는 방어력을 중시하였기에, 이전 시대보다는 모양이 단순했다. 그래서 전국무장들은 투구의 디자인에 신경을 썼다. 또한 갑옷의 표면에 털을 붙이는 등의 시도도 하였다. 이 외에 진바오리(위에 걸쳐입는 소매가 없는 겉옷)나 망토를 갑옷 위에 걸치기도 하였다.

그러나 위의 경우는 어디까지나 전국무장이 사용하던 갑주의 이야기이다. 기본적으로 아시가루의 갑주는 빌려서 입었기에 간소한 것이었다. 표준적인 장비는 진가사陣笠라 불리는 철로 만들어진 전립을 투구로 쓰고, 도마루나 코시아테에다 코테, 스네아테를 착용하였다.

전국무장 갑주의 변천

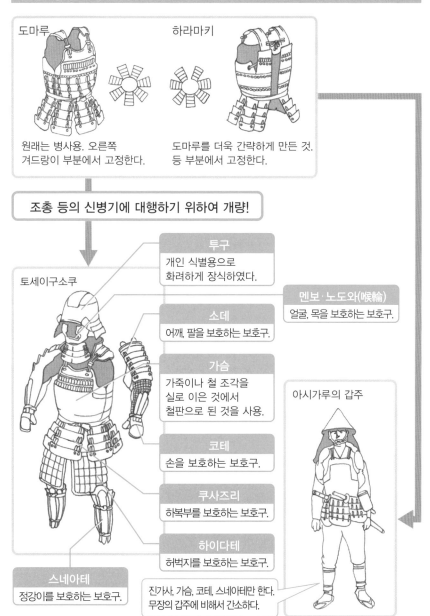

도마루

원래는 병사용. 오른쪽 겨드랑이 부분에서 고정한다.

하라마키

도마루를 더욱 간략하게 만든 것. 등 부분에서 고정한다.

조총 등의 신병기에 대행하기 위하여 개량!

토세이구소쿠

투구
개인 식별용으로 화려하게 장식하였다.

멘보 · 노도와(喉輪)
얼굴, 목을 보호하는 보호구.

소데
어깨, 팔을 보호하는 보호구.

가슴
가죽이나 철 조각을 실로 이은 것에서 철판으로 된 것을 사용.

아시가루의 갑주

코테
손을 보호하는 보호구.

쿠사즈리
하복부를 보호하는 보호구.

하이다테
허벅지를 보호하는 보호구.

스네아테
정강이를 보호하는 보호구.

진가사, 가슴, 코테, 스네아테만 한다. 무장의 갑주에 비해서 간소하다.

관련항목

● 아시가루는 어떤 존재였는가? →No.036

● 조총은 전투를 바꾸었다? →No.056

우마지루시, 사시모노란?

전장에서 자신의 존재를 나타내는 우마지루시(馬印)와 사시모노(指物). 그것은 무용을 표현하는 전시용으로도, 부대를 운영하는데 있어서도 빼놓을 수 없는 것이었다.

● 전장에서 필수 불가결한 표식

창과 조총과 같은 무기 이외에 전국무장들은 우마지루시나 사시모노라 불리는 표식을 전장에 가지고 갔다.

우마지루시는 전장에서 지휘관이 있는 장소를 알리기 위해 장대 끝에 깃발이나 장식을 단 표지로, 그들이 타는 말 옆에 세워졌다. 크기는 2m에서 10m 가까이 되는 것까지 다양하다. 멀리서 보아도 단번에 알아볼 수 있도록 화려한 것이 많다. 원래는 단순한 형태의 커다란 깃발을 세운 하타지루시旗印가 주류였으나, 전국시대 후기부터 여러 가지 형태의 것이 등장하였다. 이것을 하타지루시와 구분하여 우마지루시라 부르게 되었다. 지휘관들은 각각 미리 정해놓은 우마지루시를 사용하여, 그것의 위치를 확인하면 각 부대의 위치를 알 수 있으며 어느 부대가 살아 남았는지 파악 할 수 있었다. 지금과 같이 **통신수단**이 갖추어지지 않은 전국시대의 전장에서, 우마지루시는 반드시 필요한 것이었다. 우마지루시를 가지는 것은 일군의 지휘관임을 증명하는 것으로, 우마지루시 소지를 허가 받는 것은 무장들에게 일종의 사회적 지위를 나타내었다.

한편, 사시모노는 개인의 식별표지이다. 갑주의 등 부분에 붙이는 것으로 크기는 1m에서 2m 정도. 깃발의 형상을 한 하타지루시와, 물건의 생김새를 본떠서 만든 나리지루시形象印로 나누어진다. **우마마와리슈**馬廻衆와 같은 이들이 등에 끼운 호로母衣라 불리는 풍선 모양의 사시모노는 하타지루시로 구분된다. 사시모노는 주로 전장에서 활약한 것을 나타내거나, 전장에서 연락을 담당하는 **츠카이반**, 대장의 친위대인 우마마와리슈라는 것을 나타나기 위해 사용되었다. 무사부터 병사까지 사용을 하였으나, 계급이나 소속하는 부대를 나타내는 것이기 때문에 병사가 자기 마음대로 쓸 수 있는 것은 아니다. 한편, 무사는 자신이나 자신이 이끄는 부대가 쉽게 눈에 띄도록 사시모노의 디자인에 심혈을 기울였다. 사시모노는 개인을 식별 하기 위한 것이라서, 기본적으로 자기 갑옷의 등 뒤에 꽂는다. 그러나 행군 중에는 부하에게 들게 하는 경우도 있었다.

우마지루시란?

우마지루시

● 지휘관의 위치를 나타내는 식별 표지. 길이는 2~10m 정도
● 지휘관의 위치를 파악하여, 부대가 살아 있는지를 알아보기 위한 목적으로 쓰였다.

우마지루시의 종류

하타지루시

원래는 이 형태가 일반적이었다. 우마지루시가 등장하고 나서도 사용되었다.

깃발

우마지루시

물건을 본떠 만든 것. 전국시대의 후기 때부터 등장하였다.

우산　　　부채

사시모노란?

사시모노

● 개인용이 목적. 길이는 1~2m정도.
● 무장은 자유롭게 고르는 것이 가능하였으나, 병사는 부대별로 준비가 되어있는 것을 사용하였다.

사시모노의 종류

하타지루시

깃발 모양을 한 사시모노, 호로 등도 여기에 포함된다.

호로

나리지루시

물품의 모양을 본떠 만든 사시모노, 눈에 잘 띄도록 개성적인 것이 많았다

장기 말　　범종

관련항목

● 전장에서는 어떤 직무가 있었는가? →No.036
● 병사는 어떻게 모았는가? →No.035

● 전쟁에는 순서가 있었다? →No.041

No.059

말은 무장의 지위를 나타냈다?

전국무장들은 돈의 액수와 상관없이 명마를 구하려 하였다. 그것은 말이 그들에게 있어 사회적 지위의 상
징이었기 때문이다.

● 명성이 높은 무사라는 것을 증명해 준다

전국시대 말은 전장에서 반드시 필요한 것이었다. 지휘관이나 어느 정도 이상의 신분인
무사는 반드시 말을 타도록 정해져 있었기 때문이다. 말을 타는 것은 사회적, 경제적 지위
를 보여주는 것이었다. 그렇게 때문에 전국무장들은 명마를 구하기 위해서라면 돈을 아끼지
않을 정도였다. 당시 명마의 산지로 알려진 곳은 카이노쿠니甲斐国, 시나노노쿠니信濃国, 코즈
케노쿠니上野国, 무사시노쿠니武蔵国 등 츄부中部 지방과 칸토 지방에 걸쳐진 지역과 토호쿠 지
방, 큐슈 지방이었다.

사회적인 지위 측면을 무시하더라도, 말은 여러 가지 이점이 있었다. 먼저 말을 타면 이
동할 수 있는 거리가 늘어나고, 이동하는 시간을 줄여주었다. 전투에서 패해 도망칠 때, 말
이 있느냐 없느냐가 생사를 좌우했던 예를 아주 많이 찾아 볼 수 있다. 또한 말 위는 전망이
좋기 때문에, 정찰을 할 때에도 보물처럼 여겨졌다. 거기다 전장에서는 말 위에서 싸우는 것
이 유리한 측면도 있었다. 현재는 말 위에서 싸운 것 자체에 의문을 재기하는 설도 있기 때
문에 확정지어 이야기 할 수는 없지만, 말에 타고 있는 무장의 공격은 땅 위에 있는 무장들
이 피하기 어려웠다고 한다.

전국시대의 말은 지금의 경주마 같은 말과는 다르게 매우 작고, 성질이 거친 동물이었다
고 한다. 경주마의 체고가 약 160cm인 것에 비해, 당시 말의 체고는 약 133cm 정도였다고
한다. 기질이 거친 것에 대해서는 정평이 나있어서, 당시 외국에서 온 선교사가 일본의 말
을 「생김새가 말을 닮은 기질이 거친 생물」 이라 기록했을 정도이다. 그렇기에 말을 익숙
하게 타는 것은 어느 정도의 기량이 필요했다. 특히 무장들은 고삐를 사용하지 않고서도 말
을 탈 수 있어야만 했는데, 타자마자 굴러 떨어지는 사람을 굴러가는 복숭아에 비유하여 복
숭아 엉덩이桃尻라고 놀리기도 하였다.

말을 타기 위해서는 마구가 반드시 필요하였다. 마구도 말과 마찬가지로 사회적 지위를
나타내어, 신분에 따라 색깔 등의 여러 가지 규칙이 있었다. 또한 무장의 경제적 지표 역할
도 하였기 때문에, 무장들은 허용이 되는 한 여러 모로 궁리를 하였다.

마구의 명칭과 말의 특징

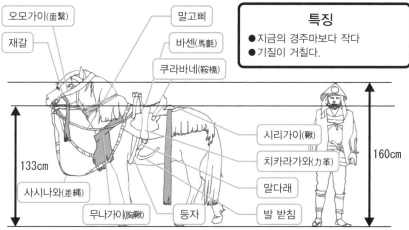

오모가이(面繫)
재갈
말고삐
바센(馬氈)
쿠라바네(鞍橋)

특징
● 지금의 경주마보다 작다
● 기질이 거칠다.

시리가이(鞦)
치카라가와(力革)
말다래
발 받침

133cm
160cm

사시나와(差繩)
무나가이(胸鞦)
등자

명마의 산지

전국무장이 말에 타는 이유

무장들은
의무적으로 말을
소유하여야 했다.

조총 등의 전술이 발달한
이후에는 돌격전 시 말에서
내리는 것이 기본이었었다.

● 전장에서 이동 속도의
향상
● 시선이 높아서 정찰
능력을 얻을 수 있다.
● 머리 위에서 공격이
가능하기 때문에 전투에
유리(부정하는 설도 있음)

관련항목

● 전투에는 어떤 물건을 가지고 갔는가? →No.052
● 어떤 일을 하면 수훈으로 인정 받았는가? →No.063

수군의 배는 어떤 것이었나?

수상전력의 열쇠를 쥐고 있는 수군의 배. 이 배에는 서구제국의 군선에서는 볼 수 없는 독자적인 기술이 담겨 있었다.

● 바다 위의 성

전국시대는 많은 기술이 발달한 시대였다. 이러한 기술 중에는 조선기술도 포함되어 있다. 이 기술로 많은 군선이 생산되었다. 이 배들은 돛을 이용하지만, 말하자면 갤리선*과 마찬가지로 주로 노를 저어서 이동한다. 그렇기 때문에 배의 크기는 노의 수, 혹은 적재량을 나타내는 고쿠수石教로 나타내었다.

전국시대 수군의 배로 가장 유명한 것이 아타케부네安宅舟이다. 아타케부네는 네모 형태의 대형선으로 노의 숫자는 30~40, 많게는 100개를 넘었다. 선상에는 선수에서 선미에 걸쳐 소야구라船矢倉라 불리는 사각형의 방을 만들어서, 활이나 조총을 쏠 수 있게 야하자마矢狹間라는 구멍을 뚫은 두꺼운 방패로 덮었다. 거기에 상자 모양의 뱃머리에는 대포가 있어서, 정면에서 포착한 적을 포격 할 수 있었다. 공수 양면에 걸쳐 매우 우수한 배였기에, 많은 군서軍書에 「바다 위의 성」이라 평가 되어있다. 오다 노부나가가 **쿠키 수군**에게 명령하여 만들게 한 철갑선은, 일설에 의하면 아타케부네에 철판으로 보강을 한 것이라 한다.

아타케부네보다 속도를 중시한 배가 세키부네關舟이다. 세키부네는 하야부네早舟라고도 하여 아타케부네보다 얇고 긴 모양으로, 물의 저항을 줄이기 위해 뱃머리도 길쭉하게 튀어 나왔다. 아타케부네와 마찬가지로 방패로 둘러 싸인 소야구라가 설치되어 있었으나, 그 방패는 얇은 판이나 대나무를 사용하여 경량화를 꾀하였다.

세키부네보다 더 **빠른** 배가 코하야小早라는 배였다. 코하야는 소형의 하야부네(세키부네)라는 의미로 지어진 이름이다. 이름에 걸맞게 세키부네와 모양이 거의 비슷하나, 소야구라는 없고 대신 한가키半垣라 불리는 낮은 벽을 설치하였다. 당연히 속도는 가장 **빨랐기**에, 전령이나 정찰 등에 사용되는 경우가 많았다.

또한 이외에 모센盲船이라는 수수께끼의 배가 존재 했다는 기록도 있다. 이것은 일종의 잠수함이지만, 존재에 대해서 여러 가지 설이 있어서 확실하지 않다.

* 지중해 연안에서 주로 사용되던 배. 다수의 노예나 죄인에게 노를 젓게 하여 이동.

아타케부네 각 부분의 명칭과 특징

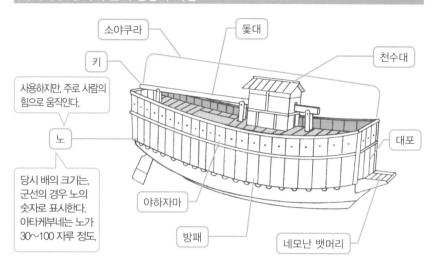

소야쿠라
돛대
천수대
키
사용하지만, 주로 사람의
힘으로 움직인다.
노
대포
당시 배의 크기는,
군선의 경우 노의
숫자로 표시한다.
아타케부네는 노가
30~100 자루 정도.
야하자마
방패
네모난 뱃머리

세키부네, 코하야의 특징

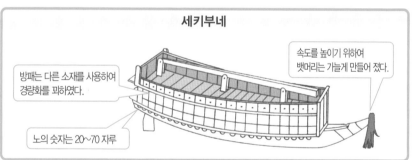

세키부네

방패는 다른 소재를 사용하여
경량화를 꾀하였다.

속도를 높이기 위하여
뱃머리는 가늘게 만들어 졌다.

노의 숫자는 20~70 자루

코하야

경량화를 위해 소야구라를
없애고, 한가키라 불리는
벽을 만들었다.

노의 숫자는 20 자루 정도

관련항목

● 해상에서는 어떻게 싸웠나? →No.048

No.061

전투 종료 후에는 어떤 일을 했는가?

전투는 스포츠와는 다른 목숨을 거는 승부다. 승패가 결정된 뒤에도 무장들은 자신이나 부하의 목숨을 건지기 위하여 최선을 다해야만 했다.

● 전투 종료 후에도 목숨을 건 공방은 계속되었다.

전투가 끝나는 경우에는 승리, 항복, 멸망, 화의, 철수 등의 몇 가지가 있다. 총대장들은 이러한 결과 중에서 자신이 소속해 있는 세력에 이득이 될 수 있도록, 최후의 공방에 전력을 다하였다. **농성전**까지 가서 결국 항복하는 경우에는, 총대장 이하 주요 가신들은 할복을 하거나 머리를 깎고 승려가 되는 사실상의 은퇴를 하게 된다. 이와 맞바꿔 그 이외의 무장과 병사, 성 안에서 농성을 한 주민들의 목숨을 유지하기 위한 교섭이 벌어졌다. 교섭을 위해 사자로 보내진 것은, 우수한 무장이나 **진중 승려**였다. 그러나 교섭이 결렬되면, 농성 측의 사람들에게는 비참한 운명이 기다리고 있었다. 전부 다 죽게 되는 것이다.

이렇게까지 전황이 심각해 지기 전에 항복을 한 경우에는 그나마 조금 나은 조건으로 교섭이 가능하다. 인질을 내주고, 공격한 쪽의 가신이 되는 것이다. 항복이 받아들여진다면 대부분의 경우에는 지금까지 지배하고 있던 영지의 소유를 인정 받았다. 항복한 세력은 그대로 가신이 되어서 입신출세를 노려도 되고, 언젠가 배신 할 것을 기약하며 힘을 비축하는 것도 가능하다. 자신의 지배세력이 멸망한 경우도 이와 비슷하여 살아남은 우수한 인재는 공격한 쪽의 가신이 되거나, 가신을 그만 두고 낭인이 되었다. 화의를 원하는 경우에는 적이 점령한 영토의 소유권을 인정 하거나, 화친을 위해 막대한 돈을 배상하였다. 후퇴가 결정되면, 교섭은 하지 않고 아군의 성으로 도망친다. 물론 지키려는 토지는 **빼앗긴다**.

이긴 쪽도 승리에 취해있을 여유는 없다. 해야 할 일이 산더미처럼 쌓여 있기 때문이다. 먼저 아군이 승리한 사실을 주위 세력에 알려야 한다. 공성과 같은 명확한 승리 조건이 없는 전투의 경우, 선전을 잘하느냐 못하느냐가 승패를 갈랐다. 또한 카치도키勝鬨*나 쿠비짓켄, 싸움에서 진 장수의 공양 같은 주술적인 처리, 전장의 뒷수습도 승리자가 하는 일이었다. 또한 부하가 세운 전공을 칭찬하는 **논공행상**을 할 필요도 있었다.

* 승전의 함성을 지르는 행위. 승리한 병사들의 사기 진작을 위해 지휘관이 앞장서서 실시하였다.

전투 후에 한 일

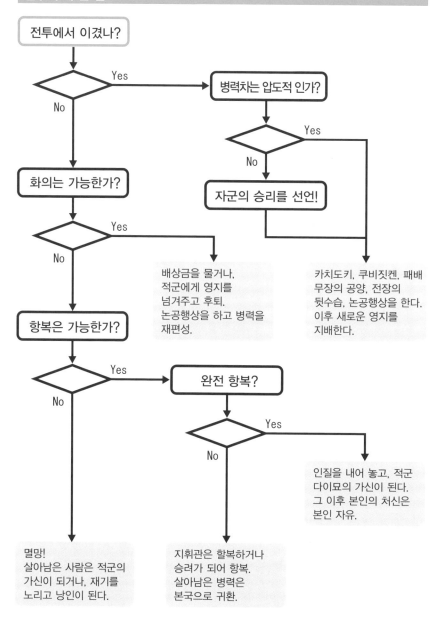

전투에서 이겼나?

Yes → 병력차는 압도적 인가?

No

Yes →

No

자군의 승리를 선언!

화의는 가능한가?

Yes →

No

배상금을 물거나, 적군에게 영지를 넘겨주고 후퇴. 논공행상을 하고 병력을 재편성.

카치도키, 쿠비짓켄, 패배 무장의 공양, 전장의 뒷수습, 논공행상을 한다. 이후 새로운 영지를 지배한다.

항복은 가능한가?

Yes → 완전 항복?

No

Yes →

No

인질을 내어 놓고, 적군 다이묘의 가신이 된다. 그 이후 본인의 처신은 본인 자유.

멸망! 살아남은 사람은 적군의 가신이 되거나, 재기를 노리고 낭인이 된다.

지휘관은 항복하거나 승려가 되어 항복. 살아남은 병력은 본국으로 귀환.

관련항목

- 군사는 어떤 일을 하였는가? →No.037
- 성은 어떻게 방어하였는가? →No.046
- 논공행상이란? →No.064
- 전국다이묘와 불교계 →No.105

전장에서 약탈행위는 일어났는가?

현재는 만행으로 여기며 기피하고, 혐오시 되는 약탈행위. 그러나 전국시대의 병사들에게 있어서는 극히 일반적인 수입원이었다.

● 일상화 된 약탈행위

전국시대의 병사들에게 약탈행위는 매우 당연한 것이었다. 병사들의 임시수입이기도 하였고, 보급시스템이 갖춰지지 않았던 당시에는 현지에서 약탈한 물건을 보급품으로 사용하였기 때문이다. 게다가 인적자원이나 농작물을 약탈하여, 적 세력에 피해를 주는 전술적인 의미도 있었다.

그러나 약탈에 열중해서 병사들이 의도대로 움직여 주지 않는 경우도 있었다고 한다. 그렇기 때문에 전투 중의 약탈행위는 기본적으로 **군법**이나 군령을 통해 금지되었다. 그러나 전투 후의 약탈행위는 용인되었던 것 같다. 오히려 승리한 세력이 약탈행위를 하지 않는 경우가 더 드물었다고 한다. 1562년, 오다 노부나가가 **쿄라쿠**를 하였을 때, 노부나가는 쿄토 주변의 약탈행위를 금지하였다. 당시 궁정 귀족의 일기에는, 이 행위를 칭찬하는 글과 동시에 매우 놀라워했다는 사실이 기록되어 있었다. 이 정도로 전투 후의 약탈행위는 일반적인 것이었다.

약탈 행위의 대상이 된 것은, 대략적으로 들고 갈 수 있는 물건 전부였다. 전장이라면 무장이나 병사들이 가지고 있는 물건이었다. 낙마한 무장을 적 병사가 데려가서 약탈을 하려는 것을, 아군 병사들이 막으려 서로 무장을 잡아 당기는 일이 있었다, 라는 웃음이 나오는 이야기가 남아 있을 정도이고, 전장에 벌거벗은 시체가 굴러다니는 일도 일상다반사이다. 함락당한 성에서 탈출하는 것 역시 목숨을 걸어야 했다. 특히 여성의 경우 아군의 병사도 믿을 수가 없었다. 몸을 지키기 위해 도중에 만난 산적에게 돈을 건네서 경호원으로 고용했다는 이야기도 남아있다.

전장 부근에 사는 사람들에게 있어서도 약탈행위는 근심거리였다. 돈이 될만한 물건은 물론이고, 여자나 아이들도 강탈의 대상이 되었다. 특히 부잣집이나 절과 사찰은 약탈의 대상이 되었다. 그렇게 때문에, 그들은 막대한 레이센을 지불하여 금제라 불리는 약탈금지령을 다이묘에게 발행 받았다고 한다.

전장에서의 약탈행위

전장에서 약탈행위의 의미

병사들의 임시수입

약탈 물품을 보급물자로 사용한다

적 세력에 피해를 주는 전술로 사용

우리들의 수입이 되기 때문에 빨리 약탈하고 싶다. 약탈에 열중해서 전투를 하지 못하는 경우도.

병사

약탈행위는 묵인. 전술적 의미에 따라, 추천하는 경우도 금지하는 경우도 있다.

금품은 물론이고 여자나 어린 아이도 약탈의 대상이 되기 때문에, 근심거리이다.

전국다이묘

레이센을 내고 약탈금 지의 금제를 의뢰한다

주변 주민

관련항목

● 전국다이묘들은 왜 죠라쿠를 목표로 하였는가? →No.017
● 군사는 어떤 일을 하였는가? →No.037
● 전투 중 주민들은 무엇을 하고 있었나? →No.051
● 오다 노부나가의 대두 →No.086

어떤 일을 하면 수훈으로 인정 받았는가?

전장에서 목숨을 걸고 계속 싸운 전국무장들. 전국다이묘들은 그들의 어떤 행동을 평가하였던 것 일까?

● 전공의 기준

전투 중에 무장의 활약은, 주로 스스로가 신고하게 되어있다. 그 내용은 군츄죠―軍忠状라 불리는 증명서에 기록 되어, 다이묘에게 제출된다. 그렇다면 당시의 전투에서는 어떠한 활약이 전공으로 평가 되었을까?

당시의 전투에서 특히 높게 평가 되었던 것이, 이치방야리―一番槍 혹은 이치방노리―一番乗り였다. 야전에서 처음으로 적 무장과 교전 한 것을 이치방야리, **공성전**에서 가장 먼저 적 성에 돌입한 것을 이치방노리라고 하였다. 이 경우에 무장을 보조하는 가신들도 창槍 밑의 공명功名이라 하여 같이 공을 세운 것으로 인정을 받고 평가의 대상이 되었다. 검을 사용한 자가 가장 높은 평가를 받았고 그 다음으로 활, 조총의 순으로 이루어졌다. 이치방야리의 다음으로 오는 것이 니방야리―二番槍, 산방야리―三番槍 등이고, 이 뒤로 순서를 정하는 경우는 드물었다.

그 외의 평가 방법으로는, 가지고 돌아온 목의 숫자를 따졌다. 목에는 각각 가치가 정해져 있어서 총대장의 목, 가장 처음으로 전장에서 친 이치방쿠비―一番首, 두 번째로 친 니방쿠비―二番首, 사이하이采配*가 같이 있는 목(사이하이를 가지고 있는 무장은 신분이 높다고 여겨졌기 때문이다), 삼방쿠비―三番首로 이어진다. 같은 목이라 해도 잡병의 목은 가치가 낮았다. 그리고 목을 칠 시간이 없었을 경우에는, 증인을 세우고 귀나 코만을 가져가거나 표시를 붙여두는 경우도 있었다.

여기까지는 아군이 비교적 유리한 경우이다. 아군이 불리한 경우에는 또다른 별도의 행동이 평가의 대상이 되었다. 이치방야리에 필적하는 것이 신가리殿라 하여, 패주하는 아군의 맨 끝에서 적군을 막아내는 일이었다. 또한 대장을 보호하고 자신의 말을 주어 도망칠 수 있게 한 것도 높게 평가 되었다. 도주할 때 떨어뜨린 물품을 가져오는 일도 평가의 대상이 되었으나, 목숨을 가볍게 여기는 행위라 하여 비판을 했던 무장도 많았다.

그리고, 당시에 전장에서 전사를 한 것 역시 매우 높이 평가되었다. 전사한 무장의 집안은 좋은 대접을 받았고, **재취직**도 어렵지 않았다고 한다.

* 지휘관이 전장에서 지휘를 위해 사용한 도구. 두꺼운 종이를 여러 갈래로 잘라 술을 만들고 손잡이를 달았다. 이것을 휘둘러서 지휘를 했다고 한다. 생김새가 비슷해서 먼지떨이를 이렇게 부르는 경우도 있다.

전장에서의 평가 포인트

전국무장

군츄죠에 전장에서의
활약을 스스로 신고

전국다이묘

전장에서 활약

이치방야리, 이치방노리

가장 처음으로 교전하는 것. 전장에서는 이치방야리, 공성전에서는
이치방노리라 한다. 이하 니방야리, 삼방야리까지 평가 대상!

창 밑의 공명

무장의 가신이 이치방야리를
보조하는 일. 검, 활, 조총의 순으로
높이 평가한다.

전장에서 친 목

적 대장의 목

이치방쿠비

니방쿠비

사이하이가 같이 있는 목

삼방쿠비 이후의 목

적장의 목도 중요한 평가 중 하나이다.
목의 숫자도 물론 중요하지만 목의 가치도
중요하다. 잡병의 목은 평가가 낮다. 목을
가지고 올 수 없는 경우에는 코나 귀를
가지고 돌아가거나, 표시를 해두었다.

패전 시에 활약, 그 외

대열 맨 끝에서 적군을
막아내, 아군의 후퇴를
도왔다.

대장을 호위. 대장이 걸어가야
하면 말을 대장에게 넘겨주는
것도 높이 평가된다.

용감한 점은 평가
되지만, 비판도 적지
않다.

본인 뿐만 아니라
일족이 높은 평가를
받는다.

신가리

대장을 지키고 도주를 돕는다

떨어뜨린 물건을 가져 온다

장렬히 전사한다.

관련항목

● 가신의 채용 방법은? →No.009
● 성은 어떻게 공격하였는가? →No.045
● 논공행상이란? →No.064

논공행상이란?

전장에서 활약한 자에게는 당연히 상이 내려졌다. 무장들이 받는 상에는 어떤 것이 있었을까?

● 목숨을 걸고 싸운 대가

논공행상이란, 전투에서의 활약을 검증하고 전국무장들에 상을 수여하는 것이다. 무장들에게 있어서는 전투 후에 가장 기대가 되는 일이기도 하였기에, 불만의 소리가 나오지 않도록 평가하는 것은 전국다이묘의 중요한 업무 중 하나였다.

상으로 가장 중요하게 여겼던 것이, 영지인 **치교치**和行地를 늘려주는 것이었다. 치교치의 세수는 무장들의 수입과 직결되었다. 당시의 전투는 무기와 장비 이외의 비용은 거의 무장이 부담하였다. 그렇기 때문에, 치교치가 늘어나지 않는다면 모처럼의 분전도 아무 이득이 없는 헛수고로 끝날 수도 있다.

치교치를 늘리는 것과 마찬가지로, 금전을 상으로 수여하는 경우도 있었다. 이것은 다이묘의 영지가 적은 경우나 무장의 신분이 낮은 경우에 이루어졌다.

이 외에 상으로 물품을 수여하기도 하였다. 그러나 물품의 경우는 받는 쪽의 가치관도 반영되기 때문에, 무장에게 있어서 좋은 것인지 나쁜 것인지 판단을 하는 것이 어렵다. 도쿠가와 이에야스의 아들인 마츠히라 타다요시松平忠吉의 경우, 치교치를 늘려 준다는 약속을 받았으나 상으로 다기茶器와 단도를 받은 것에 격노해 다기를 던져서 깨버렸다는 이야기가 남아있다. 한편, 오다 노부나가의 가신인 타키카와 카즈마스瀧川一益는 항상 가지고 싶어 하던 다기를 상으로 받을 것을 기대하고 있었으나, 상으로 치교치를 늘려준다는 사실을 듣고 실망하였다고 한다.

이와 같이 실리적인 것과는 별도로, 명예적 측면의 상도 존재한다. 칸죠感状는 전장에서 무장의 활약상을 평가한 표창장과 같은 것으로, 받은 개수만큼 무장의 가치가 올라가기에 혹여 다른 세력에 임관을 하게 될 때에도 유리하였다. 그러나 우에스기 켄신과 같이 칸죠만을 남발하는 다이묘의 경우, 부하 무장들은 수입이 부족해져 전투의 비용을 대는 것이 불가능 할 정도로 재정적 어려움을 겪었다고 한다. 그리고 다이묘의 이름 일부를 수여하는 **헨키**偏諱 역시 상이 되었다. 그러나 다른 무장들의 질투를 사는 경우도 있어서, 함부로 이름을 내리기는 어려웠다고 한다.

논공행상이란?

논공행상이란?
전투에서 활약한 내용을 검증하여,
전국무장들에게 상을 내리는 것

전국다이묘

실리적인 상

치교치를 늘린다.
지배하는 토지가 늘어나서
세수가 올라간다!

금전을 수여한다.
직접적인 수입. 전투 비용을
메울 수 있기도 하다.

물품을 수여한다.
검이나 말, 다기 같은 물품을
받는다.

가지고 싶었던 물건이라면 치교가
늘어나는 것 보다 기쁘지만…….

명예적인 상

칸죠
전장에서 보인 활약상을
평가한 표창장과 같은 것.

명예로운 것이지만, 이것만 남발하면 부하들이
전쟁에 드는 비용을 감당 할 수 없다……

헨키
다이묘의 이름에서 한 글자를
받아서 개명하는 것.

명예로운 것이지만, 다른 무장들의 질투를 사는
경우도 있다…….

관련항목

- 가신의 채용 방법은? →No.009
- 전국무장의 수입원은? →No.012
- 전국무장의 이름은 어떻게 정해지는가? →No.023
- 어떤 일을 하면 수훈으로 인정 받았는가? →No.063

전국다이묘와 다도

전국시대는 전례가 없을 정도로 다도가 유행이었던 시대였다. 다도는 무로마치 시대 후기 무라타 쥬코村田珠光[1]에 의해 성립되었다 한다. 쥬코의 다도는 거상, 타케노 조오武野紹鴎[2]가 계승하였고, 이후 센노리큐千利休[3]가 완성한 것이 현재 다도의 원형이다.

다도는 전국시대 초기부터 다도에 취미를 가진 전국무장들이 즐기고 있었으나, 오다 노부나가가 이것을 정치에 이용하려 생각을 하면서부터 본격적으로 유행하였다. 노부나가 정권에서 다도회를 여는 데는 허가가 필요했고, 이 허가를 받아내는 것은 명예로운 일이었다. 거기에 노부나가가 좋은 다기를 돈과 권력으로 수집하는 「명기 사냥」을 하여, 이것이 다도의 도구인 다기 가격을 비약적으로 올리는 결과를 초래하였다. 원래부터 명품 다기라 불리는 것에는 상당한 가치가 있었으나, 노부나가가 가신들에게 주는 상으로 다기를 이용하면서 명품 다기에 미술적 가치와 더불어 사회적 지위라는 가치까지 더해졌다. 이 때문에 다기와 관련하여 무장들의 기쁨과 슬픔이 담겨있는 수많은 이야기가 남아있다. 가장 대표적인 것이 본문에서도 언급한 노부나가의 가신인 타키가와 카즈마스의 이야기로, 그에게 타케다 가문 토벌의 상으로 내린 코즈케노쿠니上野國와 칸토칸레關東管領의 지위보다, 코나스비小茄子라 불린 명품 다기 하나를 받고 싶었다고 탄식했다는 이야기가 남아있다. 또한 노부나가의 가신인 모리 나가요시도 다기를 대단히 중히 여겨서, 유언을 작성할 때 가장 먼저 자신이 소유하고 있는 명품 다기의 배분에 관하여 적었다고 한다.

이렇게 가신들을 다도 마니아로 만든 노부나가이지만 본인은 다도나 다기를 정치적 도구로 밖에 생각하지 않았느냐고 한다면, 사실 그렇지 않다. 노부나가 본인도 순수하게 다도나 다기를 좋아했던 것 같다. 예를 들면 쇼군 암살이나 대불전에 방화, 주군에 대한 배반으로 효웅이라 이름이 높았던 마츠나가 히사히데松永久秀가 항복했을 때, 노부나가는 그가 올린 츠쿠모가미나스九十九髮茄子라 불리는 다기를 보고 그의 목숨을 살려주었다. 또한 히사히데가 배신했을 때도, 그가 아끼고 아꼈던 히라구모챠가마(平蜘蛛茶釜)를 받고 그의 목숨을 살려줄 정도였다. 노부나가가 주최한 다도회도 많이 열려서, 그가 다도를 좋아했다는 것을 짐작 할 수 있다.

도요토미 히데요시도 다도를 좋아했던 사람 중에 하나였다. 이전에 노부나가에게 다도회의 개최 허락을 받은 히데요시는 눈물을 흘리며 기뻐했다고 한다. 그러한 히데요시인 만큼 천하를 다스리게 되어서는 센노리큐의 후원자가 되어 자주 다도회를 열고, 본인도 다도에 심취하였다. 그러나 히데요시와 리큐의 밀월은 길게 이어지지 않았고, 리큐는 히데요시의 명령에 의해 할복하여 목숨을 잃었다. 그 후 히데요시는 리큐의 간소한 다도와 결별하고, 화려한 다도의 예법을 좋아하게 되었다고 한다.

또한, 도쿠가와 이에야스도 다도를 좋아하였지만 노부나가, 히데요시와 비해 화려한 일화는 적다. 단지 개인적인 취미로만 다도를 즐겼던 것 같다.

---

*1: 선종의 승려로 다도의 시조라고 불린다.
*2: 사카이의 거상으로 후에 승려가 된다. 무라타 쥬코의 다도를 계승, 발전 시켰다.
*3: 타케노 조오에게 다도를 사사받았다. 이후 오다 노부나가와 도요토미 히데요시의 밑에서 다도를 관장하는 가신이 되었다.

제 3 장
전국시대의 기초지식

전국시대의 책력과 시간

달 태양과 함께 생활 했던 전국시대. 시간이나 책력을 세는 방법도 서구와는 큰 차이가 있었다.

● 시간의 개념은 지금과 큰 차이가 있었다

전국시대의 시각과 책력은 현재의 것과는 다른, 꽤나 복잡한 것이었다.

먼저 시각을 살펴보면 당시에는 일출, 일몰을 기준으로 한 부정시법不定時法이라는 방식으로 시각을 나타내었다. 계절에 따라 시간의 길이가 달랐다. 또한 시간을 부르는 방법도 일정하지 않아서, 한밤중을 「자시子の刻」 라 하여 하루를 12등분해서 12지라 부르는 경우와, 한밤중을 「아홉九つ」으로 하여 「여덟 반八つ半」, 「여덟八つ」로 수를 줄여나가다가 「넷四つ」에서 일단락을 하고 「아홉」으로 되돌아 가는 방법도 있었다. 전자의 경우는 일출이 「묘시卯の刻」, 일몰이 「신시酉の刻」. 후자의 경우는 일출이 「새벽 여섯明け六つ」, 일몰을 「저녁 여섯暮れ六つ」 라 했다.

당시에는 남만인이 가지고 온 시계를 보는 것 말고는, 절의 종소리 같은 시보 외에는 시각을 알 방법이 없었다. 그렇기 때문에 시각을 확인하기 위해 고양이의 눈을 이용하였다고 한다. 고양이의 눈은 주위의 밝기에 따라 동공의 모양이 변화한다. 이 변화하는 모양을 참고하여 현재의 시각을 확인하려 하였다. 큐슈 지방의 전국다이묘인 시마즈 가문에서는 전장에 7마리의 고양이를 데리고 갔다는 기록이 남아있다.

한편 책력은 중국에서 건너온 태음력을 바탕으로 한 것을 사용하였다. 태음력은 달이 차고 기우는 것을 바탕으로 일자를 정하는 방법으로, 한 달이 30일인 큰 달과 29일인 작은 달이 있다. 태양력과는 달리 실제의 1년과 차이가 크게 나기 때문에, 2~3년마다 윤달을 두어 이 차이를 보정하였다. 책력은 농사의 기본이 되기 때문에, 지방 별로 수정을 가한 경우도 많다. 이 때문에 지방 별로 날짜가 다른 경우도 있었다. 그리고 이러한 책력은 따로 판매하는 사람이 있어 구입해 사용했다고 한다.

달의 이름에 있어서도 지금과 같이 숫자를 사용하는 것이 아니라, 각 계절에 비유한 것을 이용하였다. 1월은 무츠키睦月, 연초월, 쇼슌初春이라 부르는 방법이다. 중국식으로 부르는 이름도 다수 존재하였으나, 이것은 거의 이용되지 않았다.

전국시대의 시간

시간을 아는 방법
시계(남만의 제품을 개량).
절의 종소리 같은 시보.
고양이 눈의 변화

시간을 정하는 방법
일출에서 일몰까지를
기준으로 하여, 각각 12
등분을 하는 부정시법.

일몰 →

← 일출

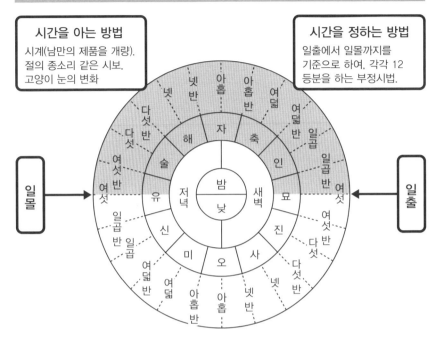

전국시대의 책력

날짜를 아는 방법
책력 상인에게 구입.
농사에 반드시 필요한 것으로,
지방마다 다르다.

농민

책력을 결정하는 법
달이 차고 기우는 것을 기준으로
한 태음력. 미묘하게 실제 시간과
차이가 생기기에, 2~3년 마다
윤달을 넣어서 조정.

1월	2월	3월	4월	5월	6월
무츠키(睦月), 쇼슌(初春), 그 외	키사라기(如月), 하츠하나즈키(初花月), 그 외	야요이(弥生), 카게츠(花月), 그 외	우츠키(卯月), 나츠하츠키(夏初月), 그 외	사츠키(皐月), 바이게츠(梅月), 그 외	미나즈키(水無月), 마츠카제즈키(松風月), 그 외

7월	8월	9월	10월	11월	12월
후즈키(文月), 나나요즈키(七夜月), 그 외	하즈키(葉月), 아키카제즈키(秋風月), 그 외	나가츠키(長月), 모미지즈키(紅葉月), 그 외	칸나즈키(神無月), 하츠시모즈키(初霜月), 그 외	시모츠키(霜月), 유키미즈키(雪見月), 그 외	시와스(師走), 하루마치즈키(春待月), 그 외

관련항목

● 전국시대 초기의 큐슈 지방 → No.083
● 전국다이묘와 남만인 → No.111

전국시대의 물건 단위

지금도 일본에서는 간혹 들을 수 있는 전국시대의 단위. 이 단위에 대해 알아본다면 전국시대를 더 깊게 이해 할 수 있다.

● 복잡했던 전국시대의 단위

각지에서 전국다이묘들이 들고 일어서, 수많은 지배 영토가 존재하였던 전국시대. 그렇다보니 물건의 계측 단위는 통일되어 있지 않았다. 영토에 따라, 같은 단위의 명칭이라도 수치가 일정하지 않았다. 이런 상태였던 물건의 단위가 통일된 것은 도요토미 히데요시가 천하를 통일한 이후의 일이었다. 그러나 이렇게 영토 별로 다른 단위를 함께 다루는 것은 번잡하기 때문에, 여기에서는 가장 일반적인 수치를 소개하고자 한다.

먼저 길이의 단위에서 가장 작은 것은 1촌^寸, 현재의 수치로 약 3.03cm이다. 10촌으로 단위가 바뀌어, 1자^尺(약 30.3cm)가 된다. 이대로 계속 10배가 될 때마다 단위가 바뀐다면 외우기 쉽겠지만, 자의 다음 단위인 간^間은 1간이 6자(약 1.81m)이다. 그리고 다음 단위인 정^町은 1정이 60간(약 109.09m)으로 수치가 급격하게 올라간다. 길이의 단위에서 가장 큰 것은 리^里로, 1리가 36정(약 3.92km)이다.[*] 덧붙여서 유명한 무장들의 신장은 오다 노부나가가 5자5촌(약 167cm), 도쿠가와 이에야스가 5자1촌(약 154cm), 우에스기 켄신도 5자2촌(약 158cm)이었다고 한다. 당시 남성의 평균 신장이 대략 5자4촌정도(약 164cm)였으니, 그들은 평균 신장보다 약간 작은 부류라 할 수 있다. 키가 컸던 무장으로는 도요토미 히데요시의 가신인 카토 키요마사^{加藤淸正}가 있는데, 6자3촌(약 191cm)으로 상당히 컸다고 한다.

다음은 부피의 단위인데, 이쪽은 길이보다는 매우 단순하다. 최소단위는 승^升(되)으로, 1승은 약 1.8039ℓ이다. 그리고 10배가 될 때마다 1두^斗(18.039ℓ)(말), 1석^石(180.39ℓ)(섬)이 된다.

넓이는 길이와 마찬가지로 조금 복잡하여 1평^坪 혹은 1보^步가 3.30532㎡. 다음이 1단보^{段步}로 300평(9.9174아르)이다. 최대단위인 정보^{町步}는, 1정보가 10단보(0.99174헥타르)이다.

마지막으로 무게의 단위로서, 이것은 최소 단위인 돈^匁(약 3.75g)을 기본으로 하여 160돈을 1근^斤(약600g), 1000돈을 1관^貫(약3.75kg)이라고 했다.

---

* 우리 나라의 리(里)와는 단위가 다르다. 우리 나라의 경우 1리는 약 0.393km로, 일본과 비교할 때 대략 1/10 정도이다.

전국시대의 단위

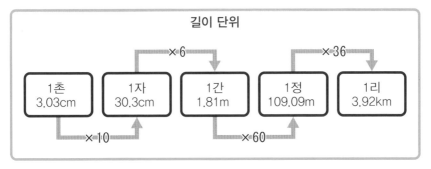

길이 단위

| 1촌 3.03cm | 1자 30.3cm | 1간 1.81m | 1정 109.09m | 1리 3.92km |

×6 / ×36 / ×10 / ×60

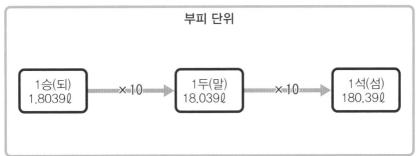

부피 단위

1승(되) 1.8039ℓ ×10→ 1두(말) 18.039ℓ ×10→ 1석(섬) 180.39ℓ

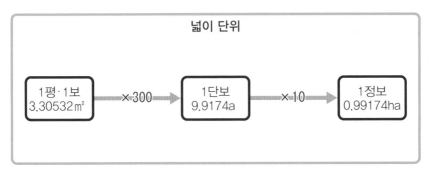

넓이 단위

1평·1보 3.30532㎡ ×300→ 1단보 9.9174a ×10→ 1정보 0.99174ha

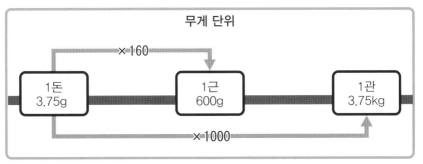

무게 단위

1돈 3.75g / 1근 600g / 1관 3.75kg
×160 / ×1000

전국시대의 화폐 단위

화폐 경제가 급속히 발달한 전국시대. 그렇다면 전국시대의 화폐란 어떤 것이었을까?

● 무게에서 유래된 화폐의 단위

전국시대 화폐의 최저기준은 몬[文] 혹은 센[錢]이다. 이것은 **무게**의 단위와 공통된 명칭으로, 원래는 동화 1개의 무게를 몬 혹은 센이라 하였다. 이것이 변하여 화폐의 단위로 사용된 것이다. 무게의 단위와 마찬가지로 어느 정도까지 모이면 단위가 바뀌어, 10몬은 1히키[疋], 100몬은 1유이[結], 1,000몬은 1칸[貫](칸몬[貫文]) 혹은 1렌[連]이라 불렀다. 당시의 화폐는 가운데 구멍이 뚫려있어, 화폐를 모을 때에는 이 구멍에 끈을 끼워 정리하는 경우가 많았다고 한다. 유이, 렌과 같은 단위는 이렇게 화폐를 모으는 방법에서 유래되었다.[1]

전국시대에 대부분의 화폐는 일본에서 생산된 것은 아니었다. 중국 등에서 수입된 것을 장기간에 걸쳐 사용한 것이다. 그 때문에 품질이 제각기 달랐던 탓에, 위조 화폐도 횡행하였다. 당시의 화폐 가치는 화폐의 질과 직결되었다. 그 때문에 **상인**들은 품질이 나쁜 화폐를 비타센[鐚銭]이라 부르며 싫어했고, 비타센 4개를 화폐 1개로 정산하는 에리제니[選銭][2]를 하여 안정을 꾀하였다.

또한 전국다이묘들이 독자적인 화폐를 주조하는 경우도 있었다. 이 때, 금이나 은과 같은 귀금속을 사용하여 무게가 직접 가치를 보장할 수 있도록 여러 가지로 궁리를 하였다. 대략적으로 금 1량[兩]에 4,000몬, 은 1량에 400몬 정도로 정산되었다.

당시 **아시가루**의 연봉은 1칸500몬 정도, 하급무사는 50칸, 상급무사는 100칸에서 500칸 정도가 일반적이었다. 일설에 의하면 당시 1칸이 현재의 돈으로 약 15만엔(약 195만원) 정도라 하니, 아시가루는 연봉 20만엔 정도, 상급무사가 되면 연봉이 1,500만엔 이상이 된다는 것이다. 그러나 당시에는 병사라 하더라도 반쯤 자급자족을 하는 생활이었기 때문에, 아시가루 정도의 연봉으로도 생활이 가능하였다. 그리고 상급무사도 검소, 절약하는 삶을 살았기 때문에 수입의 대부분은 군비로 사라져 갔다고 한다. 그렇지만 예외도 있어서, 전투와는 관련 없는 다기 하나에 5,000칸을 쏟아 부은 전국다이묘도 존재하였다.

* 1: 유이 - 맺을 결(結), 렌 - 잇닿을 련(連). 두 단위 모두 화폐를 끈으로 묶는 것과 관련이 있다.
* 2: 화폐(센錢)를 선별選別한다는 의미.

전국시대의 화폐 단위

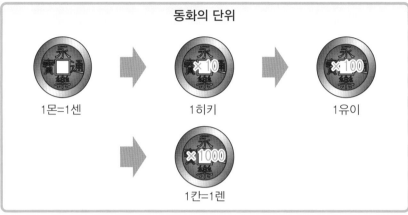

동화의 단위

1몬=1센 → 1히키 → 1유이 → 1칸=1렌

은화, 금화의 단위

은 1량=400몬　　　　금 1량=4,000몬

전국무장들의 급료

아시가루

연봉 1칸500몬
(현재의 금액으로 약 20만엔 정도)

무장

50칸~500칸
(현재의 금액으로 약 750만엔 ~ 7,500만엔)

관련항목

● 아시가루란 어떤 존재였는가? →No.036
● 전국시대의 물건 단위 →No.066
● 전국다이묘와 상인 →No.109

전국시대에 번영한 대도시

때로는 전국다이묘의 자금원이 되기도 하고, 또 때로는 독자적인 세력으로서 위세를 자랑했던 대도시. 발전의 이유에는 여러 가지가 있었다.

● 각지에서 번영한 대도시

전국시대는 전란으로 세월을 보낸 시대이기도 하지만, 그만큼 활기찬 시대였다고도 할 수 있다. 일본 각지에서는 대도시가 생겨나고, 독자적인 문화가 자라났다.

전국시대의 대도시에는 쿄토, 사카이, 나라 같은 당시의 도회지, 전국다이묘의 비호 아래 있었던 죠카마치城下町, 항구도시인 츠津, 유명한 절과 신사의 몬젠마치門前町 등이 있었다. 쿄토는 **오닌의 난**이 일어나 한때는 황폐해졌으나, 상업도시로서 새롭게 발전하였다. 인구나 도시의 규모도 다른 도시들이 따라 갈 수 없을 정도였다. 사카이는 원래 어항에 불과했으나 군사적, 상업적으로 중요한 위치였기 때문에 점차적으로 세력을 키운 도시이다. 나라는 쿄토나 사카이에 비해서 번영하지는 않았으나, 전통 종교의 중심지로서 아직도 탄탄한 힘을 가지고 있다.

죠카마치는 가신이나 가신의 가족이 살 수 있도록 만든 도시이지만, 상인이나 직인들도 모이게 되어 지방의 중심도시로서 발전한 도시를 가리킨다. 특히 츄부 지방의 전국다이묘인 **오오우치**大內 **가문**이 다스린 야마구치山口나, 호쿠리쿠 지방의 **아사쿠라 가문**이 다스린 이치죠다니一乗谷 같은 도시는 작은 쿄토라 불렸던, 지방 문화의 중심지였다. 죠카마치는 가신이 살기 위해 만들어진 도시인 만큼 성을 중심으로 가신들의 저택이 있고, 석벽이나 해자 건너편에 상인과 직인들이 사는 구획이 있었다. 상인과 직인이 사는 구획은 교통의 편의를 고려하여 바둑판과 같이 길을 내었으나, 곳곳에 막다른 길을 설치하여 적의 습격에 대비하였다.

츠는 무역으로 발달한 항구도시로, 독립한 도시도 많았다. 원래 유통의 중심지로 발달하였으나, 앞에서 이야기한 사카이와 마찬가지로 **남만무역**에 의해 경이적인 발전을 이루었다. 죠슈町衆라 불린 상인들의 세력이 강했던 것이 특징이다.

몬젠마치는 절이나 신사가 지배를 해서 발전한 도시로, 원래는 신도들을 중심으로 발전한 도시였다. 그러나 참배객을 상대로 숙박이나 생활 필수품, 특산품 등을 취급하는 상업도시로 발전하였다. 전국시대에는 이렇게 상업도시의 역할을 한 몬젠마치가 각지에 존재하였다.

전국시대의 대도시와 그 특징

죠카마치

보호자: 전국다이묘

특징: 전국다이묘의 가신을 중심으로 발전한 도시, 방어 기능을 가지고 있다

수입원: 전국다이묘의 경제활동 등

몬젠마치

보호자: 유력 사찰, 신사

보호자: 쵸슈(마을에 사는 상인들)

츠

특징: 신도를 중심으로 발전한 도시

수입원: 사찰과 신사를 방문하는 사람들의 숙박, 특산품 등

특징: 교역항을 중심으로 발전한 도시

수입원: 교역, 항구의 사용료 등

전국시대의 주요 대도시

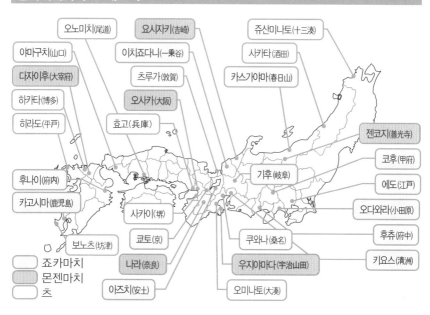

오노미치(尾道), 요시자키(吉崎), 쥬산미나토(十三湊), 야마구치(山口), 이치죠다니(一乗谷), 사카타(酒田), 다자이후(大宰府), 츠루가(敦賀), 카스가야마(春日山), 하카타(博多), 오사카(大阪), 히라도(平戸), 효고(兵庫), 젠코지(善光寺), 후나이(府内), 기후(岐阜), 코후(甲府), 카고시마(鹿児島), 에도(江戸), 사카이(堺), 오다와라(小田原), 보노츠(坊津), 쿄토(京), 쿠와나(桑名), 후츄(府中), 나라(奈良), 우지야마다(宇治山田), 키요스(清洲), 아즈치(安土), 오미나토(大湊)

죠카마치 / 몬젠마치 / 츠

관련항목
● 오닌의 난과 종결 →No.073
● 전국시대 초기의 호쿠리쿠 지방 →No.077
● 전국시대 초기의 츄부 지방 →No.078
● 전국다이묘와 상인 →No.109
● 전국다이묘와 기술인 →No.110
● 전국다이묘와 남만인 →No.111

No.069
전국시대의 정보 전달 수단

지금과 같이 편리한 정보 전달 수단이 없었던 전국시대. 전국무장들은 어떠한 방법으로 서로 정보를 주고 받았을까.

● 정보 전달을 위해 연구를 거듭하였다

전화나 텔레비전, 인터넷이 없었던 전국시대. 전국무장들의 정보 전달 수단은 매우 한정적이었다.

정확한 정보를 어느 특정 개인에게 전하고 싶을 경우, 일반적으로 이용하는 것이 서장(편지)을 보내는 것이다. 영지 안에서는 **전마**라 불리는 말에 의한 교통기관을 이용했지만, 다른 지배권이나 먼 곳으로 보내는 경우에는 특별하게 사자를 뽑아서 운반하게 하였다. 지금과 같이 정비되어 있지 않은 길을 사용하여 사람이 직접 전달하는 것이니 당연히 속도도 느렸다. 때때로 소문이 먼저 퍼지고 난 다음에 서장이 도착하는 경우도 있었다고 한다. 게다가 사자를 뽑는 것도 문제였다. 통상적으로 사자는 다이묘의 대리로서 서장을 받는 쪽과 교섭이 가능할 정도의 우수한 인재가 뽑혔다.

그러나 사자로 보내게 되면 장기간 동안 우수한 인재를 다른 곳에 쓸 수가 없다. 또한 길을 가는 도중에 위험한 일도 많이 있었다. 그래서 전문적으로 서장을 나르는 파발꾼이나 여행에 익숙한 행상인, 샛길을 알고 있는 수행승을 사자로 길러내는 다이묘도 많았다.

서장을 주고받는 것보다 더욱 쉬운 방법으로는, 신호용으로 특수한 연기를 올리는 봉화가 있다. 지배하는 영토의 각지에 봉화대를 설치하고 릴레이 형식으로 정보를 전달하였다. 그러나 불빛의 색상이나 연기가 올라가는 형태 같은 정도의 판별만 가능한 탓에 복잡한 내용을 전달하기에는 적합하지 않아, 어디까지나 사전에 정해진 내용을 재빨리 상대에게 전하는 목적으로 사용하였다. 그러나 정보전달의 속도가 중요한 긴급 상황에서는 매우 유용한 수단이었다.

거기에 태고나 나각, 종, 딱따기* 등을 이용한 음향도 정보 전달의 수단으로 이용되었다. 이것은 전투를 하기 전에 진부레 같은 **비상소집**이나 전투 중에 사용되었던 것으로, 지휘관의 순간적인 판단을 병사들에게 전할 수 있었다. 그러나 봉화와 마찬가지로 사전에 전할 내용을 정해야 하고 미리 훈련이 필요한데다 정보를 전달할 수 있는 범위도 제한적이라는 결점이 있었다. 덧붙여서 이 때 사용하는 악기는 다이묘에 따라 달랐다고 한다.

* 태고 - 커다란 북, 나각 - 소라로 만드는 군악기로 불어서 소리를 냄, 딱따기 - 나무토막을 부딪혀서 소리를 내는 것.

전국시대의 정보 전달 수단

전국다이묘

전국시대에는 지금과 같이 편리한
정보 전달 수단이 없다.

그럼, 어떻게 정보를 주고 받았는가 하면……

서장(전마, 사자)

중요한 정보를 전달!

장점: 정확한 정보를 전달하는 것이 가능하다.

단점: 정보 전달에 시간이 걸린다. 사자가
위험에 처하는 경우도 발생한다.

봉화

비상시 연락 수단!

장점: 정보전달이 빠르다. 먼 곳에도 정보를
전달할 수 있다.

장점: 상세한 정보는 전달 할 수 없다. 특수한 시설이 필요하고
사전에 전할 내용을 정해 놓아야 하며, 훈련도 필요하다.

태고, 종, 딱따기

소집이나 전장에서 사용!

장점: 정보 전달이 빠르다. 순간적인 판단을
전달 가능.

단점: 상세한 정보는 전달 할 수 없다. 정보
전달의 범위가 한정된다.

관련항목

- 영지 주민들도 전투에 차출되었다? →No.014
- 병사는 어떻게 모았는가? →No.035
- 진형, 진법이란? →No.040
- 전국시대의 교통 수단 →No.070

전국시대의 교통 수단

상업 활동이나 군사 활동을 함에 있어서, 결코 가볍게 볼 수 없는 교통망. 전국다이묘에게 교통망을 충실히 발달시키는 것은 중요한 과제 중 하나였다.

● 전국다이묘의 인프라 정비

전국시대의 교통 수단은 크게 육상과 수상, 이 2종류로 나눈다. 전국시대 초기, 이러한 교통 수단은 매우 난잡했다. 무로마치 막부의 혼란을 틈탄 **도적**의 횡행이나, 교통로의 황폐화가 원인이다. 그러나 전국다이묘들이 대두하여 각 지역에 어느 정도 질서가 잡히게 되자 차츰 교통 수단이 정비되었다. 이것은 다이묘가 자신의 이익을 우선시하였기 때문이다. 정비된 교통 수단은 상인들을 불러모아 영토를 상업적으로 부유하게 만드는 것과 동시에, 전시에는 행군이나 정보수집의 효율을 높일 수 있었다.

육상교통에 있어서 특히 다이묘들이 중요하게 생각한 것이 전마였다. 이것은 현재의 열차나 버스와 같은 교통시스템으로, 숙소마다 역을 설치하고 각 역 사이를 말로 연결하는 것이다. 많은 다이묘들이 전마를 위해 도로를 설비하여 병사나 군량, 여러 물자를 유통시켰다.

그러나 전마는 어디까지나 다이묘를 위한 것이었다. 서민들의 교통 수단은 오로지 도보였다. 짐은 바샤쿠^{馬借}, 샤샤쿠^{車借}라 불리는 사람들이 수송하였다. 바샤쿠는 말, 샤샤쿠는 소에 달구지를 단 민간업자였다.

수상교통은 칸사이에서 큐슈 지방에 이르기까지 예전부터 발달했던 교통 수단이다. 배를 사용한 수상교통은 도보로 이동하는 것보다 속도가 빠르고, 대량의 짐을 실어 나를 수 있었다. 전국시대는 **조선 기술**이 발달한 시대이기도 하여, 수상교통의 범위 역시 현격하게 넓어졌다. 일본 국내뿐만 아니라 동남아시아까지 무역선을 보냈다.

또한 육상교통이나 해상교통 양쪽 다, 국경이나 중요한 지점에는 관문을 설치하였다. 원래는 방어를 위한 것이었으나 점차 통행세를 거두기 위한 것으로 변화하였다. 전국다이묘 중에서는 이러한 관문을 싫어하여 철폐하는 자도 있었고, **상인**들은 면세의 대상으로 정하는 자도 많았다고 한다.

교통 수단을 정비하는 의미

전국다이묘

군사적인 의미
●행군이 편리하다.
●필요한 물자를 편리하게 수송 가능.

상업적 의미
●상인을 불러들이는 것이 가능하다.
●물자의 유통이 빨라진다.

그래서……

무로마치 막부가 혼란했던 탓에 어지러웠던 교통망을 정비. 상인들이 싫어했던 관문을 철폐, 혹은 면제 조치.

전국시대의 주요 교통 기관

육상교통 수단

·전마 (역참 사이를 말로 연결하는 교통 수단. 다이묘용)

·도보

·바샤쿠 (말에 의한 물자수송)

·샤샤쿠 (소 달구지에 의한 물자수송)

해상교통 수단

·선박 (육상의 교통 수단에 비해 현격하게 빠르다.)

관련항목

●주민들도 전투에 차출되었다? →No.014
●수군의 배는 어떤 것이었나? →No.060
●전국시대의 정보 전달 수단 →No.069
●전국다이묘와 상인 →No.109
●전국다이묘와 범죄자 →No.114

전국시대의 장례, 매장

죽음과 늘 마주해야 했던 전국시대. 이 시대에 살았던 사람들에게 인생의 마지막 의식이었던 장례식은 어떠한 형태로 이루어 졌을까?

● 전국시대의 매장 방법

「노부나가 공은 장례식에 돈을 시주하여, 영토 안의 승려들도 모여 엄숙하게 장례를 진행하였다. (중략) 노부나가 공은 향을 올리셨다」(『신쵸공기(상)信長公記(上)』) 오타 규이치大田牛一 원저, 사카키야마 쥰榊山潤 역, 교육사신서) 이상은 오다 노부나가의 아버지 노부히데의 장례식을 묘사한 것이다. 전국무장들의 장례식은 대부분 불교식이었다. 무장들은 납관되어 많은 승려들이 공양을 하고 난 후에 땅에 매장되었다. 전투 중에 전사한 경우에도 신분이 높은 무장이라면 적이 목을 돌려보내는 경우가 많았다. 만약 유해가 발견되지 않았을 때에는 대용품을 관에 넣었다. 시체는 그대로 땅에 묻는 경우도 있는가 하면, 화장하여 뼈를 유골항아리에 넣는 경우도 있었다.

그들이 매장된 무덤의 묘비에는 몇 가지 종류가 있으나, 일반적인 것은 오륜탑이라 불리는 형태였다. 다섯 부분으로 구성되어, 위에서부터 하늘, 바람, 불, 물, 땅을 나타낸다. 이외에도 지금의 무덤과 같은 사각 형태*나 난형卵形인 것, 호쿄인토宝篋印塔, 다보탑多宝塔이라 불리는 탑의 형태를 한 것 등이 있었다.

그러나 이러한 형식과 절차를 갖춘 장례나 매장은 신분이 높은 무장의 경우에 한하였다. 그렇게까지 신분이 높지 않은 무장의 경우에는 매우 간소한 장례가 치러지고 매장될 뿐이었다. 전사를 한 경우에 장례의 비용은 무장의 상사가 전부 부담하였다. 패전시의 장병 같은 경우는 비참하여, 한데 모아서 무덤을 만들어 공양을 하면 그나마 다행이었다. 대부분은 들판에 버려지거나, 저주를 무서워한 근처 주민들에 의해 변변치 못한 공양탑이 세워지는 것이 고작이었다고 한다.

서민의 장례까지 내려오면 더더욱 간소해 진다. 공동묘지에 매장하는 경우도 있었으나, 미리 정해놓은 물가에 수장하거나, 장소를 정해 야외에 그냥 내버려두거나, 공양용 불상을 절에 봉납하는 것이 일반적이었다.

* 일본에서는 현재도 묘지에 사각형 탑모양의 묘비를 세워두고 있다. 우리 나라와 같이 봉분을 만드는 경우는 드물다.

전국시대의 매장

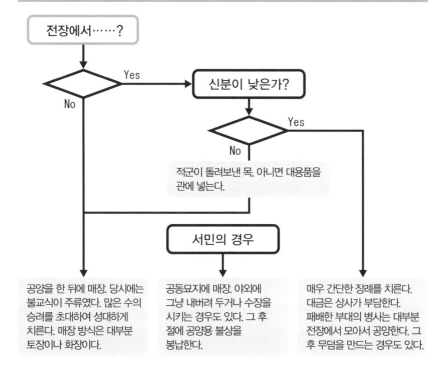

전장에서……?

Yes → 신분이 낮은가?

No

Yes

No

적군이 돌려보낸 목, 아니면 대용품을 관에 넣는다.

서민의 경우

공양을 한 뒤에 매장. 당시에는 불교식이 주류였다. 많은 수의 승려를 초대하여 성대하게 치른다. 매장 방식은 대부분 토장이나 화장이다.

공동묘지에 매장. 야외에 그냥 내버려 두거나 수장을 시키는 경우도 있다. 그 후 절에 공양용 불상을 봉납한다.

매우 간단한 장례를 치른다. 대금은 상사가 부담한다. 패배한 부대의 병사는 대부분 전장에서 모아서 공양한다. 그 후 무덤을 만드는 경우도 있다.

전국시대의 주요 묘비 형식

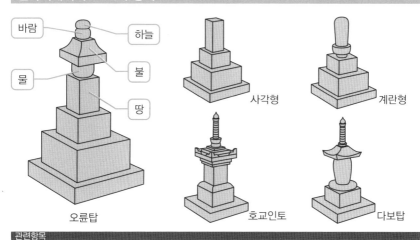

바람

하늘

물

불

땅

오륜탑

사각형

계란형

호교인토

다보탑

관련항목

● 전투 종료 후에는 어떤 일을 했는가? → No.061
● 전국시대 초기의 토카이 지방 → No.079

전국시대의 대략적 흐름

수많은 군웅, 영웅이 할거한 전국시대. 전국시대의 대략적 흐름은 다음과 같았다.

● 군웅할거에서 유력 다이묘 사이의 대규모 전투로

전국시대는 그 상황에 따라 3개의 시기로 나눌 수 있다.

전국시대 초기라 불리는 시기는, **오닌의 난**이 일어난 1467년부터 1560년경까지의 약 100년이다. 이 시기는 그야말로 군웅할거의 시대이다. 각지에서 대, 소규모의 여러 세력이 나타났다가 사라지는, 가혹한 생존 경쟁이 펼쳐졌다. 이런 상황에서 점차 주변세력을 흡수하여 확고하게 영토를 지배하는 세력이 등장하게 된다. 이것이 전국다이묘이고, 전국시대의 주역이라 할 수 있는 존재이다. 전국시대의 초기는 그야말로 전국다이묘들이 기반을 만들었던 시기인 것이다.

전국시대의 중기는 이러한 전국다이묘들의 후계자가 용맹히 활약을 하던 시기이다. 1560년경부터 **도요토미 히데요시**가 천하 통일을 이룬 1590년경까지의 약 30년 동안의 기간이 중기에 해당된다. 이 시대는 전국시대에서도 특히 대규모의 전투가 빈발하여, 각지의 세력도가 크게 움직인 시대였다. 특히 오와리노쿠니를 중심으로 그 세력을 넓힌 **오다 노부나가**, 그리고 그의 뒤를 이은 도요토미 히데요시는 이 시기의 주역이었다. 전국시대 초기, 그리고 전국시대 중기에 대부분의 전국다이묘들은, 영토의 지배 체제의 확립과 규모의 확대를 목적으로 활동하고 있었다. 그러나 노부나가와 히데요시는 이러한 생각의 틀을 벗어나, 천하통일이라는 목적을 위해 활동하였던 것이다.

1590년부터 1615년에 걸친 전국시대의 후기는, 이후의 평화로운 시대로 연결이 되는 최후의 뒤처리 기간이라 할 수 있다. 이 시기는 도요토미에 의한 토지조사와 도검몰수에 의해, 전국적으로 지배체제가 완성되고 있었다. 그러나 이 때까지도 각지에서 힘을 가지고 있던 세력들이 자신들의 세력권에 틀어박혀 있는 상황이기도 하였다. 도요토미 가문과 도쿠가와 가문이 천하의 향방을 놓고 맞붙은 전투를 통하여, 이러한 세력들은 그들의 지배하에 들어가게 되었다.

전국시대의 대략적인 흐름

전국시대 초기 (1467~1560년경)

「오닌의 난」의 영향으로, 기존의 권력구조가 와해

▼

하극상에 의한 권력구조의 개편

▼

군웅할거의 시대로

활약했던 무장들
나가오 타메카게 (長尾為景)
호죠 소운 (北条早雲)
아사쿠라 타카카게 (朝倉孝景)
사이토 도산 (斉藤道三)
미요시 쵸케이 (三好長慶)
아마고 츠네히사 (尼子経久)
오우치 요시오키 (大内義興)

전국시대 중기 (1560~1590년경)

차세대 다이묘들이 대두

▼

지배권 내의 안정에 의한 전투의 대규모화

▼

천하통일을 목표로 하는 다이묘가 등장

활약했던 무장들
호죠 우지야스 (北条氏康)
우에스기 켄신 (上杉謙信)
다케다 신겐 (武田信玄)
이마가와 요시모토 (今川義元)
오다 노부나가 (織田信長)
도쿠가와 이에야스 (徳川家康)
모리 모토나리 (毛利元就)
쵸소카베 모토치카 (長宗我部元親)

전국시대 후기 (1590~1615년경)

오다 노부나가와 도요토미 히데요시에 의한 천하통일 사업

▼

통일 정권에 의한 지배체제 확립

▼

도요토미 가문, 도쿠가와 가문에 의한 최종결전

활약했던 무장들
도요토미 히데요시 (豊臣秀吉)
시바타 카츠이에 (柴田勝家)
시마즈 요시히사 (島津義久)
다테 마사무네 (伊達政宗)
모리 테루모토 (毛利輝元)
이시다 미츠나리 (石田三成)
도요토미 히데요리 (豊臣秀頼)
사나다 유키무라 (真田幸村)

관련항목

● 전국시대는 언제 시작 되었는가? →No.003
● 오닌의 난과 종결 →No.073
● 오다 노부나가의 대두 →No.086
● 히데요시의 죽음 →No.095
● 세키가하라 전투 →No.096

오닌의 난과 종결

전국시대의 개막을 알린 오닌의 난. 과연 이 전투는 어떤 이유로 시작되었으며, 역사적으로는 어떤 의미를 가지고 있을까?

● 전국시대의 개막을 알린 종소리

1467년, 전국시대의 개막을 알리는 싸움이 시작되었다. 소위 「오닌의 난應仁の乱」이라 불리는 전란이다. 10년에 걸쳐 계속된 전란은 쿄토를 불태우고, 각지에서 일어난 전란의 불씨가 되었다.

전란의 원인은 당시의 **쇼군**이었던 아시카가 요시마사足利義政의 우유부단함과 정치에 무관심한 태도에 있었다고 한다. 요시마사는 스스로 은퇴하여 취미생활에 몰두하기 위해 출가하였던 요시미義視를 불러들여, 싫어하는 요시미를 억지로 설득시켜 후계자의 자리에 앉혔다. 그러나 자신의 자식인 요시히사義尚가 태어나자 이번에는 요시히사에게 쇼군 자리를 물려주려고 생각하였다. 유력 **슈고다이묘**인 호소카와 카츠모토細川勝元와 야마나 소젠山名宗全은, 이러한 요시마사의 우유부단함을 이용해 각각 요시미와 요시히사를 옹립하여 서로 견제하기 시작하였다. 거기에 당시 **칸레이**였던 하타케야마畠山 가문과 유력 슈고다이묘인 시바斯波 가문의 가문 계승 문제까지 얽히게 되어, 결국은 호소카와가 이끄는 동군과 야마나가 이끄는 서군으로 갈라져 전국적 규모의 전투로 발전하였다.

그러나 오닌의 난이라 불리는 전투는 매우 애매모호한 것으로, 상당히 어정쩡한 전투였다. 먼저, 각각의 대의로 삼았던 쇼군 후보나 칸레이가, 다음 해에 서로 바뀌게 된 것이다. 게다가 1473년도에는 양쪽 군대를 이끌던 호소카와 카츠모토와 야마나 소젠이 연이어 사망하여, 1477년에 흐지부지하게 오닌의 난이 종결되었다. 쇼군 요시마사가 손을 들어주는 것으로, 표면상으로는 동군이 승리하였고, 쇼군의 후계자는 요시히사로 결정되었다. 그러나 서군 무장에게도 특별히 문책은 없었고, 전투에 참가했던 수많은 다이묘들은 그들의 세력과 대립의식을 가진 채 각지로 돌아갔다.

한편 쇼군 가문은 그 후에도 요시마사와 요시히사, 그리고 요시마사의 아내인 히노토미코, 이 3명이 서로 대립하였다. 그로 인해 쇼군 가문의 권위는 실추되었다. 이러한 막부 권위의 실추와 다이묘들 사이의 대립은, 본격적으로 전국시대의 막을 열게 하였다.

「오닌의 난」의 경위

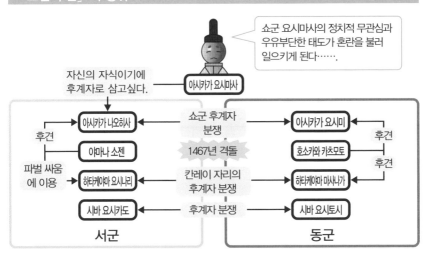

쇼군 요시마사의 정치적 무관심과 우유부단한 태도가 혼란을 불러 일으키게 된다…….

아시카가 요시마사

자신의 자식이기에 후계자로 삼고싶다.

서군		동군
아시카가 나오히사	쇼군 후계자 분쟁	아시카가 요시미
야마나 소젠 (후견)	1467년 격돌	호소카와 카츠모토 (후견)
하타케야마 요시나리 (파벌 싸움에 이용)	칸레이 자리의 후계자 분쟁	하타케야마 마사나가 (후견)
시바 요시카도	후계자 분쟁	시바 요시토시

오닌의 난과 그 추이

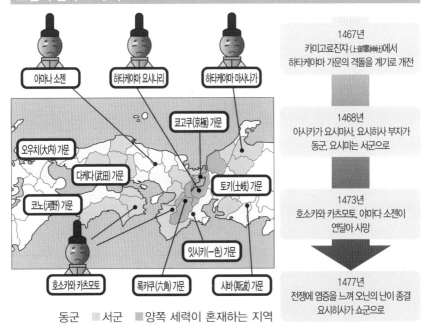

야마나 소젠
하타케야마 요시나리
하타케야마 마사나가

코고쿠(京極) 가문
오우치(大内) 가문
다케다(武田) 가문
토키(土岐) 가문
코노(河野) 가문
잇시키(一色) 가문
호소카와 카츠모토
록카쿠(六角) 가문
시바(斯波) 가문

동군 ■ 서군 ■ 양쪽 세력이 혼재하는 지역

1467년
카미고료진쟈(上御靈神社)에서 하타케야마 가문의 격돌을 계기로 개전

1468년
아시카가 요시마사, 요시히사 부자가 동군, 요시미는 서군으로

1473년
호소카와 카츠모토, 야마다 소젠이 연달아 사망

1477년
전쟁에 염증을 느껴 오닌의 난이 종결 요시히사가 쇼군으로

관련항목

● 전국무장과 무로마치 막부의 관직 →No.016
● 전국시대 초기의 쇼군과 그 주위의 상황 →No.074
● 전국다이묘와 쇼군가 →No.104

전국시대 초기의 쇼군과 그 주위의 상황

오닌의 난 종결 이후, 평화가 찾아올 것처럼 보였던 쿄토. 그러나 막부의 권력을 장악하려 하는 자들의 분쟁은 계속되었다.

● 권력을 둘러싼 유력 다이묘들의 분쟁

　　오닌의 난은 결말이 났지만, 무로마치 막부의 뼈대를 뒤흔들기에 충분한 사건이었다. 이후, **쇼군**과 그 주변은 권력싸움의 수렁에 빠져들게 되었다. 먼저 움직인 것이 쇼군인 아시카가 요시히사(요시히로義熙)였다. 1487년 요시히사는 남오미노쿠니南近江国의 **슈고다이묘**인 록카쿠六角 가문을 토벌하기 위해 출정하였다. 당시 록카쿠 가문은 장원이나 절, 사찰에서 나오는 세금을 횡령하고 있었던 탓에, 막부를 향한 불만의 목소리가 드높았다. 그러나 전투가 장기화 되고, 요시히사는 진중에서 사망한다. 급히 후계자로 지명된 것은, 오닌의 난에서 요시히사와 쇼군의 자리를 놓고 다투었던 아시카가 요시미의 아들인 아시카가 요시키足利義材였다. 요시키는 요시히사의 뒤를 이어서 록카쿠 가문과 대결. 1493년에는 카와구치노쿠니河内国의 다이묘인 하타케야마 가문의 내분 문제에도 끼어들고 만다. 그러나, 쇼군이 직접 출정을 했던 탓에 빈틈이 생기고 말았다. 평소 요시키를 좋지않게 생각하던 전 **칸레이**인 호소카와 마사모토細川正元가 요시키를 추방한 것이다. 새로운 쇼군 아시카가 요시즈미足利義澄가 옹립되었으나, 이 정권은 완전히 괴뢰정권이었다.

　　그러나 요시즈미 정권도 오래가지 못했다. 1507년 마사모토의 후계자 후보 3명 사이의 문제가 꼬여가던 중, 마사모토가 암살을 당한다. 최종적으로 이 후계자 싸움에서 이긴 것은, 츄고쿠 지방의 다이묘인 **오우치 요시오키**大内義興를 자기편으로 끌어들인 호소카와 타카쿠니高国였다. 1509년 타카쿠니는 요시오키가 보호하고 있던 요시키(개명해서 요시타다義尹, 요시타네義稙)를 다시 쇼군의 지위에 앉혀서 막부정권의 권력을 잡았다. 그러나 이것은 후계자 싸움에서 패배한, 시코쿠 지방 아와노쿠니 출신의 호소카와 스미모토澄元와 그의 아들인 호소카와 하루모토晴元, 그리고 그의 가신인 **미요시**三好 가문과의 길고 긴 싸움의 서막을 알리는 것에 지나지 않았다. 1527년, 이 싸움은 하루모토의 승리로 끝이 난다. 이 때 쇼군은 요시즈미의 아들인 아시카가 요시하루義晴였으나, 요시하루는 타카쿠니와 함께 오미노쿠니近江国로 달아났다. 쇼군직은 1546년, 요시하루의 아들인 아시카가 요시테루義輝에게 넘겨지고, 1548년 요시테루는 하루모토와 화해하여 쿄토로 돌아 오지만, 다음 해에 하루모토가 가신인 미요시 가문의 배신에 의해서 실각한다. 요시테루는 또 다시 오미近江 지방으로 피난을 가게 된다.

전국시대 초기의 쇼군과 그 주위의 상황

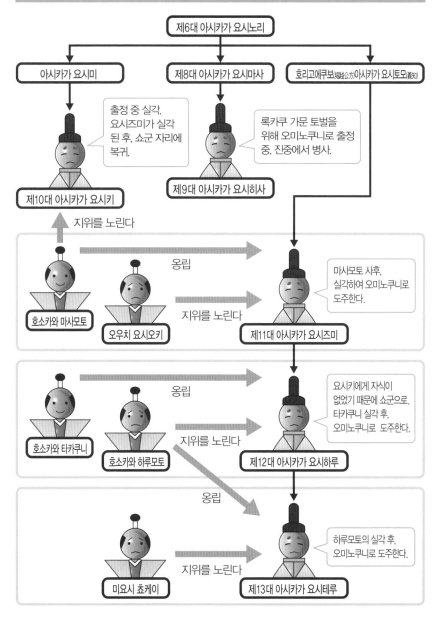

전국시대 초기의 쇼군과 그 주위의 상황 관계도

- 제6대 아시카가 요시노리
  - 아시카가 요시미
    - 제10대 아시카가 요시키 (출정 중 실각. 요시즈미가 실각 된 후, 쇼군 자리에 복귀.)
  - 제8대 아시카가 요시마사
    - 제9대 아시카가 요시히사 (록카쿠 가문 토벌을 위해 오미노쿠니로 출정 중, 진중에서 병사.)
  - 호리고에쿠보(堀越公方) 아시카가 요시토모(義知)

- 호소카와 마사모토 → (옹립) 지위를 노린다 → 제10대 아시카가 요시키
- 오우치 요시오키 → (지위를 노린다)
- 제11대 아시카가 요시즈미 (마사모토 사후, 실각하여 오미노쿠니로 도주한다.)

- 호소카와 타카쿠니 → (옹립)
- 호소카와 하루모토 → (지위를 노린다)
- 제12대 아시카가 요시하루 (요시키에게 자식이 없었기 때문에 쇼군으로. 타카쿠니 실각 후, 오미노쿠니로 도주한다.)

- (옹립)
- 미요시 쵸케이 → (지위를 노린다)
- 제13대 아시카가 요시테루 (하루모토의 실각 후, 오미노쿠니로 도주한다.)

관련항목

- 오닌의 난과 종결 →No.073
- 전국시대 초기의 츄부 지방 →No.078
- 전국시대 초기의 시코쿠 지방 →No.082
- 전국다이묘와 쇼군가 →No.104

전국시대 초기의 토호쿠 지방

「오닌의 난」의 영향을 거의 받지 않았던 토호쿠 지방. 그러나 무로마치 막부가 쇠약해지며 그 영향력이 약해지자, 많은 세력들이 힘을 쌓기 시작하였다.

● 토호쿠 첫 슈고, 다테 가문

「**오닌의 난**」의 직접적인 영향은 전국시대 초기의 토호쿠[陸奥] 지방에는 거의 없었다. 전장과는 너무나도 멀리 떨어져있기 때문이었다. 그러나 확연하게 약해진 무로마치 막부의 틈을 찌르는 형태로 세력을 넓힌 일족이 있었다. 무츠노쿠니[陸奥国]의 다테 가문이었다. 원래 무츠노쿠니와 데와노쿠니[出羽国]에는 막부가 지배하기 위해 오슈탄다이[奥州探題]라는 기관을 설치해두었기 때문에, 따로 **슈고**라는 것이 존재하지 않았다. 그러나 막부에 막대한 헌금을 하여, 1522년에 다테 가문 가주였던 다테 타네무네[伊達稙宗](**다테 마사무네**의 증조부)가 무츠노쿠니 첫 슈고의 지위에 오르게 되었다. 이에 따라 오슈탄다이는 유명무실한 존재가 되어, 이후에는 권력을 노리는 전국다이묘들의 손에 의해 요슈탄다이와 우슈탄다이[羽州探題], 이 두 개로 분할되었다.

그토록 바라던 슈고의 지위를 손에 넣은 다테 가문이었지만, 막부와의 관계는 급속히 악화되어 갔다. 그리하여 다테 가문은 막부의 지배를 벗어나, 전국다이묘로서 전국시대에 뛰어들게 되었다. 다테 가문의 기본 전략은, **정략결혼**에 의한 주변 호족의 흡수였다. 이 전략은 멋지게 성공하여, 다테 가문은 토호쿠 제일의 세력에까지 오르게 되었다. 그러나 동시에 주변 세력이 전부 친척이라는 상황을 만들고 말았다. 다테 가문은 점차 그 친척들의 의도가 반영된 부자간의 분쟁에 고생을 하다가, 최종적으로는 토호쿠 지방 전체를 말려들게 만드는 대규모의 전란을 일으키고 만다.

가장 빨리 세력을 확대한 건 다테 가문이었으나, 토호쿠 지방에는 다른 세력도 존재하였다. 무츠노쿠니의 난부[南部] 가문, 아시나[芦名] 가문, 소마[相馬] 가문, 오오사키[大崎] 가문, 카사이[葛西] 가문 등은, 전국시대 종반까지 다테 가문과 토호쿠 지방의 패권을 놓고 다투었다. 또한 데와노쿠니에는 안도[安東] 가문, 모가미[最上] 가문, 토자와[戸沢] 가문, 오노데라[小野寺] 가문 등이 전국시대 말기까지 그 세력을 유지하였다. 그리고 에조치[蝦夷地](지금의 홋카이도)는 카키자키[蠣崎] 가문이 지배하고 있었는데, 그의 압정을 싫어하였던 아이누 족과의 투쟁을 계속하였다.

토호쿠 지방의 첫 슈고인 다테 가문

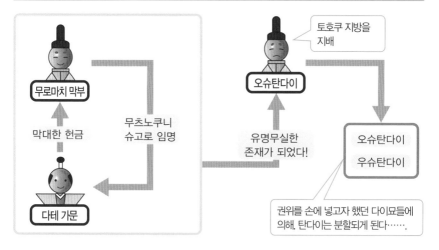

무로마치 막부

막대한 헌금

무츠노쿠니
슈고로 임명

다테 가문

오슈탄다이 ← 토호쿠 지방을 지배

유명무실한
존재가 되었다!

오슈탄다이
우슈탄다이

권위를 손에 넣고자 했던 다이묘들에
의해, 탄다이는 분할되게 된다…….

전국시대 초기 토호쿠 지방의 세력

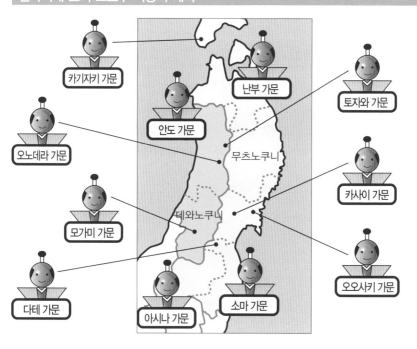

카기자키 가문

난부 가문

토자와 가문

안도 가문

오노데라 가문

무츠노쿠니

카사이 가문

모가미 가문

데와노쿠니

다테 가문

아시나 가문

소마 가문

오오사키 가문

관련항목

● 전국무장과 무로마치 막부의 관직 →No.016
● 전국무장의 결혼이란? →No.032
● 오닌의 난과 종결 →No.073
● 전국다이묘와 쇼군가 →No.104

전국시대 초기의 칸토 지방

수도에서 멀리 떨어져 있는 칸토 지방. 그 곳은 오닌의 난 이전부터 전란의 땅이었다.

● 혼미해 지는 칸토의 지배권

칸토^{関東} 지방은 **오닌의 난**이 일어나기 10년 전부터 내란 상태였다. 칸토의 지배자인 **가마쿠라후**^{鎌倉府}와 무로마치 막부 사이의 반목과, 가마쿠라후 내부의 권력투쟁에 의한 전투가 빈번히 일어나고 있었다.

전국시대 초기, 가마쿠라후의 수장인 가마쿠라쿠보^{鎌倉公方}는 사가미노쿠니^{相模国}의 코가쿠보^{古河公方}와 이즈노쿠니^{伊豆国}의 호리코시쿠보^{堀越公方}로 분열되었고, 보좌관인 **칸토칸레이** 우에스기 가문도 야마우치우에스기^{山内上杉} 가문과 오기가야츠우에스기^{扇谷上杉} 가문을 필두로 하는 네 가문으로 분열되어, 이 여섯 세력이 서로 견제를 하는 상태였다.

● 호죠 소운의 대두

혼란스런 칸토 지방에서 가장 먼저 세력을 확대한 것이 호죠 소운(당시에는 이세 모리토키^{伊勢盛時})이다. 소운은 원래 토카이 지방의 전국다이묘인 **이마가와**^{今川} **가문**의 가신이었으나, 조카인 이마가와 우지치카^{今川氏親}의 가문상속에 협력을 한 공적으로 성을 받아서 독립세력이 되었다. 1493년 호리코시쿠보의 상속분쟁을 틈타 이즈노쿠니를 공격하여 접수한 소운은, 칸토로 진출하는 교두보와 자신의 영지를 손에 넣게 되었다. 1495년 소운은 사가미노쿠니의 오다와라성^{小田原城}을 함락시키고 파죽지세로 진군했고, 아들인 호죠 우지츠나가 가문을 이은 1519년에 사가미노쿠니를 완벽히 장악했다. 이후, 전국다이묘로서 무사시노쿠니^{武蔵国}의 패권을 걸고 우에스기 가문과 다투게 되었다.

소운이 칸토에 진출한 것과 같은 시기에 칸토 지방의 슈고나 슈고다이, 고쿠닌이라 불리는 소영주들도 그 세력을 키우고 있었다. 카즈사노쿠니^{上総国}의 다케다^{武田} 가문(후의 마리야츠^{真理谷} 가문), 시모우사노쿠니^{下総国}의 유키^{結城} 가문, 아와노쿠니^{安房国}의 사토미^{里見} 가문은 주위의 세력을 병합하여, 이른 시기에 전국다이묘가 되었다. 그러나 이러한 흐름에 뒤쳐진 세력도 있다. 시모츠케노쿠니^{下野国}의 우츠노미야^{宇都宮} 가문, 히타치노쿠니^{常陸国}의 사타케^{佐竹} 가문은 내란을 수습하는데 시간이 걸려, 16세기 중반까지도 전국다이묘가 되지 못하였다.

혼미한 칸토 지방의 지배권

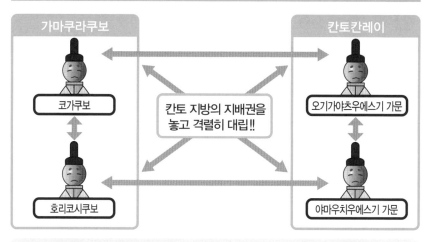

칸토 지방의 정치적 중추였던 카마쿠라후의 혼란으로 인해, 칸토 각지에서 전국다이묘가 등장하게 된다……

호죠 소운의 등장

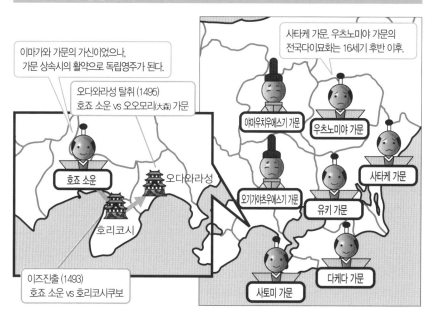

전국시대 초기의 호쿠리쿠 지방

오닌의 난을 경계로, 슈고들의 지배력은 급속하게 쇠퇴하였다. 호쿠리쿠 지방에서는, 이러한 슈고를 대신하려는 세력이 등장하기 시작했다.

● 반역하는 슈고다이들

칸토 지방이 가마쿠라쿠보와 칸토칸레이 투쟁에 의해 혼란스러울 때, 호쿠리쿠 지방에서는 **슈고다이**가 **슈고다이묘**를 대신하려는 싸움이 펼쳐지고 있었다.

노토노쿠니能登国를 다스리고 있던 하타케야마 요시나리는 슈고다이인 유사遊佐 가문의 반역에 의해 한동안 추방되는 쓰라린 경험을 하였다. 그 후 세력을 되찾기는 하였으나, 다른 전국다이묘들보다 뒤쳐지게 되었다. 와카사노쿠니若狭国를 지배했던 다케다 가문이 쇼군가의 의뢰를 받아 쿄토에 출병을 하는 사이, 영지는 피폐해져갔다. 16세기 중반에는, 다른 세력의 압력을 받아 유명무실한 존재가 되어버리고 말았다. 그리고 에치젠노쿠니越前国에서는 슈고다이인 아사쿠라 타카카게가 하극상이라 불릴 반란을 일으켰다. 오닌의 난이 한창이던 1475년, 타카카게는 슈고이고 서군 무장이었던 시바 가문이 더이상 가망이 없다고 생각되자, 동군으로 갈아탔다. 재빠르게 막부와 교섭을 하여, 정식으로 에치젠노쿠니의 슈고 자리를 차지하였다. 시간적으로는 더 뒤의 일이지만, 에치고노쿠니越後国에서도 슈고다이인 나가오 타메카게長尾為景(우에스기 켄신의 아버지)가 하극상을 일으켰다. 1507년, 타메카게는 에치고노쿠니의 슈고인 우에스기 후사요시上杉房能를 멸망시키고 괴뢰정권을 세웠다. 그러나 그 후에 빈번히 발생하는 내란을 진압하고 에치고노쿠니를 완전히 장악한 것은 아들대에 이르러서야 가능하였다고 한다.

● 일어서는 민중

한편 하타케야마 요시나리가 슈고를 맡고 있는 엣츄노쿠니越中国, 그리고 토가시 마사치카富樫政親가 슈고를 맡고 있는 카가노쿠니加賀国에서는 도쿠세이徳政(빚 장부의 말소)를 원하는 민중에 의해, 불교의 한 종파인 잇코슈一向宗를 중심으로 반란이 일어났다.[1] 특히 카가노쿠니에서 일어난 반란은 1488년, 마사치카가 살해당하는 사태로까지 발전하였다. 이후, 카가노쿠니는 오다 노부나가의 군세에 의해 멸망할 때까지, 약 90년에 가까운 기간 동안 반란 세력이 점령한 지방[2]이라 불리게 되었다. 잇코슈를 중심으로 한 반란은 호쿠리쿠 지방에서 토호쿠 지방, 이윽고 전국으로 확산되어 각지의 다이묘들을 괴롭혔다.

*1: 이를 잇코잇키(一向一揆)라고 한다. 잇키(一揆)란 일종의 무장봉기로서, 잇코슈를 중심으로 일으킨 봉기라는 의미이다.
*2: 잇키모치노쿠니(一揆持ち의 国). 즉, 무장봉기 세력의 소유가 된 영지.

전국시대 초기 호쿠리쿠 지방의 상황

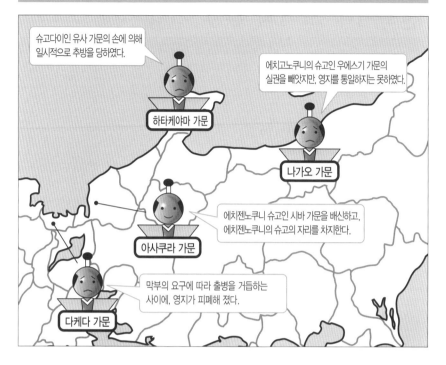

잇코슈를 중심으로 한 반란과 반란 세력에 정복된 지역

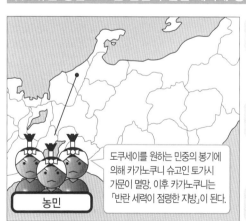

카가와노쿠니, 엣츄노쿠니와 같은 호쿠리쿠 지방에서 잇코슈를 중심으로 한 반란이 빈발.

토호쿠 지방의 잇코슈가 봉기, 반란은 토호쿠로 전파.

잇코슈를 중심으로 한 반란이 전국으로 확대. 각지의 다이묘들은 대처에 고심하게 되었다!

관련항목
- 전국다이묘와 가신과의 관계는? →No.006
- 전국무장과 무로마치 막부의 관직 →No.016
- 전국시대 초기의 칸토 지방 →No.076
- 전국다이묘와 잇코슈 →No.106

전국시대 초기의 츄부 지방

전국시대 초기의 츄부 지방은 군웅할거의 상태였다. 다케다 가문이나 사이토 가문과 같은 전국시대를 대표하는 다이묘들도 그 세력을 확장하였다.

● 군웅할거 하는 츄부 지방

전국시대 초기의 츄부^{中部} 지방은, 말 그대로 군웅할거의 상태였다. 각 지역에는 슈고다이묘의 세력을 능가하는, 고쿠닌이라 불리는 소영주들이 존재하였다.

카이노쿠니^{甲斐国}의 슈고다이묘인 다케다 가문도, 이런 고쿠닌 때문에 오랜 기간동안 시달려 왔다. 이러한 상황을 타파한 것이 타케다 노부토라^{武田信虎}(타케다 신겐의 아버지)이다. 그는 1507년 가문을 계승하자 자신의 지배 영지를 통일하여 전국다이묘가 되었다. 그러나 그의 강제적인 수단이 가신단의 분노를 사게 되어, 1541년 아들인 신겐(당시에는 하루노부^{晴信})을 받드는 가신단에 의해 추방되었다. 이후, 신겐은 가신단의 의견을 통일시켜 시나노노쿠니^{信濃国}와 미노노쿠니^{美濃国}에 연이어 침공하였다.

다케다 가문이 침공의 대상으로 삼았던 지방의 하나인 시나노노쿠니는 슈고인 오가사와라^{小笠原} 가문을 포함한 4개의 세력을 중심으로, 몇 개 가량으로 분열되어 있는 상태였다. 특히 스와^{諏訪}신사의 신관으로 종무하다 전국다이묘가 된 스와^{諏訪} 가문이나, 북시나노^{北信濃}를 다스린 무라카미^{村上} 가문, 키소다니^{木曽谷}를 다스린 키소^{木曽} 가문의 세력은 강하여, 시나노의 4대장이라 불렸다.

다케다 가문이 침공의 대상으로 삼았던 또 하나의 지방인 미노노쿠니에서는, 사이토^{斎藤} 가문에 의해 하극상이 벌어지고 있었다. 미노노쿠니의 슈고다이묘인 토키^{土岐} 가문의 밑에서 부자 2대에 걸쳐서 일을 하였던 사이토 도산^{斎藤道三}이, 1542년에 주군인 토키 요리아키^{土岐頼芸}를 추방하고 미노노쿠니의 실권을 손에 넣었던 것이다. 그러나 이 지배는 오래 가지 못하여, 1556년에는 아들인 사이토 요시타츠^{義龍}(사실은 토키 가문의 핏줄이라는 이야기도 있다)에 의해 살해 당하고, 그 요시타츠도 5년 뒤에 병으로 사망한다.

하극상이 일어났던 것은 미노노쿠니뿐만이 아니었다. 옆 지방인 히다노쿠니^{飛騨国}에서도 하극상이 일어났다. 무로마치 시대, 히다노쿠니는 슈고다이묘인 쿄고쿠^{京極} 가문이 다스리던 지방이었다. 그러나 전국시대에 들어와서 쿄고쿠 가문은 먼 친척인 미키^{三木} 가문에 의해 장악 당하고 만다. 미키 가문의 기세는 여기서 멈추지 않고, 오랜 기간 동안 명맥이 끊어져 있던 명가 코가아네코지^{古河姉小路} 가문의 이름을 손에 넣어 전국다이묘가 되었다.

다케다 가문의 카이노쿠니 지배

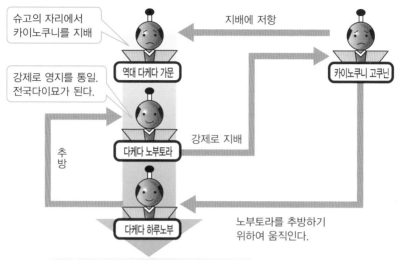

슈고의 자리에서 카이노쿠니를 지배

역대 다케다 가문

강제로 영지를 통일. 전국다이묘가 된다.

다케다 노부토라

추방

다케다 하루노부

지배에 저항

카이노쿠니 고쿠닌

강제로 지배

노부토라를 추방하기 위하여 움직인다.

미노노쿠니, 시나노노쿠니로 침략을 개시

전국시대 초기 츄부 지방의 상황

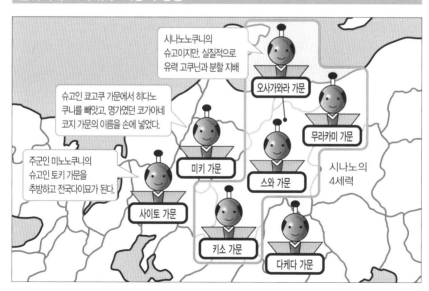

시나노쿠니의 슈고이지만, 실질적으로 유력 고쿠닌과 분할 지배

오사가와라 가문

무라카미 가문

슈고인 쿄고쿠 가문에서 히다노쿠니를 빼앗고, 명가였던 코가이네 코지 가문의 이름을 손에 넣었다.

미키 가문

스와 가문

시나노의 4세력

주군인 미노노쿠니의 슈고인 토키 가문을 추방하고 전국다이묘가 된다.

사이토 가문

키소 가문

다케다 가문

관련항목
● 전국무장과 무로마치 막부의 관직 →No.016
● 우에스기 켄신과 다케다 신겐의 싸움 →No.084
● 오다 노부나가의 대두 →No.086

전국시대 초기의 토카이 지방

이마가와 가문이 세력을 넓히기 시작한 토카이 지방. 그러나 오와리에서는 새로운 세력이 힘을 축적하고 있었다.

● 이마가와 가문에 의한 토카이 지배

전국시대 초기에 토카이東海 지방에서 권세를 누리고 있던 것은 스루가노쿠니駿河国의 슈고인 이마가와今川 가문과, 토오토미노쿠니遠江国, 오와리노쿠니尾張国의 슈고인 시바斯波 가문이었다. 이 두 세력은 토오토미노쿠니의 지배권을 놓고, 계속해서 다투었다.

그러나 1476년, 이마가와 가문은 가주인 이마가와 요시타다今川義忠의 갑작스런 죽음에 의해 가문 계승 싸움이 발발하였다. 토오토미노쿠니는 고사하고 스루가노쿠니마저도 유지 할 수 없는 상황에 빠지게 되었다. 이러한 이마가와 가문을 구한 것이, 요시타다의 처형인 **호죠 소운**(이세 모리토키)이었다. 소운은 조카인 류오마루(이마가와 우지치카)를 가주로 삼고, 이마가와 가문을 하나로 모으는데 성공했다. 그 공적으로 성을 하사 받은 소운은 이즈노쿠니를 공략하여, 결국 칸토에 진출해 전국다이묘가 되었다. 이마가와 가문도 소운의 협력을 기반으로 순조롭게 세력을 확장하여, 1501년에는 토오토미노쿠니를 점령하였다. 일시적으로 계승문제 때문에 집안이 어지러웠지만, 아들인 이마가와 요시모토 대에 와서는 미카와노쿠니三河国를 지배하에 두어, 토카이 지방 제일의 전국다이묘로 성장하였다.

● 오다 노부히데와 오와리노쿠니

한편, 스루가노쿠니의 옆에 있는 오와리노쿠니의 내부사정도 매우 복잡하였다. 겉으로 볼 때 오와리노쿠니는 슈고인 시바 가문의 세력을 등에 업고 슈고다이인 오다 가문이 세력을 자랑하였으나, 실제로는 이와쿠라오다岩倉織田 가문과, 키요스오다清洲織田 가문의 두 세력으로 나뉘어 동족간의 권력 투쟁이 끊이지 않았던 상태였다. 게다가 **오닌의 난** 이후에, 슈고인 시바 가문의 지배력이 약해짐에 따라 오와리노쿠니의 정세는 쉽게 예측 할 수 없는 상태였다. 이런 상황에서 두각을 나타낸 것이, 키요스오다 가문의 관리인 오다 노부히데織田信秀(**오다 노부나가**의 아버지)였다. 노부히데는 번성하였던 무역항인 츠시마津島를 장악하였다. 그리고 그 경제력을 등에 업고 오와리노쿠니의 지배권 싸움에 뛰어들어 미카와노쿠니, 미노노쿠니에 침략을 개시하였다. 그러나 급격한 세력 확장에서 오는 부작용은 커서, 아들 노부나가 대에 커다란 화근을 남기게 되었다.

이마가와 가문에 의한 토카이 지배

오와리노쿠니,
토오토미노쿠니

시바 가문

토오토미노쿠니를 놓고 대립

스루가노쿠니 슈고

이마가와 가문

1476년, 가문 승계 분쟁이 발발

호죠 소운의 활약으로,
이마가와 우지치카가 가주로.

1521년, 시바 가문의 지배에
있던 토오토미노쿠니를 탈환.

1536년, 가문 승계 분쟁이 발발

이마가와 요시모토가 가주로.

1549년, 미카와노쿠니를 점령.
오와리노쿠니 서부에 진출.

오와리노쿠니

미카와노쿠니

토오토미노쿠니

스루가노쿠니

이마가와 가문의 세력 확대

오다 노부히데와 오와리노쿠니

오닌의 난 이후 지배력이
약화 되었다……

시바 가문

키요스오다 가문

슈고다이로서 오와리노쿠니의 지배권을 놓고 대립!

이와쿠라오다 가문

키요스오다 가문
에서 일하는 관리

오다 노부히데

무역항인 츠시마를 장악. 그
경제력을 등에 업고, 지배권
싸움에 끼어들게 된다.

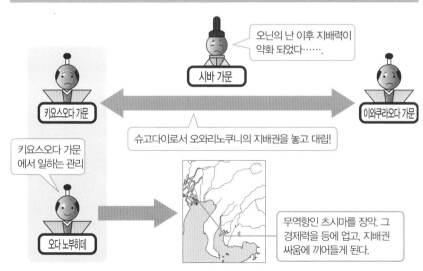

관련항목

● 전국무장과 무로마치 막부의 관직 →No.016
● 오닌의 난과 종결 →No.073
● 전국시대 초기의 칸토 지방 →No.076
● 오다 노부나가의 대두 →No.086

전국시대 초기의 킨키 지방

킨키 지방은 쿄토를 중심으로 하는 역사가 깊은 지방이다. 대를 이어온 명가들이 와해 되어가는 상황에서 권력을 잡은 것은 효웅, 미요시 쵸케이였다.

● 힘을 잃어가는 슈고다이묘

전국시대 초기 킨키近畿 지방의 상황을 한마디로 표현한다면, 몰락해가는 유력 **슈고다이묘**라는 표현이 어울릴 것이다. 이 지역은 일부를 제외하고는, 삼칸레이三管領라 불리던 호소카와 가문, 하타케야마 가문, 시바 가문이나, 사직四職이라 불리던 아카마츠赤松 가문, 쿄고쿠 가문, 잇시키 가문, 야마나 가문과 같은 유력 슈고다이묘들이 지배하였다. 그러나 **오닌의 난**이라던가 내부에서 권력투쟁이 일어난 결과, 지배력이 극단적으로 저하되었다. 그들을 대신하여 힘을 키웠던 것이 고쿠닌이라 불리는 소영주나 **잇코슈, 법화종** 같은 종교 세력이었다. 이러한 세력들을 주축으로 반란이 빈발하는 가운데 운 좋게 영지를 유지한 세력은, 이세노쿠니伊勢国의 키타바타케北畠 가문, 탄고노쿠니丹波国의 잇시키 가문, 하리마노쿠니播磨国의 아카마츠 가문 등 매우 소수였다. 야마시로노쿠니山城国는 눈 깜짝 할 사이에 지배자가 계속 바뀌고, 카와치노쿠니河内国의 하타케야마 가문의 경우는, 실권을 슈고다이인 유사遊佐 가문이 쥐고 있었다. 또한, 탄바노쿠니丹波国에서는 나이토内藤 가문이나 하타노波多野 가문, 오미노쿠니近江国에서는 아자이浅井 가문, 록카구六角 가문 등의 전국다이묘가 등장하여 영지를 지배하였다. 키이노쿠니紀伊国에서는 승병 집단인 네고로슈根来衆와 용병집단인 사이가슈雑賀衆가 잇코슈와 같이, 이가노쿠니伊賀国에서는 고쿠닌들을 중심으로 영지를 경영하는 일까지 일어나는 상황이었다.

이러한 상황에서, 킨키 지방의 새로운 지배자로 두각을 나타낸 것이, **아와호소카와**阿波細川氏 가문의 호소카와 하루모토細川晴元와, 그의 가신인 미요시 모토나가三好元長였다. 그들은 1526년에 거병하여, 당시 야마시로노쿠니를 지배했던 호소카와 타카쿠니를 추방하는데 성공한다. 그후 이즈미노쿠니和泉国와 셋츠노쿠니摂津国를 장악하고, 그 곳에 잠정적인 정권을 세웠다. 그러나 하루모토는 모토나가를 위험하게 여기고는 자결하도록 몰아붙였다. 이 일로 정권은 간단히 와해 되었다. 이후 하루모토는 타카쿠니의 양자인 호소카와 우지츠나氏綱와 킨키 지방 지배를 놓고 다투게 되었다. 한편 모토나가의 아들인 미요시 쵸스케三好長助는, 아버지가 죽고 나서 남아있는 영지의 상속 문제가 원인이 되어 한 때는 하루모토와 적대적인 관계였으나, 그 후에는 부하로서 충실히 일하였다. 그러나, 1548년에 우지츠나가 배반하자 하루모토를 추방시킨다. 이후 우지츠나를 칸레이에 앉히고 괴뢰정권을 세워서 킨키 지방의 지배자가 되었다.

킨키 지방의 지배체제의 변화

기존의 킨키 지방 지배층

삼칸레이

호소카와 가문
하타케야마 가문
시바 가문

사직

아카마츠 가문
잇시키 가문
쿄고쿠 가문
야마나 가문

「오닌의 난」의 영향

내부의 권력투쟁

고쿠닌, 종교 세력의 대두

기존의 지배층이
힘을 잃어, 여러 세력들이
대두하는 상황으로!

미요시 가문의 킨키 지방 지배

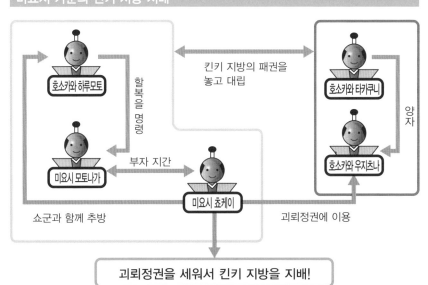

괴뢰정권을 세워서 킨키 지방을 지배!

관련항목

● 슈고다이묘와 전국다이묘는 어떻게 다른가? →No.002   ● 전국시대 초기의 시코쿠 지방 →No.082

전국시대 초기의 츄고쿠 지방

츄고쿠 지방은 2대 세력에 의해 분단되어 있었다. 그러나 이 상황은 한 사람의 전국다이묘가 등장하면서 크게 변화하였다.

● 2대 세력에 의해 분단된 츄고쿠 지방

전국시대 초기 츄고쿠^{中国} 지방은, 두 세력에 의해 서쪽과 동쪽으로 분단되었다. 서쪽을 다스리는 오우치 요시오키^{大内義興}는 **오닌의 난**에서 서군의 무장으로 참가했던 유력 **슈고다이 묘**의 한 사람이었다. 스오노쿠니^{周防国}를 중심으로 그 세력을 확장하여, 키타큐슈의 일부나 세토내해[*]까지 지배하여 전국다이묘가 되었다. 한편 동쪽을 다스리는 아마고 츠네히사^{尼子経久}는 원래 이즈모노쿠니^{出雲国}, 오키노쿠니^{隠岐国}를 지배했던 쿄고쿠 가문의 슈고다이였다. 그러나 1484년에 이즈모노쿠니를 무력으로 제압하고 전국다이묘가 되어, 6개 지방을 지배하였다. 처음부터 두 세력은 교전 상태였던 것은 아니지만 1508년에 요시오키, 츠네히사가 **쇼군**인 아시카가 요시키를 모시고 **죠라쿠**를 했을 때부터 관계가 깨지기 시작하였다. 요시오키가 수도로 들어가서 장군을 보좌하고 있는 동안, 츠네히사는 적극적으로 오우치 가문의 영지에 군사적 침공을 시작했다.

오우치 가문과 아마고 가문의 싸움에 크게 농락 당한 것은, 츄고쿠 지방 중앙부에 영지를 가지고 있는 고쿠닌들이었다. 어느 쪽인가를 골라서 그 세력에 붙지 않는 한, 살아남는 것도 어려웠기 때문이다. 그러나 이런 상황에서, 탁월한 정치수완으로 기어 올라온 고쿠닌도 있었다. 아키노쿠니^{安芸国}의 모리 모토나리^{毛利元就}다. 1523년 모리 가문을 계승한 모토나리는, 아마고 가문의 밑에서 주변의 고쿠닌들을 합병하였다. 그리고 1525년 오우치 가문으로 갈아타서, 더욱 세력을 확대하였다.

모토나리의 활약에 힘입어, 츄고쿠 지방의 정세는 오우치 가문에 유리하게 기우는 듯 하였다. 그러나 1550년, 오우치 가문의 내란에 의해 상황이 급변한다. 당시 오우치 가문은 요시오키의 아들인 오우치 요시타카^{大内義隆}가 계승하였다. 그러나 요시타카와 사이가 좋지 않았던 오우치 가문의 중책인 스에 하루타카^{陶晴賢}가 돌연 반란을 일으킨 것이다. 하루타카는 요시타카를 멸망시키고, 요시타카의 조카에게 가문을 잇게 하여 괴뢰정권을 세웠다. 모토나리는 한동안 하루타카를 따랐으나, 결국에는 1554년에 대결을 하게 되었다. 아키노쿠니의 이츠쿠시마^{厳島}에서 하루타카를 격파한 것을 계기로, 오우치 가문의 세력을 자신의 밑에 두게 되었다. 이렇게 독립세력으로서 전국다이묘가 되었던 것이다.

---

* 일본의 혼슈와 시코쿠, 큐슈 사이에 있는 바다를 의미한다. 위치가 위치인만큼 일본 역사에서는 언제나 중심에 있었던 바다이다. 지금도 연안을 따라 다수의 공업지대와 경제거점들이 밀집해있다.

양분된 츄고쿠 지방

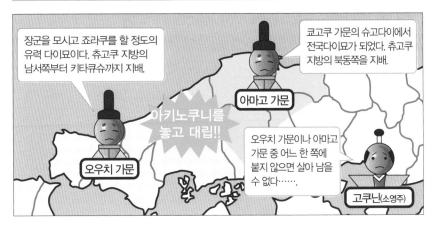

모리 모토나리의 등장과 활약

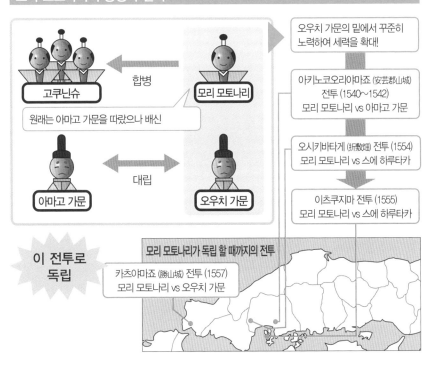

관련항목
● 슈고다이묘와 전국다이묘는 어떻게 다른가? →No.002
● 오닌의 난과 종결 →No.073
● 전국시대 초기의 쇼군과 그 주위의 상황 →No.074
● 전국시대 초기의 큐슈 지방 →No.083

전국시대 초기의 시코쿠 지방

혼슈에서 떨어져 있는 시코쿠 지방. 그 곳에는 아직까지 시코쿠를 석권 할 수 있는 막대한 세력은 없었다.

● 소규모 세력들이 서로 견제를 하던 섬

정치나 경제의 중심에서 멀고 주위가 바다로 둘려 쌓여있는 시코쿠四国 지방은, 전국시대에 돌입한 후에도 유력한 세력이 성장하지 않았다. 각 지방에 세력을 가진 슈고나 지방호족이, 서로 경계하면서 영토를 유지하는 상황이 계속 되었다.

이요노쿠니伊予国의 슈고로 이요노쿠니의 동부를 지배했던 코노河野 가문은 친척들 간의 분쟁이 빈발하여, 자신들의 영토를 유지하기 어려운 상황에 놓였다. 또한, 이요노쿠니의 서부를 지배하고 있던 사이온지西園寺 가문이나 토사노쿠니土佐国의 이치죠一条 가문과의 분쟁도 있었기에, 코노 가문은 점차적으로 힘을 잃어갔다.

토사노쿠니, 사누키노쿠니讃岐国는 슈고인 호소카와細川 가문의 지배하에 있었지만, 실질적으로는 토사칠용(이치죠 가문, 모토야마本山 가문, 키라吉良 가문, 아키安芸 가문, 츠노津野 가문, 코소카베香宗我部 가문, 쵸소카베長宗我部 가문)이라 불린 호족들의 세력 싸움이 벌어지는 상태였다. 이 중에서 쵸소카베 가문은 호소카와 가문의 위력을 등에 업고 급속하게 세력을 확장하였다. 그러나 뒤에서 지원을 하던 **칸레이** 호소카와 마사모토細川政本가 1507년에 암살을 당하게 되자, 다음 해에는 주위 호족들에게 공격을 당하여 가주인 쵸소카베 카네츠구長宗我部兼序가 전사한다. 카네츠구의 아들인 쵸소카베 쿠니치카国親는 1547년까지 토사칠용 중에 가장 큰 세력인 이치죠 가문 밑에서 힘을 쌓게 된다.

이러한 상황에서도 유일하게 세력을 키운 것이 미요시三好 가문이었다. 미요시 가문은 명가의 핏줄이었으나, 아와노쿠니의 슈고인 아와호소카와阿波細川 가문에서 일하는 가신에 지나지 않았다. 그러나 마사모토의 후계자 후보 중에 한 사람인 호소카와 스미모토澄元 밑에서 일하면서 **킨키 지방**에 진출한 것을 계기로, 킨키 지방의 일부를 지배하며 막부 정치에 의견을 내놓을 정도로 세력을 성장시켰다. 한편, 아와호소카와 가문은 그 세력이 많이 축소되었다. 미요시 가문과 마찬가지로 킨키 지방의 정쟁에 말려들었으나, 제대로 처신을 하지 못하였다. 1553년에는 미요시 요시카타三好義賢가 슈고인 호소카와 모치타카持隆를 살해하여, 아와노쿠니의 실질적 권한은 완벽하게 미요시 가문으로 넘어갔다.

아와호소카와 가문과 미요시 가문

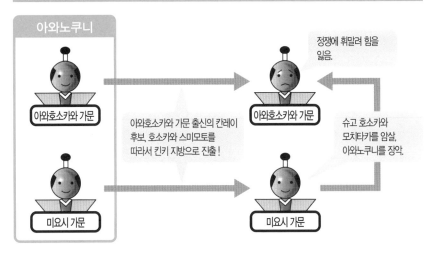

아와노쿠니

아와호소카와 가문 → 아와호소카와 가문 → 정쟁에 휘말려 힘을 잃음.

아와호소카와 가문 출신의 칸레이 후보, 호소카와 스미모토를 따라서 킨키 지방으로 진출!

미요시 가문 → 미요시 가문

슈고 호소카와 모치타카를 암살, 아와노쿠니를 장악.

전국시대 초기 시코쿠 지방의 상황

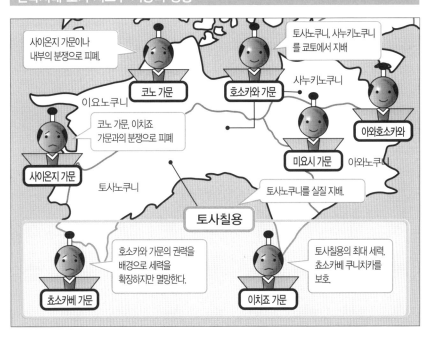

사이온지 가문이나 내부의 분쟁으로 피폐.

토사노쿠니, 사누키노쿠니 를 쿄토에서 지배

코노 가문

호소카와 가문

사누키노쿠니

이요노쿠니

아와호소카와

코노 가문, 이치죠 가문과의 분쟁으로 피폐

미요시 가문

아와노쿠니

사이온지 가문

토사노쿠니

토사노쿠니를 실질 지배.

토사칠웅

호소카와 가문의 권력을 배경으로 세력을 확장하지만 멸망한다.

쵸소카베 가문

토사칠웅의 최대 세력. 쵸소카베 쿠니치카를 보호.

이치죠 가문

전국시대 초기의 큐슈 지방

3개의 큰 세력이 다스리고 있던 큐슈 지방. 그러나, 전국시대에 들어서며 세력관계에 변화가 찾아 왔다.

● 큐슈의 3대 세력

    큐슈^{九州} 지방은 가마쿠라 시대 이후, 부젠노쿠니^{豊前国}의 오토모^{大友} 가문, 히젠노쿠니^{肥前} ^国의 쇼니^{少弐} 가문, 사츠마노쿠니^{薩摩国}의 시마즈^{島津} 가문, 이렇게 3개의 큰 세력이 중심이 되어 지배하였다. 그러나 이러한 구도는 전국시대에 크게 변화하였다.

    변화의 원인이 된 것이 츄고쿠 지방의 전국다이묘인 오우치 가문이었다. 무로마치 막부에서 내린 쇼니 가문 토벌 명령을 받은 오우치 가문은, 1468년에 쇼니 가문을 공격. 전국시대 초기에는 쇼니 가문의 영지 대부분을 장악하였다. 멸망 직전까지 몰린 쇼니 가문이었으나 휘하의 류조지^{龍造寺} 가문 등에게 협력을 받아, 일시적으로 세력을 회복하였다. 그러나 이것도 오래 가지는 못하였다. 최종적으로는 류조지 가문이 쇼니 가문을 포기했고, 결국 쇼니 가문은 멸망하였다.

    한편 오토모 가문과 시마즈 가문은, 오우치 가문과 쇼니 가문 간의 싸움에는 말려들지는 않았지만 영지 안에 커다란 불씨를 안고 있었다. 오토모 가문을 고민하게 만든 것은 영지 내에 있던, 고쿠닌이라 불리는 소영주들이었다. 혼인 정책에 의해 고쿠닌의 대부분은 오토모 가문과 동족 관계에 있었으나, 일부는 아직까지도 오토모 가문과 교전 상태에 있었다. 오토모 가문이 반대세력을 일소, 오우치 가문의 멸망을 기회 삼아 판도를 바꾸고 영토를 넓히는 것은 **오토모 소린**^{大友宗麟}이 등장하는 전국시대 중기 이후의 일이다. 시마즈 가문도 오토모 가문과 마찬가지로, 영지 내의 고쿠닌을 전부 지배하에 두지 못하였다. 해외와의 교역으로 가장 빨리 조총을 사용하기 시작한 시마즈 가문은, 조총의 위력을 등에 업고 영지 내 세력을 통일하려 했다. 그러나 통일을 마무리한 것은 오토모 가문과 마찬가지로, 전국시대 중기에 **시마즈 타카히사**^{島津貴久}가 등장하고 난 후의 일이었다.

    오우치 가문과 오토모 가문, 시마즈 가문, 그리고 나중에 대두하는 류조지 가문을 상대로, 큐슈의 중소세력은 종속과 배반을 반복하였다. 특히 치쿠젠노쿠니^{筑前国}의 아키즈키^{秋月} 가문, 부젠노쿠니의 타카하시^{高橋} 가문, 히젠노쿠니의 아리마^{有馬} 가문, 히고노쿠니^{肥後国}의 사가라^{相良} 가문, 휴가노쿠니^{日向国}의 키모츠케^{肝付} 가문, 이토^{伊東} 가문 등은 전국시대 중기 이후에도 3대 세력을 계속 괴롭혔다.

전국시대 돌입과 함께 혼란에 빠진 큐슈 지방

전국시대 이전

쇼니 가문

오토모 가문

시마즈 가문

오토모 가문, 쇼니 가문, 시마즈 가문의 3대 세력이 지배하였다.

전국시대 초기

오우치 가문

쇼니 가문

오토모 가문

시마즈 가문

츄고쿠 지방의 전국다이묘 오우치 가문의 침공으로 각 지역이 혼란!

전국시대 초기 큐슈 지방의 상황

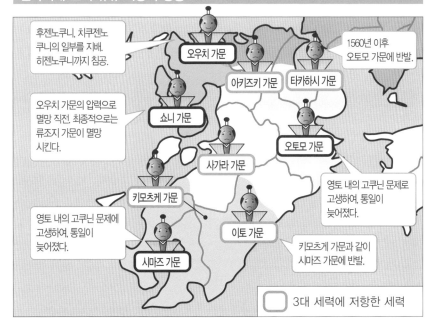

후젠노쿠니, 치쿠젠노쿠니의 일부를 지배. 히젠노쿠니까지 침공.

오우치 가문

1560년 이후 오토모 가문에 반발.

아키즈키 가문

타카하시 가문

오우치 가문의 압력으로 멸망 직전 최종적으로는 류조지 가문이 멸망시킨다.

쇼니 가문

오토모 가문

사가라 가문

영토 내의 고쿠닌 문제로 고생하여, 통일이 늦어졌다.

키모츠케 가문

영토 내의 고쿠닌 문제에 고생하여, 통일이 늦어졌다.

이토 가문

키모츠게 가문과 같이 시마즈 가문에 반발.

시마즈 가문

3대 세력에 저항한 세력

관련항목

● 전국시대 초기의 츄코쿠 지방 →No.081

● 큐슈 정벌 →No.092

우에스기 켄신과 다케다 신겐의 싸움

용호상박이라는 평가와 함께, 라이벌로서 유명한 우에스기 켄신과 다케다 신겐. 그들의 전투는 켄신의 이상주의에서 시작된 것이었다.

● 라이벌들의 격투

1541년, 부친을 추방한 다케다 신겐(당시는 하루노부)은 시나노노쿠니를 다음 목표로 하였다. 신겐은 1553년에 그 목표를 대부분 달성하였으나, 시나노노쿠니를 침공한 것이 껄끄러운 적을 불러들이는 결과를 낳았다. 그 적은 에치고노쿠니의 우에스기 켄신이었다.

이 때 켄신(이 때는 아직 나가오 카게토라長尾景虎)은, 병약한 형의 뒤를 이어서 에치고노쿠니를 막 통일하던 참이었다. 거기에 주군이며 **칸토칸레이**인 야마노우치우에스기山内上杉 가문을 보호하면서, 칸토 지방의 **호죠 우지야스**北条氏康와 적대 관계가 되었다.

이러한 켄신에게, 신겐에게 패하여 영지를 빼앗긴, 시나노노쿠니의 유력호족 무라카미村上 가문이 빼앗긴 영지를 되찾아 달라고 울면서 찾아왔다. 보통은 무시를 해도 이상하지 않을 상황이었으나, 켄신은 주저하지도 않고 시나노노쿠니로의 출정을 결정하였다.

이후, 신겐과 켄신은 시나노노쿠니의 패권을 놓고 카와나카지마川中島에서 5번에 걸친 싸움을 펼쳤다. 이 싸움은 1561년, 켄신이 야마노우치우에스기 가문에서 칸토칸레이 자리와 우에스기 가문의 가주를 물려받은 해에, 신겐 쪽에서 시나노노쿠니를 지배하는 것으로 일단 결말이 났다. 그러나 이 후에도 소규모의 싸움이 계속된 것이나 켄신, 신겐 양측이 입은 피해를 생각하면 무승부라고 할 수 있겠다.

신겐에게는 켄신과의 전투가 길게 이어지는 게 그리 유쾌한 상황이라고는 말할 수 없었다. 신겐이 지배하는 카이노쿠니의 남쪽에서는 스루가노쿠니를 지배하는 **이마가와 요시모토**가 있었고, 동쪽으로는 호죠 우지야스가 있었기 때문이다. 켄신과의 전투에 집중하면, 두 개의 강대한 세력이 빈틈을 파고 들어올 가능성이 높다. 그 때문에, 신겐은 그들과 혼인 관계를 통해 삼자동맹을 맺었다. 우지야스에게도 켄신은 매우 신경이 쓰이는 존재였다. 또한 요시모토도 서쪽의 오와리노쿠니에 집중하고 싶었기 때문에 신겐과의 싸움을 원치 않아서, 이 동맹은 수월하게 성립되었다. 그러나 이 동맹 관계는 금방 붕괴하고 만다. 1568년에 요시모토는 오와리노쿠니의 **오다 노부나가**에게 죽게 되고, 그 때문에 세력이 약해진 스루가노쿠니에 신겐이 침공을 개시하였기 때문이다.

우에스기 켄신과 다케다 신겐의 싸움

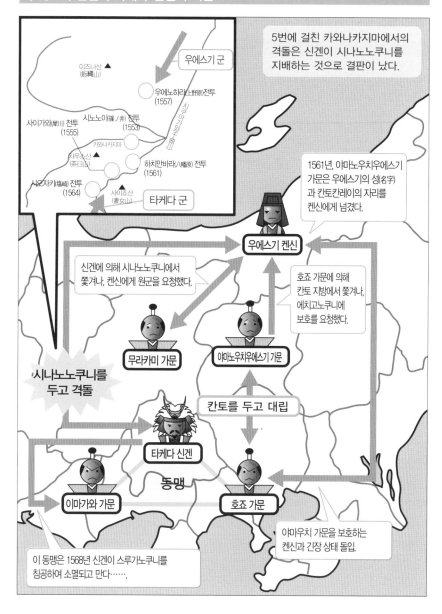

5번에 걸친 카와나카지마에서의 격돌은 신겐이 시나노노쿠니를 지배하는 것으로 결판이 났다.

이즈나산 (飯繩山)

우에스기 군

우에노하라(上野原)전투 (1557)

사이가와(犀川) 전투 (1555)

시노노이(篠ノ井) 전투 (1553)

카와나카지마

치쿠마가와(千曲川)

차우스산 (茶臼山)

하치만바라(八幡原) 전투 (1561)

시오자키(塩崎) 전투 (1564)

사이죠산 (妻女山)

타케다 군

1561년, 야마노우치우에스기 가문은 우에스기의 성(名字)과 칸토칸레이의 자리를 켄신에게 넘겼다.

우에스기 켄신

신겐에 의해 시나노노쿠니에서 쫓겨나, 켄신에게 원군을 요청했다.

호죠 가문에 의해 칸토 지방에서 쫓겨나, 에치고노쿠니에 보호를 요청했다.

무라카미 가문

야마노우치우에스기 가문

시나노노쿠니를 두고 격돌

칸토를 두고 대립

타케다 신겐

동맹

이마가와 가문

호죠 가문

야마우치 가문을 보호하는 켄신과 긴장 상태 돌입.

이 동맹은 1568년 신겐이 스루가노쿠니를 침공하여 소멸되고 만다……

호죠 가문과 칸토의 패권

칸토 제일의 세력을 자랑한 호죠 가문. 그 업적은 화려하지는 않지만, 다른 다이묘 가문에서는 찾아볼 수 없는 안정감이 있다. 이 안정감은 일족이 결속해 만든 것이었다.

● 안정된 일족 경영

초대 **호죠 소운**(당시에는 이세 모리토키)때부터 이즈노쿠니, 사가미노쿠니를 지배한 호죠 가문은, 소운의 아들인 호죠 우지츠나의 대에 와서 호죠라는 성을 사용하였다. 그들을 가마쿠라 시대의 호죠 가문과 구별하기 위해, 후ᅟ호죠 가문이라 부르는 경우도 있었다.

호죠 가문의 결속은 굳건하여, 후계자 계승문제가 크게 일어나는 일도 없었다. 이것이 호죠 가문의 장점이었다. 호죠 가문은 소운이 죽고 나서도 확장을 계속하여 우지츠나의 대에는 무사시노쿠니의 절반을, 3대인 호죠 우지야스의 대에서는 무사시노쿠니 거의 전부를 평정하였다.

그러나 이러한 칸토 침공이 순탄한 것은 아니었다. 특히 히타치노쿠니의 사타케ᅟ 가문과 아와노쿠니의 사토미ᅟ 가문은 강력한 라이벌이었기에, 결국은 호죠 가문의 지배하에 두지 못 했다.

이들 이상으로 효조 가문을 괴롭힌 것이, 에치고노쿠니의 다이묘인 **우에스기 켄신**(당시에는 나가오 카게토라)이었다. 켄신은 원래 무사시노쿠니를 지배하였던 야마우치우에스기 가문을 보호하고 그들의 영지를 회복하기 위해, 거듭 칸토로 출정을 하였다. 켄신의 진격은 어마어마한 것이어서, 호죠 가문의 본거지인 오다와라성까지 공격한 적도 있을 정도였다. 그러나 오다와라성은 당시 일본 전국에서도 손에 꼽힐 정도로 튼튼한 성이었기 때문에, 농성전을 벌인 호죠 가문은 켄신의 군세를 물리쳤다.

켄신의 공격에 대항하여, 당시 호죠 가문의 가주였던 우지야스ᅟ는 카이노쿠니의 **다케다 신겐**, 스루가노쿠니의 **이마가와 요시모토**와 혼인관계를 통해 삼국동맹을 맺는다. 그러나 이 동맹은 1568년, 신겐의 스루가노쿠니 침공을 계기로 결렬되었다. 우지야스는 일시적으로 우에스기 가문과 동맹을 맺고, 오다와라성을 공격하러 온 신겐에 대항하였다.

가까스로 신겐을 물리친 호죠 가문은, 4대 호죠 우지마사의 대에 이르러서는 다케다 가문, 오다 가문과 동맹을 맺고 카즈사노쿠니, 시모우사노쿠니, 시모츠케노쿠니를 공략하였다. 5대 호죠 우지나오ᅟ의 대에는 코즈케노쿠니를 손에 넣어, 칸토의 거의 모든 성을 지배하였다. 이후 **도요토미 히데요시**가 호죠 가문을 멸망시킬 때까지, 호죠 가문은 칸토 지방의 패권을 차지하고 있었다. 굳은 결속이 일족을 지킨 것이다.

역대 호죠 가문의 위업

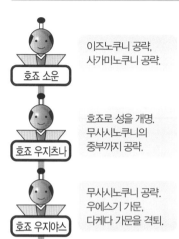

호죠 소운
이즈노쿠니 공략,
사가미노쿠니 공략.

호죠 우지츠나
호죠로 성을 개명.
무사시노쿠니의
중부까지 공략.

호죠 우지야스
무사시노쿠니 공략.
우에스기 가문,
다케다 가문을 격퇴.

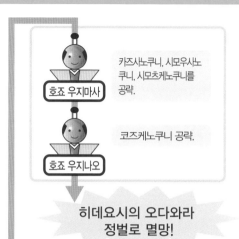

호죠 우지마사
카즈사노쿠니, 시모우사노
쿠니, 시모츠케노쿠니를
공략.

호죠 우지나오
코즈케노쿠니 공략.

히데요시의 오다와라
정벌로 멸망!

호죠 가문과 칸토의 상황

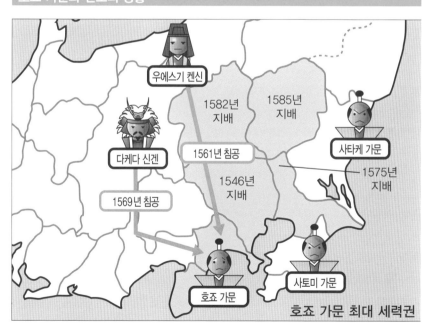

우에스기 켄신

1582년
지배

1585년
지배

1561년 침공

다케다 신겐

사타케 가문

1546년
지배

1575년
지배

1569년 침공

호죠 가문

사토미 가문

호죠 가문 최대 세력권

관련항목

● 전국시대 초기의 칸토 지방 →No.076
● 전국시대 초기의 토카이 지방 →No.079
● 우에스기 켄신과 다케다 신겐의 싸움 →No.084
● 오다와라 정벌 →No.093

오다 노부나가의 대두

가장 먼저 천하의 패권을 잡은 오다 노부나가. 그러나 그의 인생 전반부는 매우 불안정 하였다.

● 역경이 계속된 노부나가의 인생 전반부

아버지 오다 노부히데의 뒤를 이은 오다 노부나가가 오와리노쿠니의 통일에 착수한 것은 1551년의 일이었다. 그러나 당시 노부나가의 평판은 좋지 않았기에 친척은 말할 것도 없고, 실제 동생까지 적으로 돌리는 상황을 맞이하였다. 거기에 1556년에는 동맹국이었던 미노노 쿠니에서 내란이 일어나, 의부였던 **사이토 도잔**(斎藤道三)이 죽고 만다. 당연히 미노노쿠니와 동맹관계는 소멸되었다. 1559년 고생을 해서 영지 안을 통일하지만, 주위에 적으로 둘러 쌓인 고립무원의 상태였다. 이러한 상황에서 1560년, 예전부터 적대적 관계에 있었던 이웃 지방인 스루가노쿠니의 **이마가와 요시모토**가 대병력을 이끌고 오와리노쿠니로의 침공을 개시하였다. 절망적인 상황이었으나, 이 일이 노부나가가 활약하는 계기가 되었다. 노부나가는 요시모토를 죽이고, 이 덕분에 주위의 다이묘들은 그를 높이 평가하게 되었다.

노부나가는 이 기회를 놓치지 않고, 행동을 개시하였다. 먼저 이마가와의 지배에서 벗어난 미카와노쿠니의 도쿠가와 이에야스(독립을 기회로 마츠다이라 모토야스(松平元康)에서 마츠다이라 이에야스로 개명. 1566년 도쿠가와라는 성을 사용하였다.)와 동맹을 맺어 이마가와 의 반격을 막고, 미노노쿠니 침공의 태세를 갖춘다. 그리고 미노노쿠니 내부에 내통자를 만들어, 1567년에는 미노노쿠니 공략에 성공한다.

이 시기에, 13대 **쇼군**인 아시카가 요시테루의 동생인 요시아키(義昭)는 남(南)오미의 다이묘인 록카쿠 요시카타, 뒤이어 에치젠노쿠니의 아사쿠라 요시카게의 밑에 몸을 맡겼다. 킨키 지방을 지배하고 있던 **미요시 쵸케이**의 가신인 마츠나가 히사히데에 의해 형인 요시테루가 살해 당한 것이다. 14대 쇼군은 이미 세워진 뒤였으나, 요시아키는 요시카타에게 자신을 쇼군으로 추대하여 **죠라쿠**를 할 것을 요구하였다. 그러나 그들은 전혀 움직일 기색을 보이지 않았다. 화가 치민 요시아키는, 전국의 유력다이묘들에게 도움을 청하는 서장을 계속 보냈다. 이 서장은 노부나가에게도 전달 된다. 이것을 좋은 기회라 생각한 노부나가는, 북(北)오미의 다이묘인 **아자이 나가마사**(浅井長政), 카이노쿠니의 **다케다 신겐**과 혼인동맹을 맺어 주위의 상황을 안정시키고, 요시아키를 맞아서 1568년에 죠라쿠를 시작하였다. 그리고 그 해에 록카쿠 가문, 미요시 가문 등 킨키 지방의 다이묘를 평정하고 쿄토로 들어가게 되었다.

가문을 물려 받았을 때 오다 노부나가의 상황

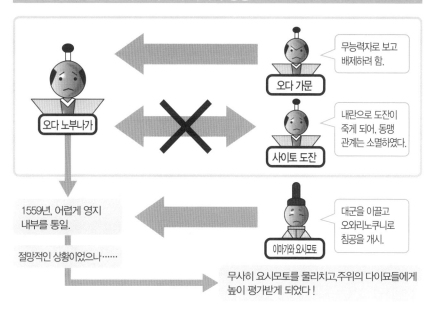

오다 가문 — 무능력자로 보고 배제하려 함.

사이토 도잔 — 내란으로 도잔이 죽게 되어, 동맹 관계는 소멸하였다.

오다 노부나가

1559년, 어렵게 영지 내부를 통일.

절망적인 상황이었으나……

이마가와 요시모토 — 대군을 이끌고 오와리노쿠니로 침공을 개시.

무사히 요시모토를 물리치고,주위의 다이묘들에게 높이 평가받게 되었다 !

노부나가 대두의 경위

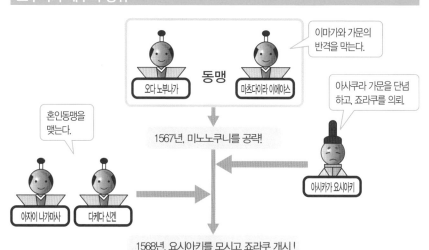

오다 노부나가 동맹 마츠다이라 이에야스 — 이마가와 가문의 반격을 막는다.

혼인동맹을 맺는다.

아자이 나가마사   다케다 신겐

1567년, 미노노쿠니를 공략!

아시카가 요시아키 — 아사쿠라 가문을 단념 하고, 죠라쿠를 의뢰.

1568년, 요시아키를 모시고 죠라쿠 개시 !

관련항목

● 전국다이묘는 왜 죠라쿠를 목표로 하였는가? →No.017
● 전국시대 초기의 쇼군과 그 주위의 상황 →No.074
● 전국시대 초기의 츄부 지방 →No.078
● 전국시대 초기의 토카이 지방 →No.079
● 전국시대 초기의 킨키 지방 →No.080
● 노부나가 포위망 →No.087

노부나가 포위망

오다 노부나가는 죠라쿠에 성공하고, 천하통일을 향해 내달렸다. 그러나, 주위의 유력다이묘들은 이 상황을 잠자코 지켜보고 있지는 않았다.

● 노부나가를 방해하는 2개의 족쇄

1568년, 무사히 **죠라쿠**에 성공한 오다 노부나가는 남오미와 **대도시**인 오츠, 사카이를 지배하에 두고, 순조롭게 세력을 확장하고 있었다. 그러나 노부나가의 패업은 생각치도 못한 곳에서 좌절된다. 쇼군으로 추대한 아시카가 요시아키와의 사이가 좋지 않았던 것과 **잇코슈**와 대립하게 된 것이 노부나가의 발목을 잡았던 것이다.

요시아키는 꼭두각시에 불과한 자신의 지위에 만족하지 않았다. 그렇기 때문에, 예전에 요시아키를 보호했던 에치젠노쿠니의 전국다이묘인 아사쿠라 가문과 손을 잡고 노부나가의 지배에서 벗어나려 하였다. 위기를 느낀 노부나가는 요시아키를 견제하는 한편, 아사쿠라 가문에 죠라쿠를 요청하고 상황을 지켜보았다. 그러나 아사쿠라 가문은 죠라쿠 요청에 응하지 않았다. 그리하여 노부나는 1570년에 아사쿠라 가문 토벌을 시작하려 하였다.

그러나 이것이 생각하지도 못한 사태를 불러 일으켰다. 오부나가의 동생을 부인으로 두고, 오다 가문과 동맹을 맺고 있던 북오미의 다이묘 아자이 나가마사가 노부나가를 상대로 거병을 한 것이다. 아자이 가문과 아사쿠라 가문은 예로부터 교우관계여서, 이것을 우선시하였던 것이다. 또한 **천태종**의 총본산인 히에이잔이 아자이 아사쿠라 동맹에 협력을 표명하여, 싸움은 장기화 될 조짐을 보였다. 1571년 노부나가는 히에이잔을 불태워서 천태종 세력을 없앴으나, 요시아키가 카이노쿠니의 다이묘인 **다케다 신겐**과 각 세력에 협력을 요청하였다. 노부나가는 사방이 적대세력으로 둘러싸인 형세가 되었다. 일반적으로 말하는 노부나가 포위망인 것이다. 그러나 1573년, 반 노부나가 세력의 급선봉이었던 신겐이 병으로 죽자 노부나가 포위망은 간단히 붕괴되었다. 노부나가는 아자이 아사쿠라 동맹군과의 싸움에 전력을 다하여, 두 가문을 멸망시켰다. 그러나 아직도 적은 남아있었다. 가주의 자리를 물려받은 카이노쿠니의 **다케다 카츠요리**武田勝頼, 이시야마혼간지石山本願寺를 중심으로 한 잇코슈, 이에 호응하여 거병을 한 에치고노쿠니의 **우에스기 켄신**. 그리도 잇코슈를 원조하던 아키노쿠니의 모리 테루모토가 있었다. 일설에 의하면, 잇코슈와의 싸움은 노부나가의 천하통일을 10년은 지연시켰다고 한다.

노부나가 포위망이 깔릴 때까지의 경위

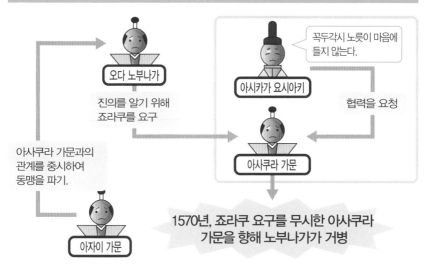

오다 노부나가

진의를 알기 위해 죠라쿠를 요구

아사쿠라 가문과의 관계를 중시하여 동맹을 파기.

아자이 가문

꼭두각시 노릇이 마음에 들지 않는다.

아시카가 요시아키

협력을 요청

아사쿠라 가문

1570년, 죠라쿠 요구를 무시한 아사쿠라 가문을 향해 노부나가가 거병

노부나가 포위망

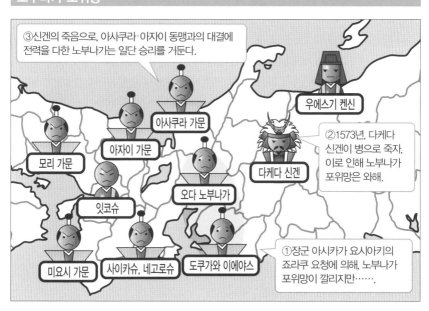

③신겐의 죽음으로, 아사쿠라·아자이 동맹과의 대결에 전력을 다한 노부나가는 일단 승리를 거둔다.

우에스기 켄신

아사쿠라 가문

아자이 가문

모리 가문

다케다 신겐

②1573년, 다케다 신겐이 병으로 죽자, 이로 인해 노부나가 포위망은 와해.

잇코슈

오다 노부나가

미요시 가문

사이카슈, 네고로슈

도쿠가와 이에야스

①장군 아시카가 요시아키의 죠라쿠 요청에 의해, 노부나가 포위망이 깔리지만…….

나가시노 전투

일반적으로, 조총이라는 신기술에 의한 혁신의 장이 열렸다고 알려진 나가시노 전투. 그러나 사실은 신정권 밑에서 생긴 불화에 편승한 전투이기도 했다.

● 제대로 이루어지지 않은 세대교체

1573년, **오다 노부나가**는 오랜 기간 자신을 괴롭혔던 **아자이 · 아사쿠라** 두 가문을 멸망시키는데 성공하였다. 그러나 여전히 노부나가와 적대하는 세력은 남아있었다. 그 세력은, 카이노쿠니의 전국다이묘인 다케다 가문과 이시야마혼간지를 중심으로 한 **잇코슈**, 에치고노쿠니의 다이묘인 **우에스기 켄신**, 그리고 츄고쿠 지방의 다이묘인 모리 가문이었다.

진중에서 병사한 다케다 신겐을 대신해 다케다 가문의 가주가 된 것은 아들인 다케다 카츠요리였다. 그러나 다케다 가문의 오랜 가신들은 서자였던 카츠요리를 업신여기고, 그를 따르지 않았다. 당시 적대 관계에 있던 켄신조차도 이를 동정해, 공격하는 것을 망설이던 상황이었다. 또한 카츠요리 자신도 아버지인 신겐과의 실력 차이로 괴로워했다고 한다.

1575년, 국경 근처의 가신이 도쿠가와 이에야스 쪽으로 모반한 것을 계기로, 카츠요리는 미카와노쿠니에 침공을 개시한다. 이에야스는 노부나가에게 원군을 요청하여, 두 세력은 미카와노쿠니의 나가시노에서 격돌하였다. 일설에 의하면 이 싸움은 구태의연한 다케다군과 혁신적인 오다 도쿠가와 동맹군과의 싸움이었다고 한다. 거기에 가신단의 통솔도 제대로 이루어지지 않아, 다케다군은 역사적인 참패를 당하였다. 특히 인재 측면의 피해가 커서, 이 전투 이후 다케다 가문의 세력 영토는 서서히 좁아지게 되었다.

한편 켄신, 그리고 잇코슈는 변함없이 노부나가를 괴롭혔다. 1577년, 노부나가 군은 카가노쿠니에서 켄신 군과 싸워 대패하였다. 또한 마츠나가 히사히데에게 잇코슈의 토벌을 명령했더니 오히려 돌연 반기를 드는 등, 그야말로 최악의 상황이었다. 그러나 1578년, 켄신이 병으로 죽자 상황이 일변하였다. 오다군은 즉시 공세로 전환하였다. 같은 해, 모리 가문의 부추김에 넘어간 아라키 무라시게도 모반하였으나, 별일 없이 무사히 진압되었다.

켄신의 죽음은 카츠요리에게도 큰 영향을 끼쳤다. 우에스기 가문의 계승 분쟁에 휘말려당시 동맹 관계에 있었던 칸토 지방의 호죠 가문, 그리고 우에스기 가문을 적으로 만들고 말았다. 결국 주변에 아군이 없어진 다케다 가문은, 1582년에 오다 도쿠가와 동맹군과의 싸움에 패하여 멸망하였다.

나가시노 전투

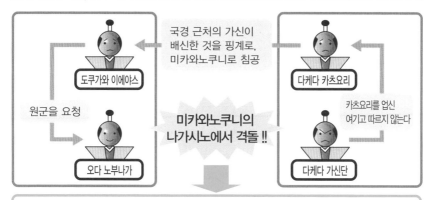

다케다군이 통솔이 되지 않은데다가 구태의연한 전투방식을 취했던 탓에, 오다·도쿠가와 동맹군이 승리. 이후 다케다 군은 급속히 몰락하게 된다…….

다케다 가문의 멸망

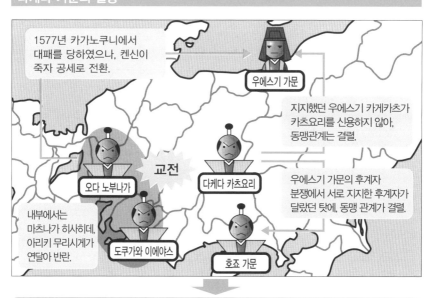

1582년, 고립무원 상태의 다케다 가문은 오다·도쿠가와 동맹에 패배. 다케다 가문 멸망.

관련항목

● 우에스기 켄신과 다케다 신겐의 싸움 →No.084
● 호죠 가문과 칸토의 패권 →No.085
● 노부나가 포위망 →No.087
● 전국다이묘와 잇코슈 →No.106

혼노지의 변

충신의 갑작스런 배반에 의해 목숨을 잃게 된 노부나가. 전략상 한순간의 공백은, 아무리 운이 좋은 노부나가라 하더라도 어찌 할 수 없는 약점을 만들고 말았다.

● 방심이 초래한 급작스런 죽음

1579년, 오다 노부나가는 거주지를 오미노쿠니의 아즈치성安土城으로 옮겼다. 강적이었던 카이노쿠니의 다케다 가문, 에치고노쿠니의 **우에스기 가문**은 세대 교체에 의해 힘이 약화되었고, 오랜 기간 노부나가를 괴롭힌 **잇코슈**와도 1580년에 화의가 성립되었다. 천하통일이 눈 앞에 있는 상황이었다. 이 시기는 노부나가에게 있어서 가장 안정된 시기였다고 해도 과언이 아닐 것이다. 1581년에는 각 다이묘들을 모아놓고 우마조로에馬揃え라는 군사 퍼레이드를 벌여 자신의 군사력을 과시했다. 이 기간 동안 노부나가가 세력 확장에 신경을 쓰지 않았느냐고 하면 그렇지는 않다. 호쿠리쿠 지방에는 가로 중 가장 지위가 높은 **힛토가로**筆頭家老인 시바타 카츠이에柴田勝家를, 칸토 지방에는 타키가와 카즈마스滝川一益, 시코쿠 지방에는 니와 나가히데丹羽長秀와 노부나가의 아들인 오다 노부히데信孝, 그리고 츄고쿠 지방에는 도요토미 히데요시(당시에는 하시바 히데요시羽柴秀吉)를 파견하여 각 세력과 교전을 벌였다.

1577년 이후, 히데요시는 츄고쿠 지방의 **모리 가문**을 공략하고 있었다. 당시 모리 가문의 가주는 모리 테루모토輝元, 모리 가문의 기초를 닦은 모리 모토나리의 손자에 해당한다. 그 세력은 츄고쿠 지방뿐 아니라, 큐슈 지방에까지 닿아있었다. 히데요시는 모리 가문을 순조롭게 공략하였지만, 빗츄노쿠니備中国의 타카마츠성高松城에서 농성하는 시미즈 무네하루清水宗治에게 고전하였다. 1582년 결국은 노부나가에게 원군을 요청한다. 히데요시의 요청을 흔쾌히 승낙한 노부나가는 스스로 히데요시의 원군으로 가기 위해 쿄토로 출발하였다.

그러나 이것이 목숨을 잃는 결과가 되었다. 히데요시의 원군으로 츄고쿠 지방으로 향할 예정이었던 아케치 미츠히데明智光秀가 돌연 모반을 일으켜, 혼노지에서 노부나가를 죽인 것이다. 모반의 이유는 확실하지 않다. 다만 알 수 있는 점이라면, 미츠히데에게 있어서 하극상을 벌이기에 절호의 기회였다는 것이다.

그러나 현실은 미츠히데가 생각한 것처럼 만만하지 않았다. 사위인 호소카와 타다오키細川忠興와 그의 아버지 호소카와 후지타카細川藤孝를 비롯한 각 무장들이 미츠히데의 호소에 응하지 않아, 미츠히데는 완전히 고립 당하고 만다. 또한 그의 예상을 뒤집은 요인이 하나 더 있었다. 멀리 빗츄노쿠니에 있을 터인 히데요시가 단 10일만에 돌아온 것이다.

「혼노지의 변」까지의 상황

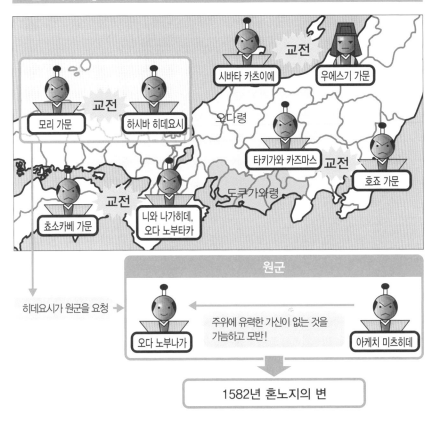

히데요시가 원군을 요청

오다 노부나가

주위에 유력한 가신이 없는 것을
가능하고 모반!

아케치 미츠히데

1582년 혼노지의 변

미츠히데의 오산

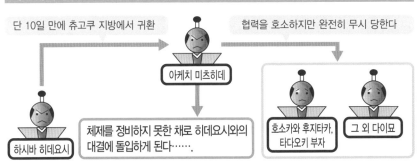

단 10일 만에 츄고쿠 지방에서 귀환

협력을 호소하지만 완전히 무시 당한다

아케치 미츠히데

하시바 히데요시

체제를 정비하지 못한 채로 히데요시와의
대결에 돌입하게 된다……

호소카와 후지타카,
타다오키 부자

그 외 다이묘

츄고쿠 회군과 노부나가의 후계자 싸움

갑작스런 흉보와 이에 따르는 기회. 히데요시는 혼미한 상황에서, 주도면밀하게 천하 통일의 길을 열어 갔다.

● 굴러들어온 기회

1582년, 천하통일을 눈앞에 둔 오다 노부나가는 쿄토의 **혼노지**에서 아케치 미츠히데에 의해 살해당했다. 이 소식은 극비리에 각지의 반 노부나가 다이묘에게도 퍼졌지만, 우연히 이 서장書狀을 손에 넣은 노부나가 가신이 있었다. 츄고쿠 지방에서 모리 가문과 전투를 벌이고 있던 도요토미 히데요시(당시에는 하시바 히데요시)였다. 이것은 노부나가 가신 중에서도 나이가 어린 히데요시에게 있어서 큰 기회였다. 노부나가의 적인 미츠히데를 죽이면, 단번에 노부나가의 후계자 분쟁에서 가장 높은 자리로 나설 수 있기 때문이었다. 히데요시는 노부나가의 죽음을 숨긴 채 모리 가문과 강화를 맺고, 회군하는 도중에 오다 가신단을 흡수하면서 쿄토를 향해 내달렸다. 역사에서 말하는 츄고쿠 회군이다. 겨우 10일 남짓만에 쿄토에 돌아온 히데요시 군은 텐노산天王山에서 미츠히데군과 격돌. 이 야마자키 전투山崎の戰い에서 미츠히데군은 패배, 미츠히데는 도주 중에 낙오무사 사냥으로 인해 목숨을 잃었다고 한다.

같은 해, 오다 정권의 **힛토가로**인 시바타 가츠이에의 제안에 의하여, 노부나가의 영지를 상속하는 것에 대한 회의가 오와리노쿠니의 키요스淸洲에서 열렸다. 히데요시는 여기에서도 한가지 계략을 꾸미면서 혼노지의 변에서 죽은 노부나가의 장남인 오다 노부타다織田信忠의 아들로, 아직 어린 산보시三法師가 오다 가문을 계승하는 안을 내 놓았다. 산보시의 후견인이 되어서 실질적으로 노부나가의 후계자가 되려 한 것이다. 이미 노부나가의 차남인 오다 노부카츠織田信雄를 비롯한 유력무장들과 이야기를 끝내두었기에 히데요시의 안건은 수월하게 승낙되었다.

곤란해진 것은 가츠이에와, 그가 옹립하려던 노부나가의 삼남인 오다 노부타카織田信孝였다. 히데요시와 가츠이에를 비교하자면, 가츠이에가 더 높은 자리에 있었다. 오다 정권의 다음 세대를 끌어갈 것은 가츠이에라고 평가되고 있었다. 불만을 품은 가츠이에의 세력은 노부나가의 동생인 오이치お市를 가츠이에와 결혼 시키는 등의 대항책을 내놓았으나 전부 효과가 없었다. 가츠이에의 세력을 조금씩 무너트리는 히데요시의 도발적인 진군으로 인해, 결국 두 세력은 엣츄노쿠니의 시즈가타케賤ヶ岳에서 격돌한다. 당초 가츠이에군이 유리하다 평가되었던 이 전투는, 가츠이에 측 가신의 배신으로 인해 전세가 뒤바뀐다. 패배한 가츠이에는 자살로 삶을 마치고, 히데요시는 명실상부한 노부나가의 계승자가 되었다.

츄고쿠 회군부터 야마자키 전투까지의 경위

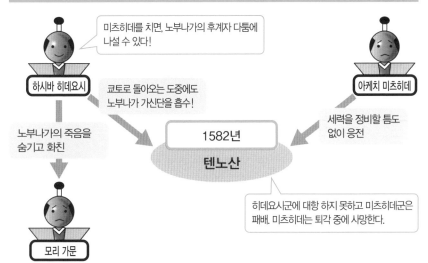

미츠히데를 치면, 노부나가의 후계자 다툼에 나설 수 있다!

하시바 히데요시

쿄토로 돌아오는 도중에도 노부나가가 가신단을 흡수!

노부나가의 죽음을 숨기고 화친

아케치 미츠히데

세력을 정비할 틈도 없이 응전

1582년
텐노산

히데요시군에 대항 하지 못하고 미츠히데군은 패배. 미츠히데는 퇴각 중에 사망한다.

모리 가문

노부나가의 후계자 다툼

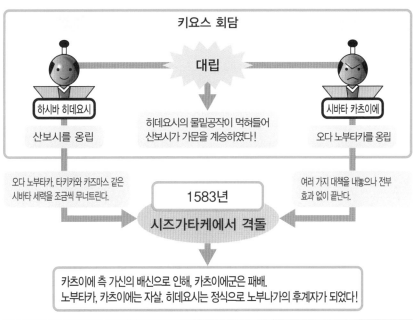

키요스 회담

대립

하시바 히데요시
산보시를 옹립

히데요시의 물밑공작이 먹혀들어 산보시가 가문을 계승하였다!

시바타 카츠이에
오다 노부타카를 옹립

오다 노부타카, 타카카와 카즈마스 같은 시바타 세력을 조금씩 무너트린다.

여러 가지 대책을 내놓으나 전부 효과 없이 끝난다.

1583년
시즈가타케에서 격돌

카츠이에 측 가신의 배신으로 인해, 카츠이에군은 패배.
노부타카, 카츠이에는 자살. 히데요시는 정식으로 노부나가의 후계자가 되었다!

관련항목

● 가신에게는 어떤 직무가 있었는가? →No.007

● 혼노지의 변 →No.089

히데요시와 이에야스

강직하고 전투에 능한 라이벌 이에야스. 그의 저항을 앞에 두고, 히데요시는 또 다시 자신의 장점인 계략과 외교를 이용하였다.

● 천하를 노리는 두 사람의 싸움

1583년, **시바타 카츠이에**에게 승리한 도요토미 히데요시(당시 하시바 히데요시)는, 명실상부한 오다 노부나가의 후계자가 되었다. 그러나 이에 불만을 가진 전국다이묘가 있었다. 노부나가의 동맹으로 운명을 같이 한 도쿠가와 이에야스였다. 당시의 이에야스는 이마가와 가문과 **다케다 가문**의 영지와 인재를 흡수하여, 5개 지방을 다스리는 대다이묘가 되어있었다. 노부나가의 차남 오다 노부카츠는 이러한 이에야스에 주목하고, 히데요시와 대립하기 위하여 동맹을 의뢰한다. 노부카츠는 히데요시가 노부나가의 손자인 산보시를 옹립할 때 후원을 했던 인물이다. 그러나 날이 갈수록 힘을 키워가는 히데요시를 보고 불안을 느끼기도 하였다. 요청을 받아들인 이에야스는, 확실한 승리를 위해 히데요시에게 항복하지 않은 세력을 규합하여 그를 포위하려고 시도했다. 그러나 히데요시 측에서 더욱 큰 범위로 외교 전략을 전개하여, 이에야스의 계획은 실패로 끝났다. 이러한 겉으로 드러나지 않는 싸움이 계속되는 동안, 노부카츠와 이에야스는 거병을 한다. 1584년, 하시바군과 도쿠가와 오다 동맹군은 미노노쿠니의 코마키산에서 서로 노려보고 있었다. 전투가 길어지는 것을 바라지 않았던 히데요시는 텅 비어있는 이에야스의 본거지인 미카와노쿠니를 노리지만, 역으로 이에야스에게 속아서 뼈아픈 패배를 당하였다. 천하를 자신의 것으로 만들려던 히데요시에게, 이 이상의 패배는 자신의 명예를 실추 시킬지도 모르는 일이었다. 그래서 히데요시는 목표를 이에야스에서 노부카츠로 변경하여, 재빨리 강화를 맺는다. 대의명분을 잃어버린 이에야스는 병력을 물릴 수 밖에 없는 상황이 되었다.

이렇게 되면, 더 이상 히데요시를 막을 자는 아무도 없었다. 1585년에는 이즈노쿠니, 카이노쿠니를 침공하여 이제까지 저항을 계속해온 **사이가슈**나 **네고로슈**, **잇코슈**를 일소한다. 그 다음에는 당시 조정에서 일어난 권력 투쟁에 개입하여, 천황을 대신해 정치를 전담하는 칸파쿠^{間白}의 지위에 올랐다. 거기에 이에야스에 대해서는, 히데요시의 여동생과 어머니를 인질로 내놓아 서로 **인질을 교환**하고 신하가 될 것을 강요하였다. 1586년, 결국 이에야스는 **굴복**하여 조정에서 도요토미라는 새로운 성을 받은 히데요시의 가신으로서, 히데요시를 배알 하게 되었다.

코마키산 · 나가쿠테 전투

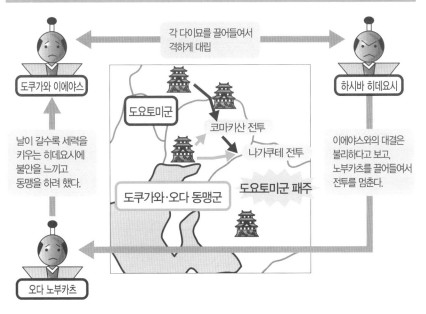

도쿠가와 이에야스

각 다이묘를 끌어들여서
격하게 대립

하시바 히데요시

날이 갈수록 세력을
키우는 히데요시에
불안을 느끼고
동맹을 하려 했다.

이에야스와의 대결은
불리하다고 보고,
노부카츠를 끌어들여서
전투를 멈춘다.

도요토미군

코마키산 전투

나가쿠테 전투

도쿠가와·오다 동맹군

도요토미군 패주

오다 노부카츠

이후의 히데요시와 이에야스

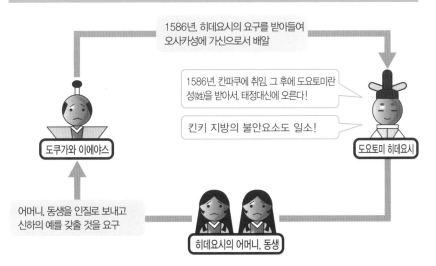

1586년, 히데요시의 요구를 받아들여
오사카성에 가신으로서 배알

도쿠가와 이에야스

1586년, 칸파쿠에 취임. 그 후에 도요토미란
성(姓)을 받아서, 태정대신에 오른다!

킨키 지방의 불안요소도 일소!

도요토미 히데요시

어머니, 동생을 인질로 보내고
신하의 예를 갖출 것을 요구

히데요시의 어머니, 동생

No.092

큐슈 정벌

여태까지 독립을 지키던 각 다이묘들. 히데요시는 칸파쿠라는 권력을 바탕으로 차례차례 그들의 세력을 없애갔다.

● 칸파쿠 히데요시에 의한 유력다이묘 정벌

칸파쿠가 된 **도요토미 히데요시**는 천하통일을 향해 정력적으로 파병을 계속했다. 1585년에는 시코쿠 지방의 전국다이묘 **쵸소카베 모토치카**, 호쿠리쿠 지방의 삿사 나리마사_{佐々成}_政를 굴복시켰다. 또한 히데요시는 자신에게 굴복한 세력의 약체화를 노리고, 쿠니가에_{國替}_え를 빈번하게 행하였다. 쿠니가에란 원래는 영지를 거두어 들여, 다른 영지를 내려주는 일이다. 전국다이묘와 영지 주민들의 관계는 깊어서, 새로운 지배자에게는 반발을 하는 경우가 적지 않았다. 그렇기 때문에 쿠니가에를 한 다이묘들은, 새로운 영지를 장악하고 세력을 다시 기르는데 시간이 걸렸다고 한다.

이렇게 킨키지방을 중심으로 히데요시의 지배가 진행되는 동안, 멀리 떨어진 큐슈 지방에서는 장렬한 싸움이 벌어지고 있었다. 전국시대 초기 때부터 중기에 걸쳐 막대한 세력을 자랑하던 분고노쿠니의 오토모 가문이 히젠노쿠니의 류조지 가문, 사츠마노쿠니의 시마즈 가문에게 공격을 받아서 쇠약해지며 큐슈 지방의 균형이 무너졌기 때문이다.

특히 시마즈 가문의 기세는 매서워, 단번에 큐슈 지방을 통일 할 수도 있는 상황이었다. 시마즈의 맹공격에 구석까지 몰린 오토모 가문은, 이미 현역에서 내려온 전대 가주인 오토모 소린이 스스로 히데요시에게 구원을 요청하는 지경에 이르렀다. 소린의 요구에 응한 히데요시는 사적인 전투를 금지하는 소부지레이_{惣無事令}를 내리지만, 시마즈 가문은 이를 무시하였다. 1586년, 드디어 히데요시는 시마즈 가문 정벌에 나섰다.

먼저 히데요시는 시코쿠 지방의 다이묘들을 오토모 가문의 원군으로 파견하였다. 그러나, 이 전투에서는 히데요시의 일부 가신들이 명령을 무시한 탓에 패퇴할 수 밖에 없었다. 천하를 다스리는 자신의 체면이 구겨졌다고 생각한 히데요시는, 1587년 3월에 이번에는 22만이라는 대병력을 직접 이끌고 출정 할 것을 결정하였다. 동생인 도요토미 히데나가_{豊臣秀}_長와 2세력으로 나누어서 큐슈 지방의 침공을 시작하였다. 이에 대해 시마즈 가문은 철저하게 전투 회피를 계속하다가, 같은 해 5월에 가주인 시마즈 요시히사_{島津義久}가 삭발을 하고 인질을 내놓는 것으로 항복하였다. 결국 큐슈 지방도 히데요시의 지배하에 들어 간 것이다.

큐슈 정벌까지의 경위

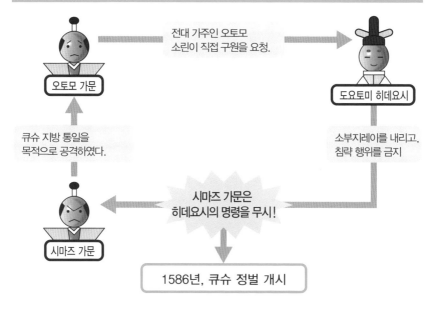

전대 가주인 오토모 소린이 직접 구원을 요청.

오토모 가문

도요토미 히데요시

큐슈 지방 통일을 목적으로 공격하였다.

소부지레이를 내리고, 침략 행위를 금지

시마즈 가문

시마즈 가문은 히데요시의 명령을 무시!

1586년, 큐슈 정벌 개시

큐슈 정벌

도요토미군

시코쿠 연합군

격돌

시마즈군

오토모군

제1차 큐슈 정벌

도요토미 히데요시군

도요토미 히데나가군

시마즈 가문

제2차 큐슈 정벌

오토모 가문의 요청을 받아들여, 시코쿠 연합군과 도요토미 가문 가신을 파견. 그러나, 일부 가신이 명령을 위반해 패하게 된다.

제1차 정벌의 실패를 참고하여, 히데요시가 직접 22만의 대군을 끌고서 출진. 시마즈 가문은 철저하게 전투를 회피 한 후에 항복.

관련항목

●전국시대 초기의 시코쿠 지방 →No.082
●전국시대 초기의 큐슈 지방 →No.083

●히데요시와 이에야스 →No.091

오다와라 정벌

드디어 칸토 지방을 손에 넣은 호죠 가문. 그러나 100년 동안 계속되어온 세력도 최후를 맞이하고 있었다.

● 외교를 소홀히 하여 멸망한 호죠 가문

1587년, 도요토미 히데요시는 **큐슈 지방**을 평정하고, 일본의 서쪽 절반을 손에 넣었다. 히데요시의 다음 목표가 된 것은 칸토 지방의 **호죠 가문**이었다. 당시의 호죠 가문은 5대 가주인 호죠 우지나오北条氏直, 그리고 은퇴한 뒤로도 강력한 영향력을 가지고 있는 우지나오의 아버지 호죠 우지마사, 이 두 명에 의해 다스려지고 있었다. 지배하는 영토는 가문의 역사 중 최대로, 본거지인 오다와라성 주위의 죠카마치까지 감싸는 거대한 해자가 만들어져 있어, 일종의 성채도시라 할 수 있을 정도의 모습을 보여 주었다고 한다.

그러나 호죠 가문이 히데요시에 대해 반항적인 태도를 취한 것은 아니었다. 1588년, 우지나오는 의부이자 동맹이었던 미카와노쿠니의 도쿠가와 이에야스의 권유에 따라, 숙부인 호죠 우지노리를 죠라쿠 시켜 히데요시와 교섭하였다. 그러나 히데요시는 우지나오 본인이 죠라쿠를 하지 않은 것을 불쾌히 여겼다. 게다가 엎친 데 덮친 격으로, 1589년에 호죠 가문의 가신이 도쿠가와 이에야스의 가신인 사나다真田 가문이 다스리는 코노즈케노쿠니의 나구루미성名胡桃城을 빼앗는 사건이 발생 하였다. 시간을 거슬러 올라가 2년 전, 1587년, 히데요시는 칸토, 토호쿠 지방에 소부지레이라 불리는 사적인 전투(영토 확장과 같은 개인적 이유의 전쟁) 금지령을 내렸다. 결과적으로 호죠 가문은 이것을 무시해버린 꼴이 된 것이다. 호죠 가문은 이에야스에게 변호를 부탁하였으나, 이미 때는 늦었다.

1590년, 히데요시는 5개 항목의 **선전포고문**을 호죠 가문에 들이밀고 출정했다. 히데요시군에는 호죠와 동맹이었던 이에야스를 비롯해 우에스기 카게카츠, 마에다 토시이에 같은 칸토, 호쿠리쿠 지방의 유력무장들이 참전하였다. 게다가 **토호쿠 지방**의 다이묘들도 참전 할 것을 재촉하였다. 호죠군이 오다와라성 안에 있는 동안, 히데요시군은 칸토 각지에 있는 호죠 가문의 성을 차례로 함락 시켰다. 결국 오다와라성을 포위당한 호죠 가문은, 긴 시간 동안 효죠評定를 거친 결과 항복하였다. 우지마사를 비롯한, 수많은 중진들이 할복했다.

또한, 오다와라 정벌은 토호쿠 지방 다이묘의 운명도 좌우하였다. 참전을 하였던 다이묘는 영지의 소유를 인정 받았으나, 참전하지 않았던 다이묘는 영지를 몰수 당했다.

오다와라 정벌까지의 경위

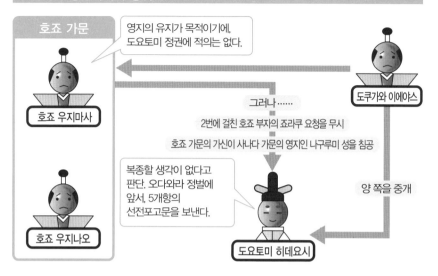

호죠 가문

영지의 유지가 목적이기에, 도요토미 정권에 적의는 없다.

호죠 우지마사

도쿠가와 이에야스

그러나……

2번에 걸친 호죠 부자의 죠라쿠 요청을 무시

호죠 가문의 가신이 사나다 가문의 영지인 나구루미 성을 침공

복종할 생각이 없다고 판단. 오다와라 정벌에 앞서, 5개항의 선전포고문을 보낸다.

양 쪽을 중개

호죠 우지나오

도요토미 히데요시

오다와라 정벌

마에다군(前田軍)

우에스기군

①1590년 3월 1일, 도요토미 히데요시가 쿄토를 출발.

사나다군

②많은 다이묘와 합류를 하면서 호죠 가문을 포위.

도요토미군

이케다군(池田軍)

도요토미 히데요시군

오다군

가모군(蒲生軍)

쿠키군(九鬼軍)

도쿠가와 이에야스군

오다와라성

③7월 5일, 대부분의 성을 빼앗긴 호죠 가문은 항복.

관련항목

● 전투는 어떻게 시작하였는가? →No.038
● 호죠 가문과 칸토의 패권 →No.085
● 큐슈 정벌 →No.092
● 다테 마사무네 등장 →No.094

다테 마사무네 등장

탁월한 재능으로 토호쿠 지방을 통일하려 움직인 다테 마사무네. 그러나 천하는 이미 도요토미의 것이 되어가고 있었다.

● 뒤늦게 등장한 영웅

도요토미 히데요시가 천하통일로의 길을 달리고 있을 그 때, 토호쿠 지방에서는 새로운 움직임이 일어나고 있었다. 후에 독안룡이라 불리는 다테 마사무네(伊達政宗)의 등장이다. 마사무네는 1584년, 데와노쿠니의 요네자와(米沢)를 본거지로 하는 명문 **다테** 가문의 새로운 가주로 집안을 물려받았다. 오다 노부나가가 쿄토 혼노지에서 죽은지 2년 뒤의 일이었다. 마사무네가 등장 할 때까지, 토호쿠 지방은 큰 전란에 휘말리는 일은 없었다. 토호쿠 지방의 전국다이묘들 대부분이 혼인정책을 중심으로 한 전략에 의해 영지의 안정화를 꾀하여, 주위의 다이묘들은 말하자면 친척과 마찬가지였다. 그 때문에 전투가 일어난다 하더라도, 어딘가 서로 봐주는 부분이 있었다. 그러나 마사무네는 지금까지의 토호쿠 지방 다이묘와는 많이 달랐다. 적을 전멸 시키는 것을 아무렇지도 않게 생각하는, 난폭하다 할 정도의 전투를 통해 적극적으로 주위의 세력에 침공하기 시작했다. 마사무네의 최초 표적은, 마사무네가 집안을 계승할 때 배반했던 오우치(大内) 가문이었다. 오우치 가문은 무츠노쿠니의 니혼마츠하타케야마(二本松畠山) 가문, 아시나(蘆名) 가문의 지원을 받고 있었으나, 마사무네의 맹공격에 버티지 못하여 항복하였다. 뒤이어 마사무네는 니혼마츠(二本松) 가문의 영지를 침공한다. 이에 히타치노쿠니의 사타케 가문은 반 다테 다이묘 세력을 규합하여 동맹군을 결성, 즉각 구원을 왔다. 그러나 마사무네는 분전 끝에 동맹군을 격파하고, 니혼마츠하타케야마 가문을 멸망시켰다. 거기에 1588년에는 아시나 가문의 후계자 분쟁을 틈타, 무츠노쿠니의 아이즈(会津)를 침공. 다음 해에는 아시나 가문과 사타케 가문의 연합군을 격파하고 아이즈를 지배하에 두었다.

그러나 아이즈 지방을 침략한 것이 마사무네에게 치명상이 되었다. 시간을 거슬러 올라가 2년 전인 1587년, 히데요시는 칸토 토호쿠 지방에 소부지레이라는 사적인 전투 금지령을 내렸던 것이다. 게다가 1590년, 히데요시가 벌인 **오다와라 정벌**에 늦게 온 것 역시 마사무네에 대해 좋지 않은 인상을 주게 되었다. 그 결과, 다테 가문은 영지의 대부분을 몰수 당하여 세력이 크게 저하되었다.

다테 마사무네의 침공

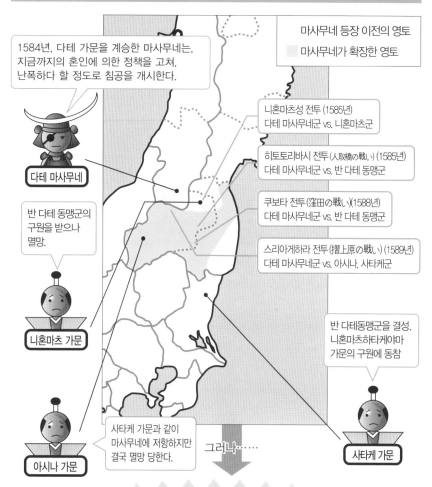

1584년, 다테 가문을 계승한 마사무네는, 지금까지의 혼인에 의한 정책을 고쳐, 난폭하다 할 정도로 침공을 개시한다.

다테 마사무네

반 다테 동맹군의 구원을 받으나 멸망.

니혼마츠 가문

아시나 가문

사타케 가문과 같이 마사무네에 저항하지만 결국 멸망 당한다.

마사무네 등장 이전의 영토
마사무네가 확장한 영토

니혼마츠성 전투 (1585년)
다테 마사무네군 vs. 니혼마츠군

히토토리바시 전투(人取橋の戦い) (1585년)
다테 마사무네군 vs. 반 다테 동맹군

쿠보타 전투(窪田の戦い)(1588년)
다테 마사무네군 vs. 반 다테 동맹군

스리아게하라 전투(摺上原の戦い) (1589년)
다테 마사무네군 vs. 아시나, 사타케군

반 다테동맹군을 결성.
니혼마츠하타케야마 가문의 구원에 동참

사타케 가문

그러나……

이 침공이 1587년에 도요토미 히데요시가 발표한
소부지레이(사전금지령)에 위반!
다테 가문은 그 벌로 많은 영지를 몰수 당한다…….

관련항목

●전국무장의 결혼이란? →No.032
●전국시대 초기의 토호쿠 지방 →No.075
●호죠 가문과 칸토의 패권 →No.085
●오다와라 정벌 →No.093

히데요시의 죽음

천하의 주인이 된 도요토미 히데요시. 그러나 그의 야심과 노쇠로 도요토미 정권에는 어두운 그림자가 드리워졌다.

● 히데요시의 광기가 불러들인 파멸의 전조

1590년, **호죠 가문**을 멸망시킨 도요토미 히데요시는 명실상부한 천하의 주인이 되었다. 여전히 무시할 수 없는 세력을 자랑하고 있던 미카와노쿠니의 **도쿠가와 이에야스**에게 쿠니가에 명령을 내려 쿄토와 거리가 먼, 호죠 가문이 지배 했던 칸토 지방으로 쫓아내고, 이 외의 잠재적으로 적대 세력이 될 우려가 있는 많은 다이묘들도 쿠니가에로 세력을 약화 시켰다. 토호쿠 지방에서 한 때 반란이 일어나는 등 문제가 없었던 것은 아니지만, 이미 일본 국내는 히데요시의 것이었다. 1591년, 히데요시는 양자인 도요토미 히데츠구豊臣秀次에게 칸파쿠의 자리를 주고, 자신은 타이코太閤의 자리에 오른다. 다음 단계의 야망을 실현시키기 위한 사전 준비 작업이었다. 히데요시는 명을 침공 하려는 생각을 가지고 있었다.

히데요시는 먼저 명의 침공 경로인 조선에 사자를 보내 순순히 복종할 것을 재촉했다. 그러나 원하던 대답을 얻지 못하자, 조선을 침공하기로 마음먹었다.

1592년 히젠노쿠니의 나고야성名護屋城*에 집결한 히데요시군은, 조선 침공을 시작하였다. 처음 2개월 동안, 히데요시군은 파죽지세로 진군을 계속하였다. 그러나 민중의 저항이나 명의 원군에 의해 전쟁은 조선군에 유리하게 진행되었다. 1593년에는 **이시다 미츠나리**, 코니시 유키나가에 의한 강화 조약의 교섭이 진행되었다. 그러나, 히데요시가 이에 납득하지 못해, 병력을 대부분 남겨 놓은 채로 한시적 휴전이라는 상황이 이어졌다.

한편 같은 시기에, 오사카에서는 히데요시의 측실인 요도도노淀殿가 히데요시의 아들을 낳았다. **도요토미 히데요리**이다. 1591년에 아들인 츠루마츠의 죽음을 마주했던 히데요시는 매우 기뻐하였다. 그러나, 이때부터 히데요시의 행동은 정상을 벗어나기 시작하였다. 1595년 히데요시는 히데요리가 가문을 계승하는데 방해가 되는 히데츠구를 모반이 의심된다 하여, 히에이산에 밀어 넣어 결국은 할복 시키고 일족 및 부하들도 모두 다 죽였다. 다음 해인 1596년에는, 명　조선과의 강화 조건이 마음에 들지 않는다 하여 격노 하였다. 다음 해인 1597년에는 재차 조선에 침공을 명령한다. 그러나 히데요시는 전쟁의 결과를 보지 못한 채, 1598년에 병으로 죽고 말았다. 히데요시의 무모한 원정은 결국 각 다이묘들을 피폐하게 만들며 끝이 나고, 도요토미 정권에 어두운 그림자를 드리우게 되었다.

* 일본 아이치현 나고야名古屋시와는 다른 장소. 큐슈 사가현에 위치하고 있다. 현재 성의 모습은 없고 그 터와 흔적이 남아있다.

조선 침략의 전말

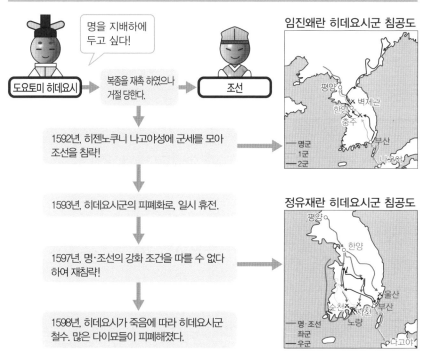

명을 지배하에 두고 싶다!

도요토미 히데요시

복종을 재촉 하였으나 거절 당한다.

조선

1592년, 히젠노쿠니 나고야성에 군세를 모아 조선을 침략!

1593년, 히데요시군의 피폐화로, 일시 휴전.

1597년, 명·조선의 강화 조건을 따를 수 없다 하여 재침략!

1598년, 히데요시가 죽음에 따라 히데요시군 철수. 많은 다이묘들이 피폐해졌다.

임진왜란 히데요시군 침공도

평양 / 벽제관 / 한양 / 충주 / 부산 / 나고야

— 명군
— 1군
— 2군

정유재란 히데요시군 침공도

평양 / 한양 / 울산 / 순천 / 사천 / 부산 / 노량 / 나고야

— 명·조선
좌군
우군

히데요시의 후계자 관련 문제

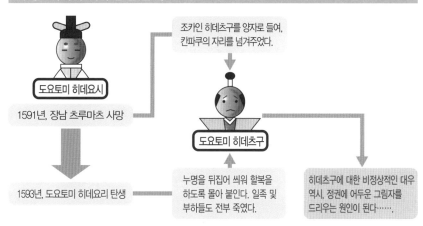

도요토미 히데요시

조카인 히데츠구를 양자로 들여, 칸파쿠의 자리를 넘겨주었다.

1591년, 장남 츠루마츠 사망

도요토미 히데츠구

1593년, 도요토미 히데요리 탄생

누명을 뒤집어 씌워 할복을 하도록 몰아 붙인다. 일족 및 부하들도 전부 죽였다.

히데츠구에 대한 비정상적인 대우 역시, 정권에 어두운 그림자를 드리우는 원인이 된다……

관련항목

● 히데요시와 이에야스 →No.091
● 오다와라 정벌 →No.093
● 세키가하라 전투 →No.096
● 오사카 겨울의 진, 여름의 진 →No.097

세키가하라 전투

히데요시의 사후, 다시 천하의 주인이 될 기회를 노릴 수 있게 된 이에야스. 이에 비해 도요토미 측은 단결이 되지 않아, 스스로의 실정으로 와해되어 갔다.

● 도요토미 가문을 지켜내지 못한 이시다 미츠나리

　　1598년의 **도요토미 히데요시**의 죽음에 의해, 도쿠가와 이에야스에게 다시 한 번 천하를 손에 넣을 수 있는 기회가 돌아왔다. 그러나 바로 천하를 노릴 수 있었던 것은 아니었다. 도요토미 정권은 고타이로五大老라 불리는 5명의 유력 다이묘가 정치의 방침을 결정하고, 히데요시가 어릴 적부터 길러온 고부교五奉行라 불리는 5명의 무장들이 실제로 정치를 하는 체제를 택하였다. 이에야스는 고타이로의 한 명이었으나, 마에다 토시이에前田利家를 비롯한 나머지 4명의 타이로와, 이시다 미츠나리를 비롯한 고부교에게 항상 견제를 당했다. 1599년에는 타이로들이 **다테 가문**과의 혼인을 비난하였고, 고부교들이 목숨을 노리는 사태가 벌어지기도 하였다. 그러나 도요토미 정권 역시 문제가 없는 것은 아니었다. 임진왜란으로 피폐해져 있던 다이묘들은, 국내에 남아서 권세를 부리는 고부교들을 좋게 생각하지 않았다. 같은 해, 가토 키요마사를 비롯한 무단파武断派 무장들이 미츠나리를 습격하여, 미츠나리는 적대 관계인 이에야스에게 중재를 부탁해 간신히 넘어가는 사건이 발생하였다. 미츠나리는 은거 할 수 밖에 없었다.

　　이 사건으로 더 많은 다이묘들이 단번에 이에야스 쪽으로 붙었다. 표면상으로는 도요토미 히데요리를 따르긴 하였으나, 많은 판단을 이에야스에게 맡기게 되었다. 그러나 아직까지 도요토미 쪽 다이묘들도 있기에 방심 할 수 없는 상황이었다. 그래서 이에야스는 하나의 계략을 짰냈다. 1600년 아이즈노쿠니의 **우에스기 카게카츠**에게 모반 혐의를 씌워, 우에스기 정벌을 위해 출정을 한 것이다. 그러나 실제로는 미츠나리를 비롯한 도요토미 쪽의 다이묘들이 거병하도록 재촉하는 것이었다. 이에야스의 계획대로, 미츠나리는 고타이로의 한 명인 모리 테루모토毛利輝元를 총대장으로 거병하였다. 양쪽은 이에야스가 이끄는 동군, 테루모토가 이끄는 서군으로 나뉘어 세키가하라에서 격돌하게 되었다. 이때 병력의 차이를 보면 서군 측의 우세가 확실했다. 그러나 코바야카와 히데아키小早川秀秋를 비롯해 배신하는 무장이 잇따라 나오면서, 서군은 크게 패하였다. 서군 다이묘의 대부분은 영지를 감축 당하고, 도요토미 가문도 3개의 지방을 다스리는 일개 다이묘로 전락하게 되었다.

도쿠가와 이에야스와 이시다 미츠나리

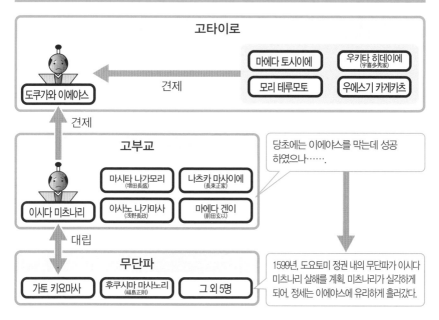

고타이로

도쿠가와 이에야스 ← 견제 ← 마에다 토시이에 / 우키타 히데이에 (宇喜多秀家) / 모리 테루모토 / 우에스기 카게카츠

견제

고부교

이시다 미츠나리 / 마시타 나가모리 (增田長盛) / 나츠카 마사이에 (長束正家) / 아사노 나가마사 (浅野長政) / 마에다 겐이 (前田玄以)

당초에는 이에야스를 막는데 성공하였으나…….

대립

무단파

가토 키요마사 / 후쿠시마 마사노리 (福島正則) / 그 외 5명

1599년, 도요토미 정권 내의 무단파가 이시다 미츠나리 살해를 계획. 미츠나리가 실각하게 되어, 정세는 이에야스에 유리하게 흘러갔다.

세키가하라 전투

이에야스 출정을 기회로 보고 모리 테루모토를 총대장으로 거병

1600년 세키가하라에서 격돌
이시다 미츠나리 / 도쿠가와 이에야스

도요토미 쪽의 거병을 재촉하기 위하여, 우에스기 토벌을 핑계로 출정

주요 참전무장과 그 배치

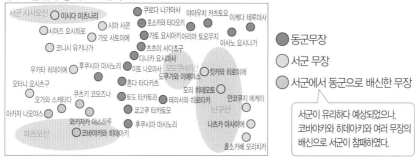

● 동군무장
○ 서군 무장
○ 서군에서 동군으로 배신한 무장

서군이 유리하다 예상되었으나, 코바야카와 히데아키와 여러 무장의 배신으로 서군이 참패하였다.

관련항목

● 나가시노 전투 → No.088
● 다테 마사무네의 등장 → No.094
● 세키가하라 전투 → No.096

203

오사카 겨울의 진, 여름의 진

이에야스는 세키가하라 전투에서 적대세력의 대부분을 죽여버렸다. 그러나 반석 같은 체제를 만들기 위하여, 이에야스는 여러 가지 모략으로 히데요시 가문을 멸망시키려 하였다.

● 천하를 놓고 벌인 마지막 싸움

1603년, 도쿠가와 이에야스는 **조정**에서 명을 받아 **정이대장군**의 자리에 올랐다. 이로써 도쿠가와 막부가 시작되었다. 그러나, 이에야스는 방심하지 않았다. 에도성의 보수나 에도성 죠카마치의 정비를 동서의 다이묘에게 명령해 그들의 재력을 소진하게 만들고, 대규모의 쿠니가에를 실행하여 그들의 군사적 기반을 **빼앗은** 것이다. 게다가 이에야스는 1605년, 스루가노쿠니의 슨부성駿府城에 은거하고, 쇼군의 자리를 아들인 도쿠가와 히데타다德川秀忠에게 물려주었다. 일설에 의하면 쇼군직이 세습이라는 것을 세상에 보여주기 위한 것과 동시에, 오사카에 있는 도요토미 히데요리를 견제하기 위한 의미도 포함되어 있었다고 한다. 그러나 이후 얼마간은 특별한 문제 없이 평화로운 상태가 계속되었다.

그러나 1614년, 생각하지도 못한 사건이 일어났다. 같은 해, 히데요리는 이에야스의 추천으로 아버지 도요토미 히데요시가 세웠던 호코지方広寺를 수리하였다. 그런데 호코지에 봉납된 종이 이에야스에 대한 저주의 담고 있다는 소문이 퍼졌다. 히데요리는 바로 설명을 하기 위해 사자를 보냈으나, 이에야스가 이 기회를 놓칠 리가 없었다. 이에야스는 교묘하게 오사카 측의 내부분열을 유도 하면서, 오사카 측의 병력을 봉기하게 만들었다. 이것이 「오사카 겨울의 진」의 발발이다. 과거 히데요시가 돌봐주던 무장들까지 이에야스의 편으로 돌아서는 상황에서, 히데요리가 있는 오사카성으로 모여든 것은 쵸소카베 모리치카, 사다나 유키무라真田幸村(노부시게信繁)를 비롯한, 낭인이 된 무장 10만 명이었다. 도쿠가와 군은 대군세로 포위망을 좁혀가면서, 몇 가지 조건을 내밀어 강화 조약을 교섭하였다. 최종적으로 오사카 측에서 강화조약을 받아들여 휴전이 성립되나, 이것이 함정이었다. 이에야스는 혼잡한 틈을 타서 오사카성의 요새 기능을 없애버린 것이다.

다음 해인 1615년, 이에야스는 오사카 측이 아직 병력을 쌓아두고 있다는 것을 빌미로, 오사카 정벌을 결정한다. 「오사카 여름의 진」이다. 오사카 측의 무장들이 상당히 분전해 일시적으로는 이에야스 본진까지 공격해 들어가지만, 결국 오사카성은 함락되었다. 이로서 도요토미 가문은 멸망하고, 오사카 측의 무장들도 대부분 처형 당했다. 전국시대의 최후를 알리는 것이었다.

오사카 겨울의 진

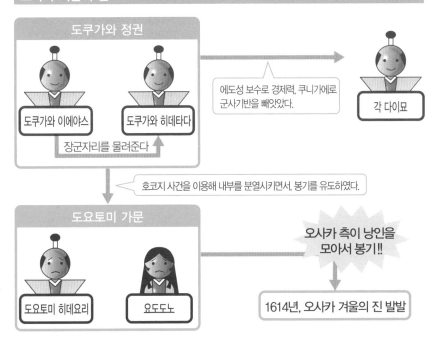

도쿠가와 정권

도쿠가와 이에야스

도쿠가와 히데타다

장군자리를 물려준다

에도성 보수로 경제력, 쿠니가에로 군사기반을 빼앗았다.

각 다이묘

호코지 사건을 이용해 내부를 분열시키면서, 봉기를 유도하였다.

도요토미 가문

도요토미 히데요리

요도도노

오사카 측이 낭인을 모아서 봉기!!

1614년, 오사카 겨울의 진 발발

오사카 여름의 진

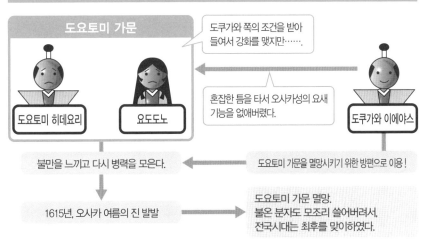

도요토미 가문

도요토미 히데요리

요도도노

도쿠가와 쪽의 조건을 받아 들여서 강화를 맺지만……

혼잡한 틈을 타서 오사카성의 요새 기능을 없애버렸다.

도쿠가와 이에야스

불만을 느끼고 다시 병력을 모은다.

도요토미 가문을 멸망시키기 위한 방편으로 이용!

1615년, 오사카 여름의 진 발발

도요토미 가문 멸망. 불온 분자도 모조리 쓸어버려서, 전국시대는 최후를 맞이하였다.

성(城)에 관련된 기묘한 이야기

때로는 전장이 되고, 때로는 전국무장들의 생활 공간이 되었던 성에는 여러 가지 일화가 남아있다. 그 중에는 초자연적 현상 같은 기묘한 이야기도 많다. 여기서는 이런 기묘한 이야기를 다루어 보도록 하자.

가장 유명한 이야기는, 멋진 성으로 명성이 드높은 히메지성^{姫路城}이다. 축성을 할 때 텐구^{天狗}[1]가 내려와서 조언을 했다는 이야기가 전해 내려오는 이 성은 유령인지, 요괴인지 정체를 알 수 없는 것이 살고 있다. 그 이름은 오사카베히메^{刑部姫}라 한다. 일설에 의하면, 그녀는 도요토미 히데요리의 부인인 센히메^{千姫}의 시녀였다 한다. 그리고 오사카성이 함락 될 때, 주군의 뒤를 따라 죽을 것을 강요당하다 결국 살해되었다 한다. 그러나 죽음을 강요했던 당사자인 센히메는, 자해는 고사하고 무사히 오사카 성에서 살아남아 도쿠가 가문의 중진인 혼다 타다토키^{本多忠刻}의 부인이 되었다. 이를 원망하였는지, 오사카베히메는 원령이 되어 히메지성의 천수에 살게 되었다. 거기에 새로운 성주로 부임 한 것이, 바로 타다토키와 센히메 부부였다. 타다토키는 오사카베히메의 저주로 병에 걸려 요절하고, 센히메도 다급히 에도로 돌아가게 되었다. 그리고 그 이후, 역대 성주들은 새로 부임할 때마다 그녀에게 인사를 하지 않으면 저주에 걸린다고 하였다. 이 일화가 사실인지 아닌지는 알 수 없지만, 현재 히메지성의 천수에는 오사카베묘진^{刑部明神}이라는 신사가 있어서 그녀를 극진히 모시고 있다. 또한 유명한 검호인 미야모토 무사시가 그녀를 토벌하라는 명령을 받았으나 실패했다는 이야기도 있다고 한다.

칸토의 유명한 성 중의 하나인 죠슈타테바야시성^{上州館林城}에도 기묘한 이야기가 남아있다. 놀랍게도 성을 세울 장소를 고른 것도, 설계를 한 것도 여우라고 한다. 이 지방을 다스리던 전국무장인 아카이 테루미츠^{赤井照光}는 좋은 축성 장소를 찾고 있었다. 그런 어느 날, 어린이들에게 괴롭힘을 당하던 새끼 여우를 도와주었다. 새끼 여우는 그 은혜를 갚으려고, 후일 부모 여우와 같이 테루미츠의 앞에 나타나서는 성을 짓기 좋은 자리를 알려주고 꼬리로 성을 설계해 보여주었다고 한다. 여우가 가르쳐 준 대로 성을 지은 것이, 죠슈타테바야시성이다. 또한 여우들은 그 후에도 성을 계속 지켜왔다고 전해져 내려온다.

요괴가 성을 지킨 이야기로는, 시바타 카츠이에의 조카가 세운 마루오카성^{丸岡城}[2]에 관한 이야기도 유명하다. 마루오카성은 카스미가성^{霞ヶ城}의 다른 이름이다. 항상 안개가 성을 지켜준다고 한다. 그러나 카스미가성을 지키는 이유에 대해 확실하게 전해지는 이야기는 없고, 성에 사는 큰 뱀이 안개를 뿜어낸다는 이야기부터 공주가 우물에 몸을 던져서 성이 무사 할 것을 기원했다는 이야기까지 다양하다.

조금 색다른 이야기로는, 예전에 우에스기 가문이 거주했던 죠슈히라이성^{上州平井城}에서 전해져 내려오는 유령과 무장의 사랑이야기가 있다. 당시의 성주였던 우에스기 노리마사^{上杉憲政}는 호죠 가문에 의해 막다른 지경에 몰리게 되었다. 노리마사는 미녀로 소문이 자자했던 딸인 이야코^{伊谷子}에게 좋은 사위를 찾아주려 하였으나, 이야코가 요절하고 노리마사도 호죠 가문에 쫓겨 에치고노쿠니로 피신하였다. 노리마사를 대신하여 죠슈히라이성에 들어온 호죠 나가츠나는 이야코의 소문을 듣고, 유령이라도 좋으니 이야기를 나누어 보고 싶다고 생각하였다. 그 후 그의 염원은 이루어져 나가츠나와 이야코의 유령은, 성에 남아있던 이야코의 방에서 밀회를 거듭하였다. 그러나 둘의 관계를 가신들이 알게 되어, 둘은 재회의 약속을 하고 헤어졌다고 한다.

*1: 하늘을 날아다니며 신통력이 있다고 전해지는, 얼굴이 붉고 코가 큰 상상의 괴물.
*2: 후쿠이현 사카이시에 있는 성. 에도 시대에는 마루오카번(藩)의 중심 관청이었다고 한다.

제 4 장
전국 잡학

전국시대를 알 수 있는 자료1 『신쵸공기』

오다 노부나가의 가신이 쓴 『신쵸공기』. 있는 사실을 그대로 적었기 때문에, 노부나가의 진정한 모습을 알 수 있는 귀중한 자료로 평가된다.

● 우직하게 기록한 노부나가의 일대기

『신쵸공기信長公記』는 오다 노부나가의 가신인 오타 규이치大田牛一가 1610년경에 쓴 책이다. 「있는 사실을 제하지 않고, 없는 사실을 덧붙이지 않는다」라는 태도로 노부나가의 인생과 주위의 모습을 기록하였기 때문에, 오다 노부나가에 대해 알 수 있는 가장 중요한 자료로 평가 받고 있다.

『신쵸공기』는 원래 『신쵸기信長記』라는 제목이었다. 제목이 지금과 같이 바뀌게 된 것에는 조금 복잡한 이유가 있다. 사실은 오제 하안小瀬甫庵이라는 인물이 규이치의 『신쵸기』를 바탕으로 또다른 『신쵸기』를 썼다. 오제가 쓴 『신쵸기』는 글이 재미 있었기 때문에, 원전보다 빨리 세상에 퍼졌던 것이다. 규이치의 『신쵸기』가 세상에 알려진 것은 메이지 시대여서 두 사람의 작품이 혼동 되는 것을 피하기 위해, 규이치가 쓴 『신쵸기』를 『신쵸공기』라 했다고 한다.

신쵸공기는 전 16권으로 되어있다. 내용에 따라 나누어 보면, 소년시대부터 아시카가 요시아키를 옹립하고 쿄라쿠를 목표로 하는 시기까지를 기술한 서장. 쿄라쿠를 하여 요시아키를 쇼군에 앉히는 것을 묘사한 1권~2권, 유력다이묘들에 의해 **노부나가 포위망**이 만들어지는 내용을 기술한 3권~5권, 적대 세력을 각개격파하는 모습을 그린 6권~10권, 잇코슈와 벌인 처절한 싸움을 기술한 11권~13권, 다케다 가문의 멸망부터 **혼노지의 변**이 일어날 때 까지를 기술한 14권~15권으로 나눌 수 있다.

『신쵸공기』의 내용은 과장이 적고, 이야기를 재미있게 만들기 위한 허구를 철저하게 배제하였다. 예를 들면, 통설로는 노부나가군이 **나가시노 전투**長篠の戦い에서 조총의 3단 사격으로 다케다 군에 큰 피해를 입혔다고 알려져 있으나, 『신쵸공기』에는 위와 같은 내용은 기록되어 있지 않다(그러나, 3단 사격이 사실이라는 설도 근거가 깊다). 그렇기 때문에, 앞에서 이야기한 『신쵸기』에 비해 역사가들 사이에서 매우 높은 평가를 받고 있다.

『신쵸공기』란?

오다 노부나가의 가신, 오타 규이치가 쓴 자료. 과장이나 허구를 철저하게 배제한 내용으로, 역사가들에게 높은 평가를 받고 있다.

『신쵸공기』의 원래 제목은 『신쵸기』다?

규이치의 『신쵸기』를 바탕으로, 재미있게 읽을 수 있는 『신쵸기』를 집필. 세간에 널리 퍼졌다.

오제 하안

나중에 세간에 알려진 규이치의 『신쵸기』는 이 책과 혼동 되는 것을 피하기 위해, 『신쵸공기』라 불리게 되었다.

『신쵸공기』의 내용

『신쵸공기』 전 16권

- 서장 (소년 시대부터 1568년 죠라쿠까지)
- 1권, 2권 (아시카가 요시아키를 쇼군으로 만들 때까지)
- 3권~5권 (노부나가 포위망)
- 6권~10권 (적대 다이묘를 격파)
- 11권~13권 (잇코슈와의 싸움)
- 14권, 15권 (다케다 가문의 멸망과 혼노지의 변)

전국시대를 알 수 있는 자료2 『코요군칸』

카이노쿠니에 있던 다케다 가문의 위광을 현세에 알려주는 『코요군칸』. 역사서로는 좋은 평가를 받지는 못하지만, 책의 내용은 많은 사람들의 마음을 사로 잡았다.

● 현재 다케다 가문의 이미지를 만들어낸 자료

『코요군칸甲陽軍鑑』은 **다케다 신겐**의 일족인 츄부 지방의 전국다이묘 다케다 가문의 치세를 중심으로 정리한 군서이다. 코슈류 군사학甲州流軍学[1]에서 성전으로 받들고 있으며, 에도 시대에 널리 알려지게 되었다.

작자는 『코요군칸』에 나와있는 게 사실이라면, 다케다 신겐의 가신이자 다케다 가문에서도 중요한 위치에 있었던 코사카 마사노부高坂昌信와 그의 조카인 카스가 소지로春日惣次郎라고 봐야겠지만 실제로는 여러 가지 설이 있어 확실하지 않다. 마사노부와 그의 가신인 쿄겐 배우 다이쿠라히코쥬로大蔵彦十郎가 정리한 것을 에도 시대의 군사 학자인 오바타 카게노리小幡景憲가 편집했다는 설과, 카게노리 본인이 전국시대의 유명무장인 마사노부의 이름을 빌려서 썼다는 두 가지 설이 유력한 것으로 거론된다.

지금까지 전해내려오는 『코요군칸』은 전 20권 59장으로 구성되어있다. 그 내용은 다케다 가문이 지배한 영지 내의 법률, 다케다 가문의 가훈, 전국시대 당시 전국다이묘들에 대한 인물평가, 재판의 판례, 병법, 유소쿠코지츠有職故実[2], 다케다 신겐의 활약, 그의 아들인 **카츠노리**가 멸망하기까지의 역사 등 매우 광범위 하다.

현재 전해져 내려오는 다케다 신겐과 그 주변의 이미지는 『코요군칸』에 기록된 내용의 영향이 크다고 할 수 있다. 그러나, 『코요군칸』은 역사적 자료로서의 가치는 그렇게 높지 않다. 역사 부분에 있어서, 신뢰성이 높은 다른 자료와 모순되는 점이 있거나 명백히 틀린 기술이 포함되어있기 때문이다. 특히, 다케다 신겐의 명 군사라 알려진 야마모토 칸스케山本勘介에 관한 기록은 코요군칸 이외에서는 거의 찾아 볼 수 없는 점에서, 한때는 그 존재 자체가 의심되기도 하였다. 그러나 전국시대의 분위기를 느끼고 당시의 사람들의 생활을 알 수 있다는 의미에서는, 『코요군칸』은 훌륭한 자료이다. 지금 알려져 있는 전국시대의 무사들의 생활에 관한 이야기는 『코요군칸』에서 인용한 것이 많다.

*주1: 카이노쿠니 다케다 가문의 전술을 이상적으로 보는 군사학. 에도 시대에 크게 성행한 군사학 중의 하나로서 다케다류 군사학, 신겐류 군사학이라고도 불린다.
*주2: 조정이나 무가의 관직 법령 의식 의상 집기 등을 연구하는 학문. 유소쿠(有職)는 과거의 선례에 관한 지식을, 코지츠(故実)는 그 지식의 근거가 되는 사실을 가리키는 말이다.

『코요군칸』 이란?

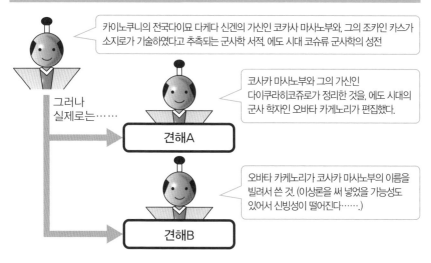

카이노쿠니의 전국다이묘 다케다 신겐의 가신인 코카사 마사노부와, 그의 조카인 카스가 소지로가 기술하였다고 추측되는 군사학 서적. 에도 시대 코슈류 군사학의 성전

그러나 실제로는……

견해A

코사카 마사노부와 그의 가신인 다이쿠라히코쥬로가 정리한 것을, 에도 시대의 군사 학자인 오바타 카게노리가 편집했다.

견해B

오바타 카게노리가 코사카 마사노부의 이름을 빌려서 쓴 것. (이상론을 써 넣었을 가능성도 있어서 신빙성이 떨어진다…….)

『코요군칸』 의 내용

코요군칸
전 20권 59품
(품은 장과 같은 의미)

- 가훈, 분국법, 그 이외의 잡다한 내용
- 전국다이묘의 인물평과 일화
- 유소쿠코지츠
- 다케다 신겐의 연대기
- 무사의 생활이나 예의에 관한 문답 집
- 병법 (군법, 군 예의, 군진 예의 등)
- 재판의 판례집
- 다케다 카츠노리의 연대기
- 이에야스와 히데요시의 대립

관련항목

- 우에스기 켄신과 다케다 신겐의 싸움 →No.084
- 나가시노 전투 →No.088
- 전국시대를 알 수 있는 기타 자료 →No.102

전국시대를 알 수 있는 자료3 『부코야화』

충격적인 내용으로 유명해진 『부코야화』. 그러나, 그 내용에 대한 평가는 역사가에 따라 나뉜다.

● 희대의 발견인가 증오해야 할 위서인가?

『부코야화武功夜話』는 1959년 아이치현 코난시 마에노의 옛집에서 발견이 된 자료이다. 그 내용이 기상천외한 탓에 발견한 요시다 타츠모 씨가 자료의 발표를 꺼려, 1987년 타츠모 씨의 동생인 타미오 씨가 번역본을 출간할 때까지 27년간 세간에는 존재가 알려지지 않았다. 그러나 발표 후에는 역사를 뒤집는 발견이라고 언론에서 극찬하고 수많은 픽션의 소재로도 쓰였다.

『부코야화』는 에도 시대의 거상 요시다 카츠카네吉田雅翼와 그의 딸인 치요죠千代女가 오다 가문, 도요토미 가문에서 일해온 선조 마에노 가문의 무공이 잊혀지지 않도록 기록해 둔 것으로 알려져 있다. 구성은 『부코야화』 21권에 『부코야화습유拾遺』* 8권으로 되어 있고, 이외에 여러 종류의 이본異本도 존재한다. 내용으로는 도요토미 히데요시가 스노마타墨俣에 하룻밤 만에 성을 지은 일에 관한 기술 등, 다른 자료에서 부족한 부분을 보충하는 기록이 많다.

그러나 부코야화에 대한 일부 연구자들의 평가는 대단히 좋지 않다. 메이지 시대 이후의 지명 표기가 등장하거나, 말투나 생각하는 방식이 지나치게 현대적이라는 점 등 에도 시대에 쓰인 자료로서는 기묘한 점이 많기 때문이다. 그렇기 때문에 현재는 『부코야화』를 역사적 자료로서 취급할 것인가에 대해, 연구자들끼리 정반대 입장으로 대립하는 사태가 벌어졌다. 그러나 『부코야화』는 이야기가 재미있고 지금까지의 역사적 자료에서 보이는 공백을 채워 넣는 내용도 많기 때문에, 픽션의 소재로서는 뛰어나다고 할 수 있겠다. 그러나 『부코야화』가 위서로 판명이 날 경우에는 조금 곤란한 일이 생길 것이다. 사실 『부코야화』의 내용 중 일부는, 이미 부코야화와 관계 없이 세간에 역사적 사실로 받아들여졌기 때문이다. 여기에서 부코야화의 진위에 대해서는 다루지 않지만, 자료로 이용할 경우에는 조금 주의를 해야 할 필요가 있는 점은 염두에 두도록 하자.

* 습유란 빠진 것을 보충한다는 의미. 동시에 중국의 당과, 고려 및 조선 전기의 관직명이기도 하다. 본문에서는 보충의 뜻으로 쓰였다.

에도 시대의 거상 요시다 카츠카네와 그의 딸인 치요조가 오다 가문, 도요토미 가문에서 일한 선조 마에다 가문의 무공을 기록한 자료. 다른 자료에는 없는 내용이 많고 내용 자체도 재미있기 때문에, 역사 애호가들의 평가는 높다.

『부코야화』에 관한 상황

긍정하는 연구자
- 역사의 공백을 채워주는 자료
- 내용을 뒷받침 하는 자료도 많다

⬌ 격렬하게 대립

부정하는 연구자
- 지명표기가 이상하다
- 내용이 너무 현대적이다

그러나 많은 내용들이 이미 『부코야화』와는 관계 없이 「역사적 사실」로 인식되었다.

『부코야화』의 내용

『부코야화』 전 21권

- 1권~5권 (오다 노부나가의 죠라쿠까지)
- 6권~9권 (오다 정권과 다른 정권의 투쟁)
- 10권~15권 (노부나가의 계승자 분쟁)
- 16권 (도요토미 히데요시의 칸파쿠 취임 ~ 오다와라 정벌)
- 17권~19권 (임진왜란)
- 20권 (칸파쿠 도요토미 히데츠구 관련)
- 21권 (세키가하라 전투)

부코야화습유 전 8권

- 1권~8권 『부코야화』의 보완

● 전국다이묘와 범죄자 →No.114

전국시대를 알 수 있는 자료4 『일본사』

프로이스가 쓴 『일본사』는 당시 시대의 모습을 알려주는 가장 정확한 자료라 할 수 있다. 그러나 외국인이기 때문에 편견이 섞인 내용도 있다.

● 외국에서 본 전국시대의 일본

『일본사』는 전국시대의 일본을 방문한 **포르투갈인 선교사** 루이스 프로이스가 쓴 책이다. 1583년 일본 국내의 포교 역사를 기록으로 남기기 위해, 사무적 수완이 뛰어나다고 평가된 프로이스가 지목되었다고 한다. 이로서 프로이스는 포교의 제 일선에서는 물러나고, 이후 1597년 나가사키에서 숨을 거둘 때까지 『일본사』의 편집에 전력을 다하였다.

『일본사』는 서문인 일본 66국지, 당시의 일본인의 생활을 묘사한 일본총론, 그리고 세 파트로 나뉘어져 있는 본문으로 구성되어 있다(서문은 미발견, 일본총론은 목차만 발견 됨). 외부인의 시각에서 본 전국시대의 일본을 알 수 있는 귀중한 자료이지만, 선교사의 관점에서 사물을 보는 차별적인 시각이 존재하기 때문에 이 부분은 제외하고 생각을 해야 할지도 모르겠으나, 현재 오다 노부나가의 이미지는 『일본사』의 영향이 크다고 할 수 있다.

그러나, 『일본사』는 20세기가 가까워 질 때까지 존재가 확인되지 않았다. 루이스 프로이스가 『일본사』를 썼다는 사실은 알려져 있었으나, 원고가 발견 되지 않았던 것이다. 그도 그럴 것이, 『일본사』는 다른 자료에 섞여서 흩어져 있었던 것이다.

『일본사』는 원래 완성되자마자 로마로 보낼 예정이었다. 그러나 프로이스의 상사인 발리냐뇨가 간략한 정리를 요구하여, 결국 로마로 보내지지 않고 프로이스의 손 안에 남게 되었다. 프로이스가 죽고 나서 『일본사』는 천주교 박해를 피해 마카오로 옮겨지지만 그 가치를 알아주는 사람도 없이 상 파울로 학원의 서고에 방치 되었다. 18세기에 들어와서 『일본사』는 다른 자료와 함께 필사 되었지만, 이때 원래와는 다른 형식으로 편집이 되어 『일본사』로서의 형태를 잃어버리게 되었다. 원본도 1835년 상 파울로 학원이 소실될 때 같이 없어져, 『일본사』는 긴 잠에 빠지게 되었다.

『일본사』란?

예수회 선교사인 루이스 프로이스가 작성한 일본 포교사. 외국인의 시점에서 본 전국시대의 일본을 알 수 있는 귀중한 자료이다.

『일본사』가 발견 될 때까지의 상황

1593년
완성되나 마카오에서
방치된다.

1742년~1894년
본래와 다른 형태로 필사가
되어, 각지로 분산.

1894년
제 1부가 『일본사』로서
재발견 된다.

『일본사』의 내용

『일본사』
서문
일본총론 (37장)
제 1부 (111장)
제 2부 (132장)
제 3부 (56장)

- 서문 (미발견)
- 일본총론 (목차만 발견)
- 제 1부 (1549년~1578년까지의 기록)
- 제 2부 (1578년~1589년까지의 기록)
- 제 3부 (1589년~1593년까지의 기록)

관련항목

● 전국시대를 알 수 있는 기타 자료 →No.102   ● 전국다이묘와 남만인 →No.111

전국시대를 알 수 있는 기타 자료

전국시대를 알기 위해 빼놓을 수 없는 수많은 자료들. 여기서는 그 중 몇 가지를 소개하고자 한다.

● 지금도 남아있는 여러 가지 자료

전국시대의 일화나 상황을 알 수 있는 자료는 지금도 많이 남아있다. 여기서는 이러한 자료들을 소개해 보고자 한다.

전국시대를 알 수 있는 자료는 종류에 따라 몇 가지로 구분된다. 자료로서 높은 가치를 지니는 것으로 먼저 고문서를 꼽을 수 있다. 고문서는 당시 발행한 공식문서나 전국무장들의 편지, 가계도 등이 있다. 유명한 것으로는 국보로 지정된『우에스기 가문서』와, 마찬가지로 국보인『시마즈 가문서』등이 있다.

다음으로 자료로서 가치가 높은 것으로는 일기, 실록을 들 수 있다. 일기는 말 그대로 당시의 사람들이 적은 일기, 실록은 일기보다 더 객관적으로 사실을 써 놓은 것이다. 무사의 일기인『우와이 카쿠켄 닛키上井覚兼日記』나『마츠다이라 이에타다 닛키松平家忠日記』, 궁정 귀족의 일기인『코토츠구쿄키言経卿記』, 신도 가문의 일기인『카네미쿄키兼見卿記』등이 있고, 실록으로는 오타 규이치의『신쵸공기』나『다이코사마군키노우치大かうさまくんきのうち』(도요토미 히데요시 일대기)를 들 수 있다.

위와 같은 자료보다 역사적 자료로서의 가치는 떨어지지만 비망록이나, 키키가키聞書[1]가 있다. 비망록은 자신이 체험한 일을 적을 것으로 실록과 거의 비슷하다. 키키가키는 말 그대로 다른 사람에게 들은 것을 정리한 것이다. 그러나 이 둘은 때때로 혼동되어, 같은 것으로 다루어지는 경우도 많다. 비망록과 키키가키로 유명한 것은『부코잣키武功雑記』나『비젠로진모노가타리備前老人物語』,『미카와모노가타리三河物語』등이 있다.

이러한 자료에 비하여 더욱 더 자료적 가치로서의 평가가 낮은 것이 군키모노軍記物[2]이다. 성립 연대가 에도 시대 이후이고, 허구도 많이 포함 되어있기 때문이다.『신쵸기信長記』,『타이코기太閤記』,『오다와라호죠키小田原北条記』,『아자이산다이기浅井三大記』등이 있는데, 다른 자료에는 없는 정보도 많기 때문에 무시 할 수만은 없는 자료라고 할 수 있겠다.

*1: 들은 것을 기록하는 것. 기록한 문서.
*2: 전쟁을 주제로 만들어진 이야기나 소설.

전국시대를 알 수 있는 자료의 종류와 가치

고문서

상세 : 당시 발행된 공식 문서나 전국무장의 편지, 가계도 등.

자료로서 가치 : 가장 높다.

주요 자료 : 『우에스기 가문서』, 『시마즈 가문서』

일기, 실록

상세 : 일기는 개인적 감상, 실록은 객관적인 관점으로 발생한 일을 기술한 것.

자료로서 가치 : 높다.

주요 자료 : 일기 『우와이 카쿠켄 닛키』, 『마츠다이라 이에타다 닛키』, 『코토츠구쿄키』, 『카네미쿄키』 등.
　　　　　　　: 실록 『신쵸공기』, 『다이코사마군키노우치』

비망록, 키키가키

상세 : 비망록은 실록에 가깝고, 키키가키는 다른 사람에게 들은 이야기를 적은 것이다.

자료로서 가치 : 조금 높다.

주요 자료 : 『부코잣키』나 『비젠로진모노가타리』, 『미카와모노가타리』 등

군키모노

상세 : 에도 시대 이후에 작성된 허구.

자료로서 가치 : 다른 자료의 내용을 보충해주는 경우도 있기 때문에 무시 할 수는 없다.

주요 자료 : 『신쵸기』, 『타이코기』, 『오다와라호죠기』, 『야자이산다이기』

관련항목

● 전국시대를 알 수 있는 자료1 『신쵸공기』 → No.098
● 전국시대를 알 수 있는 자료2 『코요군칸』 → No.099
● 전국시대를 알 수 있는 자료3 『부코야화』 → No.100
● 전국시대를 알 수 있는 자료4 『일본사』 → No.101

전국다이묘와 천황, 궁정 귀족

무사의 대두 이후, 궁정 귀족들은 유명무실한 존재가 되어갔다. 전국시대는 그들에게 있어서도 가혹한 시대였다.

● 귀족의 이미지와는 동떨어진 전국시대의 궁정 귀족

궁정 귀족은 조정에서 일하는 귀족들을 총칭하는 말이다. 원래는 조정 자체를 가리키는 말[*1]이었으나, 무사의 대두로 무가武家라는 말이 생겨나면서 이에 반대되는 의미로 귀족을 가리키는 명칭으로 정착했다. 귀족이라 하면 화려한 문화적 생활을 즐길 것이라 생각하지만, 전국시대에는 여유로운 생활을 할 수 없었다고 한다. 그들의 수입원인 장원에서 나오는 세금을 현지의 호족에게 빼앗겨서, 금전적으로 매우 어려웠다. 조정의 정점에 있는 천황가에서도 대가 바뀔 때 치르는 중요한 의식을 중지해야 할 정도의 상황이었다고 한다(이에 대해서는 다른 의견도 존재한다). 그렇기 때문에, 많은 궁정 귀족들은 집안 대대로 내려오는 관직이나 법령, 의식 등의 지식이나 와카에 관한 지식을 조금씩 팔아가며 생계를 이어가야만 했다고 한다.

경제적으로 곤란한 궁정 귀족들을 후원한 것은 전국무장들이었다. 전국무장 중에 궁정 귀족 풍의 문화를 사랑하고, 그들로부터 여러 가지를 배우려는 자들이 많았다. 실제로 궁정 귀족의 문화를 더없이 사랑했던 호쿠리쿠 지방의 다이묘 **아사쿠라 가문**이나 츄고쿠 지방의 다이묘 **오우치 가문**의 죠카마치에는 쿄토에서 내려온 많은 궁정 귀족들이 살았다고 한다.

이러한 궁정 귀족들 사이에서도 특별히 이색적인 인물이, 코노에 마에히사近衛前久이다. 그는 유력 귀족인 고셋케五攝家(후지와라 가문 중에서도 특히 세력이 있는 코노에, 쿠죠九条, 타카츠카사鷹司, 이치죠一条, 니죠二条) 출신으로, 19세에 칸파쿠의 자리에 올랐을 정도로 매우 우수한 인재였다. 그러나 칸파쿠의 자리에 있으면서도 **우에스기 켄신**의 밑에서 군사로 일하는 등, 약간 특이한 인물이었다. 이 후에도 **아시카가 쇼군 가문**과의 불화로 각지를 유랑하여, 각지의 문화 발전에 공헌하였다. 오다 노부나가와도 교류가 있었으나 **혼노지의 변**에 가담한 것이 아닌가 의심을 받게 되어, 도요토미 히데요시와 험악한 사이가 되었다. 이후 도쿠가와 이에야스의 밑에 몸을 맡겼으나 그가 사회에 공헌한 역할에 비해, 그의 만년은 쓸쓸했다고 한다.

* 실제 표기는 공가(公家).

전국시대의 천황, 궁정 귀족의 상황

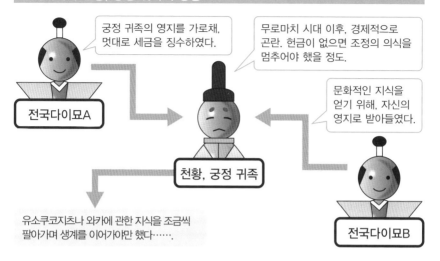

궁정 귀족의 영지를 가로채, 멋대로 세금을 징수하였다.

무로마치 시대 이후, 경제적으로 곤란. 헌금이 없으면 조정의 의식을 멈추어야 했을 정도.

문화적인 지식을 얻기 위해, 자신의 영지로 받아들였다.

전국다이묘A

천황, 궁정 귀족

전국다이묘B

유소쿠코지츠나 와카에 관한 지식을 조금씩 팔아가며 생계를 이어가야만 했다……

코노에 마에히사의 일생과 전국다이묘

1536년 : 칸파쿠 코노에 타네이에(近衛稙家)의 아들로 태어난다.

1554년 : 칸파쿠 좌대신에 취임.

1560년 : 친하게 지내게 된 우에스기 켄신의 칸토 진출을 돕기 위해 에치고노쿠니로 내려감.

1562년 : 켄신의 칸토 진출이 실패하자 쿄토로 복귀.

1568년 : 오다 노부나가가 죠라쿠. 전 쇼군 암살에 연관되었다고 하여 추방된다. 칸파쿠 사임 후, 혼간지켄뇨(本願寺顕如)에 의지해 노부나가 포위망에 참가한다(이후 이탈).

1575년 : 노부나가의 주상(奏上)*으로 쿄토 복귀가 허가되어, 이후 깊은 교우가 이루어 진다. 노부나가의 신뢰를 받아 큐슈 지방으로 내려가서, 큐슈 지방 다이묘들의 화친을 꾀한다.

1582년 : 혼노지의 변에 관여한 것으로 의심을 사게되어, 도요토미 히데요시에게 추궁 당하였다. 도쿠가와 이에야스에 의지해, 토오토우미노쿠니로 내려간다.

1583년 : 이에야스의 중재로 쿄토에 복귀함.

1584년 : 히데요시와 이에야스의 불화로 인해 잠시 나라노쿠니로 내려간다.

1612년 : 아들과의 불화로 실의에 빠져, 은거하고 있던 토잔지쇼지(東山慈照寺)에서 사망한다.

* 천황에게 의견이나 사정을 아뢰는 일. 상주(上奏)라고도 표기.

관련항목

- 전국무장과 조정의 관직 →No.015
- 전국시대 초기의 호쿠리쿠 지방 →No.077
- 전국시대 초기의 츄고쿠 지방 →No.081
- 우에스기 켄신과 다케다 신겐의 싸움 →No.084
- 혼노지의 변 →No.089
- 전국다이묘와 쇼군가 →No.104

전국다이묘와 쇼군가

성립 당시부터 권력 기반이 약했던 아시카가 쇼군가. 그러나 여러 가지 방책이나 이권이 그들의 지위를 지켜냈다.

● 쇼군가가 살아남은 이유

무로마치 막부 성립 당시부터, 쇼군가는 미묘한 입장이었다. 무로마치 막부는 이전의 가마쿠라 막부나 나중에 설립되는 에도 막부에 비하여 정치적 기반이 약한데다 각지를 다스리는 유력 슈고 연합이 있어서, 마치 파도를 타는 것과 같은 불안한 상황이었다. 3대 쇼군인 아시카가 요시미츠足利義滿까지는 뛰어난 정치적 수완으로 이러한 상황을 잘 넘겼다. 그러나, 그 이후 무로마치 막부의 권위는 점차 약해져 갔다.

이런 상황에서도 쇼군가가 존재 할 수 있었던 이유 중 한 가지는, 오반슈御番衆라 불리는 직속의 친위대를 조직한 덕분이었다. 또 한 가지는 쇼군가를 정점으로 하여 의례적 질서를 확립한 것을 들 수 있다. 10대 쇼군인 아시카가 요시키가 그의 후원자였던 칸레이 호소카와 마사모토에 의해 추방 당했을 때 오반슈는 해체되고 말았지만, 의례적 질서는 쇼군의 존재를 계속해서 지켜냈다. 대부분의 전국무장들은, **관직**이나 명예적 특권(말의 안장에 특정한 표식을 다는 것 등)을 원하는 경향이 있었다. 그리고 이러한 특권을 얻기 위해서는 쇼군가의 허가가 필요하였다. 이 때문에 무장들은 쇼군가의 존재를 필요로 하였다.

거기에 쇼군가를 존속하게 한 커다란 이유가 된 것은, 정치적 수단으로서의 쇼군이 가진 강력한 힘이었다. 추방당한 **쇼군**을 대의명분으로 내세워 쿄토에 입성한다는 것은, 천하를 호령하는 지위에 오르는 지름길이었기 때문이다. 칸레이 가문인 호소카와 가문을 비롯하여, 츄부 지방의 다이묘인 오우치 가문, 시코쿠 지방에서 킨키 지방으로 진출한 미요시 가문, 그 밑에 있는 마츠나가 가문松永氏, 그리고 오다 노부나가도 쇼군을 손에 넣는 것으로 천하를 손에 넣었다. 반대로, 호쿠리쿠 지방의 **아사쿠라 가문** 같이 쇼군을 손에 넣고도 스스로 움직이지 않아서 기회를 놓친 경우도 있다. 그러나 이러한 쇼군의 가치가 통용된 것은, 각지의 다이묘가 할거한 시대에 국한되었다. 전국 통일을 눈 앞에 둔 노부나가에게, 쇼군가는 귀찮은 존재에 지나지 않았기 때문에 둘 사이의 관계가 악화된 시점에서 멸망하고 말았다.

전국시대에 쇼군가가 계속 존재 할 수 있었던 이유

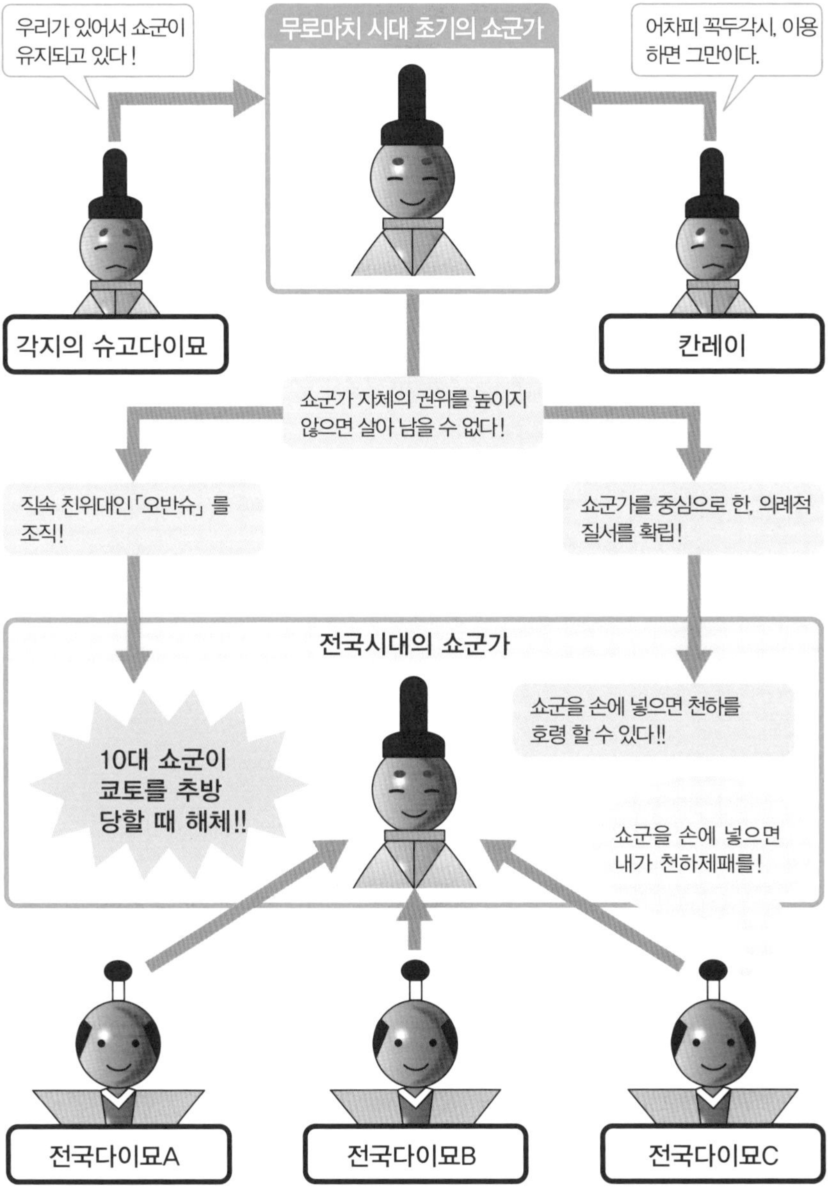

우리가 있어서 쇼군이 유지되고 있다!

무로마치 시대 초기의 쇼군가

어차피 꼭두각시. 이용하면 그만이다.

각지의 슈고다이묘

칸레이

쇼군가 자체의 권위를 높이지 않으면 살아 남을 수 없다!

직속 친위대인 「오반슈」를 조직!

쇼군가를 중심으로 한, 의례적 질서를 확립!

전국시대의 쇼군가

10대 쇼군이 쿄토를 추방 당할 때 해체!!

쇼군을 손에 넣으면 천하를 호령 할 수 있다!!

쇼군을 손에 넣으면 내가 천하제패를!

전국다이묘A

전국다이묘B

전국다이묘C

관련항목

● 전국무장과 무로마치 막부의 관직 →No.016
● 전국시대 초기의 쇼군과 그 주위의 상황 →No.074
● 전국시대 초기의 호쿠리쿠 지방 →No.077
● 노부나가 포위망 →No.087

전국다이묘와 불교계

부처를 섬기며, 민중을 평화로운 세상으로 이끄는 것이 승려의 임무이다. 그러나 전국시대의 승려는 무장과 다를 바 없이, 어지러운 세상에서 권력을 휘둘렀다.

● 혼란스러운 불교계

세상이 혼란스러우면 종교가 힘을 가지게 되는 건 흔히 있는 일이다. 그러나 가마쿠라 시대 이전 대부분의 전통 불교는 힘을 잃고 있었다. 전국시대에 위세를 떨치는 불교는 선종, 지슈時宗, 진언종, 천태종, 정토진종, 법화종(니치렌슈日蓮宗)이다. 특히 선종은 전국다이묘들과 관계가 깊어서, 다이묘들에게 큰 영향을 주었다. 다이묘들은 전투에서 벌이는 살생을 비롯한 죄업이 소멸되기를 기원하며 자기 자신이나 아들을 출가시키거나, 전투에서 승리를 기원하며 기도를 올리기도 하였다. 또한, 선종의 사원은 무사의 **학습기관** 역할을 하기도 하였다. 그 때문인지, 선종의 승려가 다이묘의 가신으로 활약한 예도 적지 않다. 토카이 지방의 다이묘인 이마가와 요시모토 밑에서 일하였던 타이겐 셋사이大源雪斎는, 그의 **군사**로서 여러 방면으로 활약했다고 한다.

선종과는 다른 형식으로 다이묘와 깊은 관계를 맺은 것은 지슈였다. 지슈의 승려들은 **진승**陣僧으로 전장에 종군하였다. 진승은 원래 신자들의 죽음을 지켜보고, 임종 시 경을 읽어주는 일을 하였다. 그러나 차츰 의사나 사자로서의 역할을 하게 되었다. 특히 사자의 역할은 중요하여, 화친 교섭이나 항복 통보와 같이 중요한 사안에는 그들이 사자의 역할을 맡는 경우가 많았다고 한다.

진언종, 천태종과 같은 밀교계 사원은 당시 최대 파벌중의 하나여서, 다이묘들의 신앙도 두터웠다. 독자적으로 군사적 힘도 길러 놓아서, 정치에 간섭하는 일도 많았다고 한다. 천태종은 노부나가와 킨키 지방의 다이묘 **아자이 나가마사**와의 전투에서 아자이의 편에서 싸웠기 때문에, 노부나가가 본산인 엔랴쿠지延暦寺를 불태워 버렸다. 또한 신흥 종파, 특히 정토진종, 법화종과는 견원지간이어서 빈번이 탄압을 가했다고 한다.

정토진종, 법화종은 지방무사와 일반 서민을 중심으로 널리 퍼진 종교로, 권력자와는 극단적으로 성질이 맞지 않았다. 그들이 단결하여 농민 반란을 일으키는 일이 많았다고 한다.

전국다이묘와 불교계의 관계

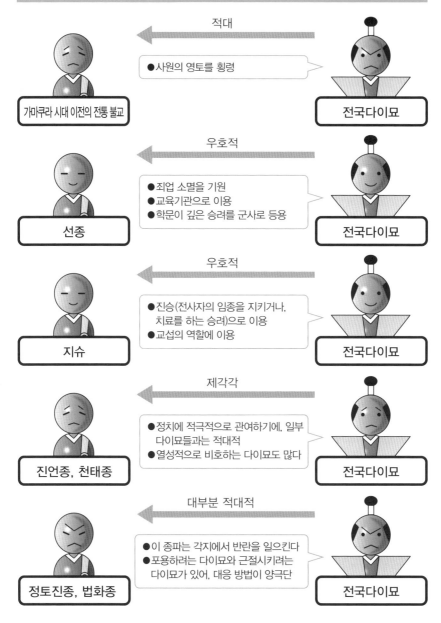

적대
●사원의 영토를 횡령

가마쿠라 시대 이전의 전통 불교 ← 전국다이묘

우호적
●죄업 소멸을 기원
●교육기관으로 이용
●학문이 깊은 승려를 군사로 등용

선종 ← 전국다이묘

우호적
●진승(전사자의 임종을 지키거나, 치료를 하는 승려)으로 이용
●교섭의 역할에 이용

지슈 ← 전국다이묘

제각각
●정치에 적극적으로 관여하기에, 일부 다이묘들과는 적대적
●열성적으로 비호하는 다이묘도 많다

진언종, 천태종 ← 전국다이묘

대부분 적대적
●이 종파는 각지에서 반란을 일으킨다
●포용하려는 다이묘와 근절시키려는 다이묘가 있어, 대응 방법이 양극단

정토진종, 법화종 ← 전국다이묘

관련항목

● 전국무장은 어떤 것을 배웠는가? →No.027
● 군사는 어떤 일을 하였는가? →No.037
● 전투 종료 후에는 어떠한 일을 했는가? →No.061
● 노부나가 포위망 →No.087

전국다이묘와 잇코슈

다이묘와 어깨를 나란히 할 정도의 힘을 가지고 있던 잇코슈. 그들이 중심이 되어 일으키는 반란은 다이묘에게 있어 골칫거리였다.

● 용인을 할 것인가, 철저하게 탄압할 것인가

잇코슈는 가마쿠라 시대에 부흥하였던 정토진종의 일파로서, 혼간지파(本願寺派)라는 이름으로 불렸다. 잇코슈의 이름은 「오로지(一向) 아미타불을 믿는다」는 교리에서 유래되었다고 한다.

잇코슈의 특징은 승려를 중심으로 한 코(講)라 불리는 상호부조 조직이다. 코의 존재가 신자들 간의 횡적 관계를 강화하여, 잇코슈 자체가 번영하는데 기여한 것이다. 전국시대에 잇코슈는 킨키 지방, 토카이 지방, 호쿠리쿠 지방, 그리고 토호쿠 지방에서 급속히 세력을 키웠다. 이 지역에는 다이묘를 따르지 않는 지역 무사나 농민을 중심으로 한 소(惣)라는 자치 조직이 있어, 이것을 교묘하게 코와 연결 시킨 것이다. 그러나 이것이 잇코슈의 성격을 왜곡시키게 된다. 코의 중심이 된 지역 무사나 농민들이, 영토 지배를 강화 하려는 다이묘와 대립하기 시작한 것이다. 최종적으로 잇코슈는 승려, 지역 무사, **상인**, **농민**과 같은 사람들을 중심으로 한 종교적 자치조직으로 변하여 **카가노쿠니**, 셋츠노쿠니, 에치젠노쿠니 등을 지배하는 세력으로 성장하였다.

그러나 혼간지의 우두머리인 렌뇨(蓮如)와 그의 아들인 켄뇨(顕如)는, 처음에는 「다이묘에 반발하지 않는다」는 입장을 취하였다. 그러나 잇코슈를 위험하게 여긴 다이묘와의 대립과, 1570년 오다 노부나가가 내린 이시야마혼간지의 파괴 명령을 계기로 단번에 다이묘와 대립 노선을 강화하였다.

잇코슈의 움직임에 대하여, 다이묘들의 반응은 양극단이었다. 오다 노부나가나 도쿠가와 이에야스, 큐슈 지방의 다이묘인 시마즈 가문이나 사가라 가문은 장기간에 걸쳐 잇코슈와 대립하였다. 특히 노부나가는 1580년 켄뇨가 항복을 할 때까지, 약 10년간 잇코슈와의 싸움 때문에 골치를 앓았다고 한다. 한편 아자이 나가마사나 칸토 지방의 다이묘인 호죠 가문과 같이, 잇코슈를 보호한 다이묘도 적지 않다. 그들은 자신들과 대립하는 다이묘가 잇코슈와도 대립하는 것을 이용하여 어부지리를 얻으려 한 것이다.

잇코슈는?

잇코슈

정토진종의 일파인 혼간지파의 별칭.
「오로지 (一向) 아미타불을 믿는다」 라는 교리에서 유래하여 잇코슈라 불렀다.

코 (잇코슈의 조직)	거두어 들임 →	소
승려를 중심으로 한 신자들 간의 상호부조 조직.		지역 무사나 농민을 중심으로 한 자치 조직. 다이묘와는 적대적 관계.

조직의 성격이 변화

승려, 지역 무사, 상인, 농민을 중심으로 한 종교적 자치조직이 되어 전국다이묘와 어깨를 견주는 세력을 손에 넣는다. 그러나 다이묘와의 관계는 급속도로 악화 된다……

전국다이묘와 잇코슈

격한 대립

적대적 다이묘

잇코슈

적대 다이묘와 싸우도록 보호

우호적 다이묘

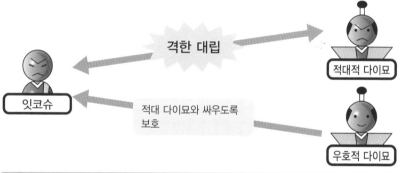

잇코슈에 의한 주요 반란

1488~1580년 카가 지방의 반란

1574년, 1575년 에치젠 지방의 반란

1570년~1580년 이시야마 전투

1570년~1574년 나가시마 지방의 반란

1563년~1564년 미카와 지방의 반란

전국다이묘와 신토계

전국다이묘들은 어떠한 일이든 길흉을 따지는 경우가 많았다. 일본 고유의 종교인 신토 역시, 그들의 신앙적 대상으로 여러 가지 영향을 받았다.

● 전환기를 맞이한 신토계

세력을 확대하고 전국다이묘들과 겨루던 **불교계**와 비교하여, 전국시대의 신토계는 거대한 세력으로 발전하지는 못하였다. 불교와 신토를 융합한다는 사상으로 불교계에 흡수되어, 한 단계 아래 취급을 받았기 때문이다. 게다가 이 시기의 신토계는 무로미치 막부의 비호를 더 이상 받지 못하고, 다이묘들에게 영지를 횡령 당하여 대단히 황폐해졌다. 츄부 지방의 스와 가문과 같이 전국다이묘가 된 경우도 있었으나, 이것은 극히 일부분의 유력 신사 관계자에 국한되었다.

그러나, 이러한 신토계의 상황은 각지의 유력 신사에게는 아무 관계가 없는 이야기였다. 무장들은 자신들의 조상신을 모시고, 영지 안의 유력 신사에 여러 가지 소원을 빌며 극진히 대접하고 보호하였다. 게다가 전국시대가 시작되기 조금 전 시기부터 이세(伊勢)나 쿠마노(熊野), 하쿠산(白山), 하치만(八幡)과 같은 신사의 참배가 무사나 서민들 사이에서 유행하였다. 일설에 의하면, 오시(御師)라 불리는 하급신관이 각지를 돌며 유력신사의 효험을 설명하였기 때문이라고도 한다. 그 중에서 쿠마노는 여성의 참배가 허락되는 보기 드문 신사였기에, 수많은 지방 무사들의 아내나 딸이 참배하였다고 한다.

그러나 신토계의 현 상태가 납득되지 않는 인물도 있었다. 요시다(우라베卜部) 카네토모(吉田兼俱)이다. 카네토모는 원래 쿄토 요시다 신사에서 일했다. 그가 일하는 신사는 오닌의 난으로, 형태조차 남지 않을 정도로 황폐해졌다. 이러한 상황에서 카네토모는 신토, 불교(특히 밀교), 유교, 도교, 음양도와 같은 여러 종교를 받아들여 소겐신토(唯一宗源神道)를 창설하고, 불교계에서 떨어져 나와 신토계를 통일하려 하였다. 카네토모는 우선 여러 신사의 신들을 요시다 신사에서 모시고, 요시다 신사가 신토계에서도 특별한 존재라고 주장하였다. 거기에 궁궐을 드나들며 능란하게 궁정 귀족이나 유력 다이묘를 끌어들여, 요시다 신사가 신사계의 총괄이라는 입장을 확립하였다. 이후, 메이지 시대까지 요시다 신사는 크게 융성하였다.

전국시대 신토계의 상황

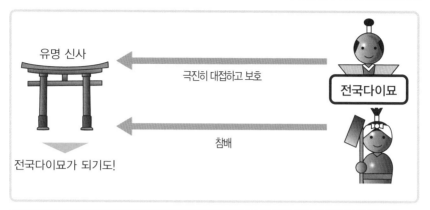

유명 신사

극진히 대접하고 보호

전국다이묘

참배

전국다이묘가 되기도!

불교계

한 단계 아래로 취급

일반신사

영지를 횡령

전국다이묘

피폐화

요시다 카네토모와 요시다 신사

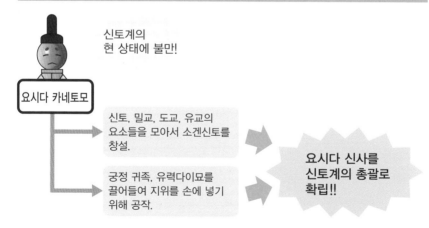

요시다 카네토모

신토계의
현 상태에 불만!

신토, 밀교, 도교, 유교의
요소들을 모아서 소겐신토를
창설.

궁정 귀족, 유력다이묘를
끌어들여 지위를 손에 넣기
위해 공작.

요시다 신사를
신토계의 총괄로
확립!!

관련항목

● 전국무장의 하루 →No.025
● 전국무장에겐 예의범절이 중요하다? →No.033
● 전국시대 초기의 츄부 지방 →No.078
● 전국무장과 불교계 →No.105

전국다이묘와 문화인

이전까지 문화란 일부 권력자들만의 것이었다. 하지만, 무가나 상인이 힘을 가지게 된 전국시대에는 새로운 조짐과 함께 다채롭게 진화하였다.

● 새로이 문화를 이끌어간 사람들

전국시대는 여러 분야에 있어서 전환기였다. 문화 역시 예외가 아니었다. 전국시대가 되기 전까지 문화를 이끌어 간 것은 궁정 귀족과 종교계, 쇼군가와 같은 일부의 권력자들에 국한되었다. 그러나 전국시대에는 이러한 구조가 무너져서, 지방 무사나 서민들이 예술을 이끌어 가는 새로운 세력으로 등장하게 되었다. 그 중에서도 가장 강력하게 문화를 이끌어간 것이, 전국다이묘와 **거상**들이었다.

다이묘들은 여러 분야의 문화인들을 후원하였다. 축성은 건축, 회화 등의 분야에 커다란 영향을 미치며 고용을 창출하였다. 또한 각 다이묘들이 있는 **죠카마치**의 발달은 지방문화의 발전에 공헌하였다. 거기에 노와 쿄겐, 렌카 같은 예능 분야의 경우, 다이묘들의 오락으로 받아들여져서 많은 원조를 받았다. 오다 노부나가나 도요토미 히데요시는 문화인 중에서 가장 뛰어난 인물에게 천하제일의 칭호를 내렸다. 히데요시는 자신의 출신에 열등감을 느낀 것인지 특히 예술과 문화에 열중하였고, 천하를 지배하게 된 뒤에는 스스로 노나 쿄겐을 배워서 여러 작품을 남겼다. 그러나, 이 작품들에 대한 평가는 그다지 좋지 않았다.

거상 역시 다이묘와 마찬가지로 문화인들의 후원자였다. 그러나 자기 자신이 유명한 문화인으로 활약한 경우도 많았다. 다도를 지금의 형태로 완성시킨 것이 바로 그들이다. 이후 다도는 노부나가에 의해 정치적 도구로 이용되지만, 다도의 중심은 어디까지나 거상들이었다. 타케노 조오武野紹鴎, 센노 리큐, 이마이 소큐今井宗久 같은 인물은 특히 유명하여, 리큐나 소큐는 히데요시가 열었던 대다회大茶会에 참가하기도 했다.

조금 특이한 경우로는, 전국무장에서 문화인이 된 사람도 있다. 노부나가, 히데요시의 밑에서 일하였던 무장 후루타 오리베古田織部는 다도인으로, 킨키 지방의 다이묘인 아자이 가문의 가신 카이호 유쇼海北友松는 카노狩野派*의 화가로서 지금도 알려져 있다.

---

* 일본 역사상 최대의 회화파. 카노 일족을 중심으로 하여 대를 이어 내려오는 형태로 무려 4세기 이상 유지되었다. 우키요에가 유행하기 이전까지 일본을 대표하는 화풍이라 할 수 있다.

문화를 이끌어가는 계층의 변화

전국시대 이전까지

궁정 귀족
쇼군가
승려

조정과 막부의 힘이
약해지는 한편,
무사나 서민들의
경제력이 높아졌다.

전국시대 이후

지방 무사
거상
서민

전국다이묘와 문화인의 관계

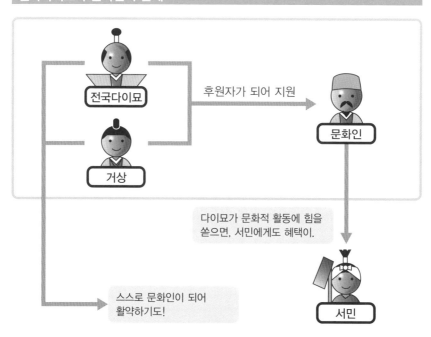

전국다이묘

거상

후원자가 되어 지원

문화인

다이묘가 문화적 활동에 힘을
쏟으면, 서민에게도 혜택이.

스스로 문화인이 되어
활약하기도!

서민

관련항목

● 전국무장은 어떤 오락을 즐겼는가? →No.021
● 전국시대에 번영한 대도시 →No.068
● 전국시대 초기의 킨키 지방 →No.080
● 전국다이묘와 상인 →No.109

전국다이묘와 상인

전국시대에는 다이묘의 여러 가지 정책에 의하여, 경제활동이 대규모의 발전을 이루었다. 그것은 상인에게 있어서도 비약의 시대였다.

● 전국시대를 지탱한 숨은 주역

전국시대, 무사와 어깨를 나란히 할 정도의 막대한 권력을 손에 넣은 것은 상인들이었다. 전국시대는 전투나 전국다이묘가 지배하는 영지의 경영을 위해 대량의 물자를 필요로 하는, 대량 소비의 시대였다. 상인들은 대량 소비를 배경으로 막대한 힘을 쌓았다. 결국에는 상인들의 협력이 없으면, 영토를 경영하는 것이 불가능할 정도가 되었다.

출하 정지는 상인의 힘을 보여주는 좋은 예시이다. 출하 정지란, 다이묘에게 의뢰를 받은 거상이 대상의 세력으로 가는 상품의 유통을 막는 일을 가리킨다. 다케다 신겐은 주위의 세력에게 소금을 출하 정지 당하여 곤경에 빠지기도 했다. 이 정도로 막대한 위력이었다.

그렇기에 전국다이묘들은 자신의 세력권 안의 상인을 통괄하고 다른 세력에서 유입되는 상인들을 환영하였다. 이것을 가장 잘 보여주는 것이 오다 노부나가와 같은 유력한 다이묘가 실행하였던 라쿠이치라쿠자 정책이다. 전국시대의 상인들은 좌라 불리는 동업자 간의 조합을 만들어서, 좌에 참가하지 않은 상인들을 배제하여 이익을 독점하였다. 다이묘들도 특산품 시장을 장악하고, 좌의 특권에 걸맞는 **세금**을 거두고 있었다. 이러한 구조로는 다른 세력의 상인을 불러들일 수가 없다. 그래서 새로 얻은 영지 등의 일정 지역을 개방하여, 좌에 참가하지 않는 다른 세력의 상인들도 자유롭게 상행위를 할 수 있게 한 것이다.

이렇게 상인들을 우대한 다이묘들이었으나, 이에 그치지 않고 강력한 세력을 가진 거상들을 어용 상인으로 고용하고 그들을 감쌌다. 어용 상인의 지위는 매우 높아서, 유력한 가신과 동등한 대우를 받았고 때로는 한 마을의 지배를 맡을 정도였다고 한다. 거기에 **군역**이라 불리는, 전쟁에 병력을 동원할 의무를 진 상인도 존재하였다. 전국시대의 상인들은, 에도 시대 이후의 상인들과는 다르게 무사에 매우 가까운 존재였다.

전국시대의 상인

상인

- ●대량 소비 시대를 배경으로 무시할 수 없는 힘을 키웠다.
- ●전국다이묘의 영토 경영에 반드시 필요한 존재가 되었다.

그래서……

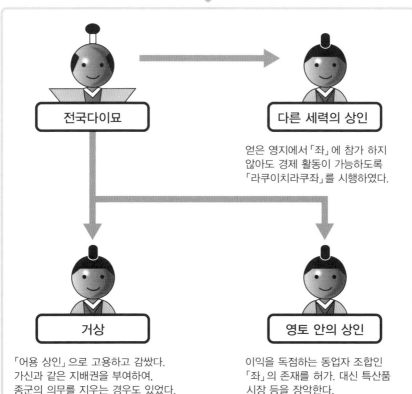

전국다이묘 ➡ **다른 세력의 상인**

얻은 영지에서 「좌」에 참가 하지
않아도 경제 활동이 가능하도록
「라쿠이치라쿠좌」를 시행하였다.

거상

「어용 상인」으로 고용하고 감쌌다.
가신과 같은 지배권을 부여하여,
종군의 의무를 지우는 경우도 있었다.

영토 안의 상인

이익을 독점하는 동업자 조합인
「좌」의 존재를 허가. 대신 특산품
시장 등을 장악한다.

관련항목

- ●전국다이묘의 수입원은? →No.012
- ●전투에는 어느 정도의 비용이 들었는가? →No.034
- ●병사는 어떻게 모았는가? →No.035
- ●전국시대의 물건 단위 →No.066

전국다이묘와 기술인

외국에서 유입된 기술과 전국다이묘들의 장려책을 바탕으로, 기술인들은 기술의 수준을 비약적으로 발전 시켰다.

● 기술 혁명이 전장을 바꾸었다

전국시대는 해외와의 무역에 의해 다양한 기술이 유입된 시대였다. 전국시대의 기술인들은, 유입된 신기술을 유연하게 받아들여 발전 시켰다. 기술인들의 기술 혁신은 전국다이묘들에게 큰 영향을 끼쳐, 결국엔 전장의 모습마저 크게 바꾸게 되었다.

금속 분야에서는 광산을 개발하는 방법과, 금속 정련의 효율을 높이는 하이후키^{灰吹き}라는 방법이 유입되었다. 이것으로 귀금속이나 철의 생산량이 현격히 증가하여, 광산을 가진 전국다이묘들은 막대한 이익을 얻었다. 또한 풍부한 철은 무기의 대량공급을 가능하게 하였고, 기술인들도 튼튼한 새로운 도구를 쉽게 손에 넣을 수 있게 되었다. 염색과 직조 분야에서는 무명, 명주가 크게 발전하였다. 특히 튼튼하고 가벼운 무명은 의상 이외에도 배의 돛이나 **조총**의 화승에도 이용되는 등, 각 방면에서 활약하였다. 목공 분야에서는 대형 톱의 등장으로, 나무판의 생산량이 비약적으로 증가하였다. 여기에 쪽매[*] 기술이 유입되어, **대형 선박**을 만들거나 액체를 저장, 운반할 수 있도록 나무쪽을 연결해 제작하는, 유이오케^{結い桶}라 불리는 나무통을 만들 수 있게 되었다. 석공 분야에서도 아노우슈^{穴太衆}라 불리는 석공 집단이 등장하여, **성의 석벽** 등에 큰 영향을 끼쳤다. 이외에 자기나 칠기 같은 공예품도 크게 발전하여, 다이묘나 서민들의 생활이 윤택해졌다.

당시의 기술인들은 동량^{棟梁}이라 불리는 지도자를 중심으로 동업자들끼리 모여서, 좌라 불리는 조합을 만들었다. 동량은 무사와 같은 대우를 받는 경우가 많았고, 그 중에는 전국 다이묘에게 녹이라 불리는 급료를 받는 자도 있었다. 또한 오다 노부나가나 도요토미 히데요시는, 기술이 뛰어난 기술인들에게 천하제일이라는 칭호를 하사하여 우대했다고 한다. 그러나 일반 기술인들은 이러한 대우를 받지 못하고 도리어 기술자로서 통제를 받아, **세금**의 일종인 부역이 부과되어 축성이나 무기생산 같은 여러 노동에 차출되었다고 한다.

* 나무쪽이나 널판지 조각 같은 것을 붙이는 것. 이를 통해 용기(用器)를 만들어 액체를 보관하거나, 선박을 만드는데 사용한다.

기술인과 전국다이묘의 관계

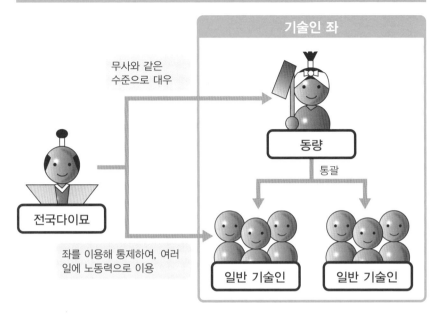

기술인 좌

무사와 같은
수준으로 대우

동량

통괄

전국다이묘

좌를 이용해 통제하여, 여러
일에 노동력으로 이용

일반 기술인   일반 기술인

전국시대의 기술 혁신

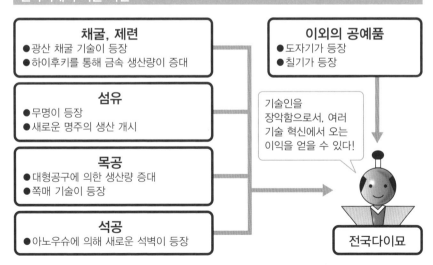

채굴, 제련
● 광산 채굴 기술이 등장
● 하이후키를 통해 금속 생산량이 증대

섬유
● 무명이 등장
● 새로운 명주의 생산 개시

목공
● 대형공구에 의한 생산량 증대
● 쪽매 기술이 등장

석공
● 아노우슈에 의해 새로운 석벽이 등장

이외의 공예품
● 도자기가 등장
● 칠기가 등장

기술인을
장악함으로서, 여러
기술 혁신에서 오는
이익을 얻을 수 있다!

전국다이묘

전국다이묘와 남만인

머나먼 곳에서 찾아온 항해자들. 전국다이묘들은 그들과 적극적인 교류를 함으로서 여러 가지 정보나 기술을 얻었다.

● 일본에 커다란 변화를 초래한 이방인

남만인은 유럽인, 특히 포르투갈인과 스페인인을 가리키는 말이다. 그들이 내방하기 이전의 시대, 일본인의 세계관은 극히 단순하였다. 세계를 구성하는 것은 텐지쿠天竺(인도), 신탄震旦(중국), 혼쵸本朝(일본)뿐이어서, 이 외에는 이夷라던가 남만南蛮이라 불리는 미개지라는 인식이었다. 그렇기 때문에, 당시의 일본인이 그들을 「남만인」이라 부르게 된 것이다. 그러나 이런 구분 방식은 너무 광범위 했는지, 포르투갈인보다 늦게 일본에 교섭을 하려 들어온 네덜란드인, 영국인은 포르투갈인과 구분해서 「홍모인」이라 불렀다.

홍모인들이 무역을 중시한 것에 비해, 남만인들은 무역과 동시에 가톨릭교의 포교를 중시하였다. 그 중심이 된 것이 가톨릭계의 예수회였다. 그들은 무역 알선을 무기로 다이묘들과 교섭하여, 각지에 포교 활동 허가를 따냈다. 다이묘들에게 남만인들이 가져오는 **조총**과 같은 신기술이나, 진귀한 무역품은 매우 매력적인 것이었다. 큐슈 지방에서는 선교사의 알선에 의한 **무역**이 성행하여, 식문화나 패션과 같은 유럽의 많은 문화가 일본에 들어왔다.

그러나 이러한 적극적인 경제활동과 포교활동에 의해 여러 가지 분쟁이 생겨났다. 가톨릭교 신자들이 사원을 파괴하거나, 신자들끼리 무리를 짜서 폭동을 일으키게 되었다. 거기에 일본인의 노예무역과, 무역에 의한 은의 유출도 남만인 불신에 박차를 가했다. 그 결과 1587년에는 도요토미 히데요시에 의한 가톨릭교 신부 추방령バテレン追放令이 내려져서, 무역과 가톨릭교 포교가 분리되었다. 이 후 남만인과의 무역은 계속 되지만 차츰 무역만을 우선으로 하는 홍모인과의 거래가, 유럽인과의 무역에서 중심이 되어갔다.

유럽인의 분류와 목적

남만인

포르투갈인	텐지쿠 (인도), 신탄 (중국), 혼쵸(일본) 이외의 나라인 「남만」에서 온 사람들
스페인인	

● 가톨릭교 포교
● 무역

일본

● 무역

홍모인

네덜란드인	체모가 붉어서 홍모인이라 불렀다. 남만인과 구별하기 위한 명칭
영국인	

전국다이묘와 남만인의 관계 변화

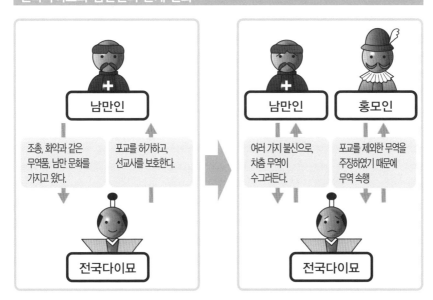

남만인

조총, 화약과 같은 무역품, 남만 문화를 가지고 왔다.

포교를 허가하고, 선교사를 보호한다.

전국다이묘

남만인 　　 홍모인

여러 가지 불신으로, 차츰 무역이 수그러든다.

포교를 제외한 무역을 주장하였기 때문에 무역 속행

전국다이묘

관련항목

● 전국다이묘의 수입원은? →No.012
● 전국무장은 어떤 것을 먹었는가? →No.020
● 조총은 전투를 바꾸었다? →No.056

전국다이묘와 농민

전국시대에 일어난 기술 혁명으로 농민들에게 여러 가지 혜택이 돌아갔다. 그러나 다이묘에 의한 대규모 통제는, 그들과 무사의 입장을 구별지었다.

● 혁신의 시대

전국다이묘에 있어서, 농민의 어떻게 다룰 것인가는 항상 고민거리였다. 그것은 다이묘가 농민에게 원하는 역할의 모순에서 유래한다. 당시의 농민들은 주 **수입원**인 농업 종사자인 동시에 중요한 병력이며, 잡다한 토목작업을 수행하는 **노동력**이기도 했기 때문이다. 생산을 중시하는 경우라면 병력이나 노동력으로 농민을 동원할 수 없다. 반대로 병력이나 노동력을 중시해야 할 상황이라면 생산에 영향이 미치게 된다. 실제로 전국시대 초기의 많은 다이묘들은 농민들이 일을 하지 않는 농한기를 골라서 전투를 하였다. 이러한 고민이 해결된 것은 **병농분리**가 확립되고 난 이후였다.

다이묘들이 농민들의 취급에 고민하고 있던 반면에, 농민들은 착실히 힘을 쌓고 있었다. 전국시대는 농민들에게 있어서 혁신의 시대였다. 중국에서 들여온 배설물을 비료로 이용하는 기술이나, 농기구의 개량이 성행했던 시기였던 것이다. 거기에 다이묘가 주체가 되어 벌이는, 대규모 치수사업이나 개간사업에 의해 농지 사정이 비약적으로 개선되었다. 생산 능력이 높아지면, 당연히 농민들의 생활도 향상된다.

게다가 전국시대 농민의 지위도 그들에게 유리하였다. 당시에는 무사와 농민의 구분이 모호 하였다. 무사라면 군역이라 불리는 전쟁 참가 의무를 지고, 농민이라면 연공이라 불리는 세금을 납부하는 의무를 지고 있는 정도의 차이였다. 시고^{±衆}라 불리는 유력 농민이라면, 무사와 같은 대우를 받을 정도였다고 한다. 그렇기 때문에 다이묘에 적대적인 농민들도 많았다. 각지의 다이묘들을 고생시킨, **잇코슈에 의한 반란**에 일익을 담당하였던 것은 이러한 힘을 가진 농민들이었다. 그러나 도요토미 히데요시가 천하를 통일하자, 농민들의 사정은 완전히 바뀌었다. 히데요시는 농민들의 토지를 보증하는 대가로 그들에게서 무기를 **빼앗았**다. 그리고 무사와 농민을 완전히 구별지어버렸다.

전국다이묘는 농민의 취급에 고민

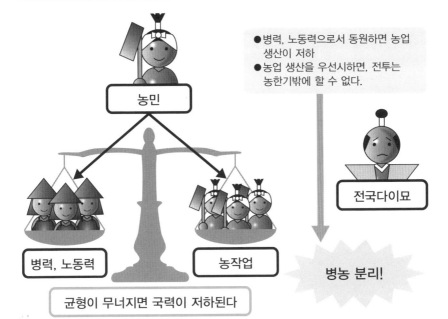

농민

● 병력, 노동력으로서 동원하면 농업
  생산이 저하
● 농업 생산을 우선시하면, 전투는
  농한기밖에 할 수 없다.

전국다이묘

병력, 노동력

농작업

병농 분리!

균형이 무너지면 국력이 저하된다

전국시대의 농민

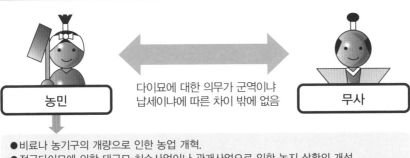

농민

다이묘에 대한 의무가 군역이냐
납세이냐에 따른 차이 밖에 없음

무사

● 비료나 농기구의 개량으로 인한 농업 개혁.
● 전국다이묘에 의한 대규모 치수사업이나 관개사업으로 인한 농지 상황의 개선.

생산량의 향상

힘을 가진
농민의 등장

잇코슈에 의한 반란에
참가하는 등, 전국다이묘에
반항을 하는 농민도…….

관련항목

● 전국다이묘의 수입원은? →No.012
● 병사는 어떻게 모았는가? →No.035
● 아시가루란 어떤 존재였는가? →No.036
● 전국다이묘와 잇코슈 →No.106

전국다이묘와 닌자

무사와 같이 전국난세의 영웅으로 다루어지는 닌자. 그들은 무사와는 다른 세계에 사는 기술자나, 무법자들의 집단이었다.

● 정보 수집의 프로

전국다이묘의 손과 발이 되어 일한 것은, 무사나 병사들만이 아니었다. 그들과는 다르게, 공식적으로는 활동할 수 없는 집단도 존재하였다. 닌자나 첩자라 불리는 집단이다. 그들은 전국다이묘의 명령에 따라 때로는 각지를 돌아다니며 **정보수집**을 하거나, 때로는 적진의 후방에서 교란작전을 수행하기도 하였다.

전국다이묘들은 각각 독자적인 집단을 고용하여 정보를 수집했다. 도쿠가 이에야스가 고용한 이가(伊賀)와 코가(甲賀), 다케다 신겐이 고용한 랏파(乱破), 우에스기 켄신이 고용한 노키자루(担猿), 칸토 지방의 다이묘 호죠 가문에서 고용한 후마(風魔), 토카이 지방의 다이묘 이마가와 가문이 고용한 슷파(素破) 등의 닌자 집단이 그 예라고 할 수 있다. 거기에 오다 노부나가가 고용한 무녀 집단이나 츄고쿠 지방의 모리 가문에서 고용한, 비파법사*와 같은 종교자의 집단도 정보 수집에 활약하였다. 그러나 이러한 집단을 신용하지 못하여 가신에게만 정보수집을 맡긴 다이묘도 있었다.

그들, 특히 닌자 집단은 다이묘의 가신이 아닌 독립된 존재였다. 대부분의 경우, 그들은 유력한 절이나 신사의 보호를 받는 독립령의 호족이나 주민이었다. 또한 정착지를 가지지 않는 유랑민이나 범죄자의 집단인 경우도 있었다.

어느 정도의 예외가 있긴 하지만, 닌자에는 죠닌(上忍), 츄닌(中忍), 게닌(下忍)의 세가지 신분이 있었다. 죠닌은 호족을 이르는 말로, 그들은 다이묘들의 의뢰를 받아서 각지에 닌자를 파견하는 역할을 하였다. 닌자라기보다는 무사에 가까운 존재로, 실제 무사의 신분으로 가신이 된 경우도 적지 않다. 오다 노부나가의 지배하에 있던 타키가와 카즈마스는, 원래 닌자가 아니었는가 라는 설이 있다. 죠닌의 밑에서 실질적으로 부대를 통솔한 것이 츄닌이고, 게닌은 그들의 지휘 아래 움직였다. 닌자의 기술은 험준한 산간에서의 생활이나, 산에서 기거하는 승려와 같은 종교 종사자에게 배운 의학, 주술 등을 원류로 하고 있다. 지금의 소설이나 기타 작품에서 나오는 것과 같은 황당무계한 것은 적고, 당시로서는 합리적인 기술의 집대성이었다.

---

* 비파를 들고 각지를 돌아다니며 연주를 통해 시주를 받고 포교를 하는 승려들. 특히 눈이 멀어 생활이 힘든 이들이 선택하는 경우가 많았다.

닌자의 조직과 전국다이묘와의 관계

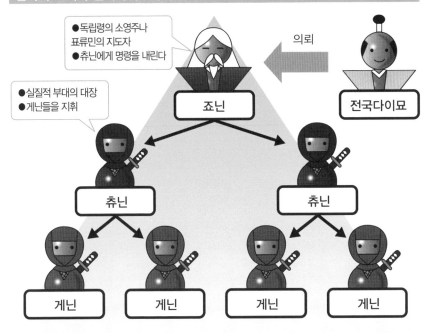

대표적인 닌자 집단과 임무

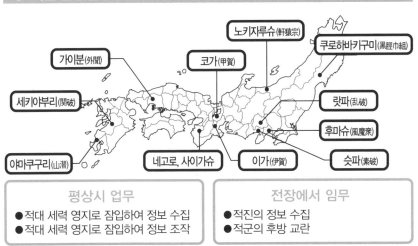

평상시 업무	전장에서 임무
●적대 세력 영지로 잠입하여 정보 수집 ●적대 세력 영지로 잠입하여 정보 조작	●적진의 정보 수집 ●적군의 후방 교란

관련항목

●전투 중에는 어떻게 정보를 모았는가? →No.042
●성은 어떻게 공격하였는가? →No.045

전국다이묘와 범죄자

전국시대는 지금과 비하여 치안이나 통제가 철저하지 않았다. 범죄자는 전국다이묘의 골치를 아프게 하는 원인 중 하나였다.

● 전국다이묘들을 골치 아프게 만든 자들

전국다이묘들은 영토의 질서를 중요하게 여겼다. 질서가 혼란하여 영지가 황폐해지면 세력의 저하, 더 나아가서는 멸망으로 이어지기 때문이다. 그러나 현재와 같은 교통망이나 정보망이 갖추어지지 않은 시대였기에 영토 전부를 감시하는 것은 무리였다. 이러한 빈틈을 노려 활동 한 것이, 도적이나 해적과 같은 범죄자들이었다.

도적에 의한 피해는 서민에 그치지 않고, 무사들에게까지 미쳤다. 도적이 성에 침입한 탓에 전원 소복차림을 시키고는 다른 옷을 입은 도적을 찾으려 했다는 영주의 이야기나, 자고 있는 사이에 입고 있는 옷부터 시작해 허리에 찬 와키자시까지 도둑 맞은 무사의 이야기도 남아있다. 특히 전국시대 초기의 쿄토에는, 쇼군과 그 주위의 상황이 정리되지 않아서 도적들이 횡행했다고 한다.

이러한 도적 중에서도 지금 가장 유명한 것을 꼽으라면, 바로 이시키와 고에몬일 것이다. 그러나 지금의 대도적이라는 이미지는 에도 시대의 조루리(인형극)나 가부키에서 만들어진 것으로, 원래는 평범한 도적이었다. 고에몬은 아와노쿠니의 다이묘인 **미요시 가문**을 모시는 가신의 아들이라는 설도 있으나, 출생이 확실하지는 않다. 각지에서 도적질을 하여 피해가 발생하였으나, 결국 도요토미 히데요시의 명령으로 가족과 함께 포박되어 20명의 도적과 함께 산죠가와라에서 가마솥에 삶아져 사형을 당했다. 히데요시가 직접 명령을 내렸을 정도라고 하면 그가 그만큼 대도였다고 생각 할 수도 있으나 사실 고에몬이 대단했다기보다는 당시 도적의 피해가, 히데요시가 직접 명을 내려야 할 정도로 워낙 심했던 것이다.

한편, 해적들은 주로 해외에서 맹위를 떨쳤다. 대륙의 해안을 어지럽힌 와코(왜구)가 대표적이다. 그들은 때로는 상인으로도 활동하였기 때문에, 완벽하게 근절시키기는 어려웠다. 또한 독자적인 해군 세력을 보유하고 있었기 때문에, 차츰 다이묘들이 포섭하여 해군으로 삼았다. 그들은 이후에 히데요시에 의한 해적금지령이 내려질 때까지 계속 맹위를 떨쳤다.

전국다이묘와 범죄자

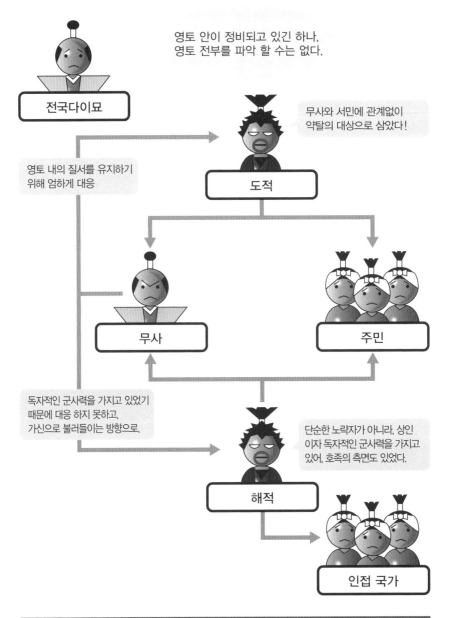

영토 안이 정비되고 있긴 하나,
영토 전부를 파악 할 수는 없다.

전국다이묘

무사와 서민에 관계없이
약탈의 대상으로 삼았다!

도적

영토 내의 질서를 유지하기
위해 엄하게 대응

무사

주민

독자적인 군사력을 가지고 있었기
때문에 대응 하지 못하고,
가신으로 불러들이는 방향으로.

단순한 노략자가 아니라, 상인
이자 독자적인 군사력을 가지고
있어, 호족의 측면도 있었다.

해적

인접 국가

관련항목

● 해상에서는 어떻게 싸웠나? →No.048
● 전국시대의 정보 전달 수단 →No.069
● 전국시대의 교통 수단 →No.070
● 전국시대 초기의 시코쿠 지방 →No.082

중요 단어와 관련 용어

가

■ **가츄**(家中)
다이묘의 가신을 총칭.

■ **가토쿠**(家督)
집안을 잇는 사람. 전국시대에는 집안을 잇는 것은, 가문의 장으로서 가지는 권한과 가문에 내려오는 직무, 그리고 토지재산을 물려받는다는 것을 의미한다.

■ **게코**(下向)
쿄토를 떠나 임지로 향하는 일.

■ **겐포**(減封)
지배하에 있는 다이묘의 영지를 줄이는 일.

■ **겐푸쿠**(元服)
궁정 귀족, 무가에서 성인이 되는 것. 또는 성인식.

■ **고쇼**(御所)
천황이나 쇼군의 거주지. 의미가 변하여 천황이나 쇼군의 속칭으로도 쓰인다.

■ **고즈메**(後詰)
교대, 보충을 담당하는 후속부대. 원군이나 기습부대 같은 별동대를 가리키는 경우도 있음.

■ **고쿠진**(国人)
마을 같이 매우 작은 범위를 지배하는 지방의 소영주. 지사무라이(地侍), 토호라고도 한다. 고쿠진을 쿠니슈라고 하는 경우도 있다.

■ **군량공격**(兵糧攻め)
적군의 보급을 끊어서 저항을 하지 못하게 함.

■ **군령**(軍令)
전투중의 규율, 전략행동, 기밀유지 등에 관한 명령.

■ **군바이**(軍配)
군바이우치와(軍配団扇)를 가리킨다. 병사를 지휘할 때 지휘봉으로 사용되는 경우 이외에도, 점을 칠 때 사용되기도 하고 적의 공격을 막는데도 쓰였다.

■ **군바이샤**(軍配者)

군바이와 병사의 지휘권을 받은 인물. 실제로는 전투를 앞두고 그에 대해 점을 치거나 지휘관에게 조언을 하는 인물을 가리킨다. 군사(軍師)라고도 한다.

■ **군법**(軍法)
전투가 개시되면 정해지는 여러 규칙. 금지 사항이 많았다.

■ **군부교**(軍奉行)
전투시 작전의 입안이나 군사적 조언을 하는 직무.

■ **군시**(軍使)
다이묘가 자신의 의사나 명령을 전하기 위해 파견한 사자. 다이묘 간에 교섭을 할 때는 그 자리에서 판단을 요구하는 경우가 많았기에, 군시는 다이묘가 깊이 신뢰하는 우수한 자가 선택되었다.

■ **군츄죠**(軍忠状)
전장에서의 활약이나 부상당한 정도를 대장에게 신고하기 위한 보고서. 논공 행상의 판단 자료 중 하나.

나

■ **나데기리**(撫斬)
성을 공략해서 제압했을 때 농성을 하던 인간을 모두 죽이는 일.

■ **나와바리**(縄張)
성의 설계도. 예전에는 실제로 현지에 가서, 밧줄로 설계를 하였기에 이러한 이름이 붙여졌다.

■ **녹**(禄)
봉록이라도 한다. 요즘 시대에서 연봉제와 같다.

다

■ **다이리**(内裏)
천황의 주거

■ **다이묘**(大名)
원래는 다이묘덴토(大名田堵)라고 불리던 유력농민을 칭하는 말이다. 이후 파견된 지방의 지배권을 확립한 슈고를 슈고다이묘라 부르게 된 것이 유래가 되어, 지방의 권력자를 다이묘라고 부르게 되었다. 마찬가지로 유력농민인 오나누시(大名主)가 기원이라 하기도 한다.

■ 덴파쿠나기(田畠薙ぎ)
심은 지 얼마 안된 모종을 밟아 죽이거나 하는 등의 행동으로 적국에 피해를 주는 행위. 아오타가리(青田베기)라 하는 경우는 벼를 베어버리는 일을 가리킨다.

■ 도호슈(同胞衆)
객실 주변 일을 담당하던 잡역부.

라

■ 랍파(乱破)
닌자를 칭하는 말. 주로 동쪽지방에서 사용되었다. 산적 등을 지칭하는 경우도 있었다.

■ 료고쿠(領国)
지배하는 지방, 영지를 가르킴.

■ 루이(塁)
적의 침입이나 공격을 막기 위하여 흙 같은 것을 쌓아 올린 것. 흙을 쌓아 올리면 도루이(土塁), 돌로 쌓아 올린 것을 이시루이(石塁)라고 한다.

마

■ 메츠케(目付)
가신단을 감시하는 역할을 맡은 직무. 전투 시에는 군메츠케(軍目付), 군칸(軍監)이라 불리는 역할이 만들어졌다.

■ 모노미(物見)
전장에서 정찰행위. 혹은 정찰 임무를 수행하는 인물.

■ 미즈노테(水手)
성의 수원. 통상적으로는 우물을 가리키지만 주위의 하천이나 저수지, 늪을 지칭하는 경우도 있다.

바

■ 바이신(陪臣)
마타케라이(又家来)라고도 한다. 다이묘의 가신 밑에 있는 가신을 가리킨다. 다이묘와 직접적인 주종관계는 없다.

■ 반역(半役)
군역에 정해진 병사수의 절반. 3분의 1역, 4분의 1역 등도 있다.

■ 본진(本陣)
총대장이 진을 치고 있는 장소. 전투 중에는 사령부로서, 측근들이 총대장의 주위에 모여있었다.

■ 부교(奉行)
주군의 명을 받아서 여러 종류의 일을 담당하는 관리. 일의 내용은 매우 다양하여, 오다 노부나가의 가신단에는 스모부교와 같은 직무도 있었다.

사

■ 사무라이다이쇼(侍大将)
기마무사대의 부대장. 부장(部将)이라고도 한다. (모노가시라(物頭)가 이쪽의 의미로 사용되는 경우도 있다.)

■ 사이하이(采配)
길이 30cm 정도의 봉 끝에 가늘고 길게 자른 천이나 짐승의 털 묶음을 단 것. 병사를 지휘할 때 지휘봉으로서 사용하였다.

■ 서자(庶子)
측실 등 본처 이외의 여성에게서 태어난 자식.

■ 석벽(石垣)
성 토대의 방어력을 높이기 위해 만든 석축.

■ 선봉(先鋒)
전투에서 선두에 서는 부대나 지휘관. 선수(先手), 선진(先陣)이라고도 한다.

■ 성주(城主)
성과 주변 영토의 지배자. 독립세력의 성주부터 다이묘의 중진까지 다양한 신분을 가지고 있었다.

■ 소료(惣領)
일족의 장. 호주.

■ 소쟈(奏者)
전국다이묘의 요구를 쇼군에게 전하는 중개자.

■ 수공(水攻め)
장기 포위전의 하나. 적 성 주위를 수몰시켜서 보급을 끊는다.

■ 슈고(守護)

가마쿠라 막부와 무로마치 막부의 직무명. 주된 임무는 지방경비나 치안유지였지만, 시대가 흘러감에 따라서 파견된 지방의 전반적인 지배권을 확립하게 되었다.

■ 슈고다이(守護代)

쿄토에 거주하는 경우가 많은 슈고를 대신하여 현지로 부임한 관리. 다이칸(代官)이라고도 한다.

■ 슈고다이묘(守護大名)

지방의 지배권을 확립한 슈고를 이르는 말. 어디까지나 막부 지배기관의 일부에 지나지 않았다.

■ 슛퐁(出奔)

도망쳐 행방을 감추는 일.

■ 시츠바라이(殿払い)

퇴각작전에서 신가리(殿)를 담당하는 군세를 이르는 말.

■ 신가리(殿)

퇴각 할 때 가장 후미에서 적군의 추격을 막는 부대나 지휘관을 가리킨다.

아

■ 아노우슈(穴太衆)

오미출신의 석공 집단. 탁월한 기술을 가졌기에, 각지에 있는 성의 석벽 제작에 종사하였다.

■ 아시가루(足軽)

무사 계급을 제외한 보병의 총칭. 초기에는 용병이나 임시로 고용한 주민들이 대부분이었지만, 나중에는 무사에 준하는 대우를 받았다.

■ 아시가루다이쇼(足軽大将)

모노가시라(物頭)라고도 부른다. 장창부대, 조총부대, 궁부대 등 아시가루 부대의 부대장.

■ 아이지루시(合印)

전장에서 피아구분을 위한 표지. 같은 색깔의 천을 사용하였다.

■ 안도(安堵)

토지 등의 권리를 보증하는 것.

■ 야구라(櫓)

성의 방어시설 건물을 총칭. 역할과 유래에 따라 여러 명칭을 가진 건물이 존재한다.

■ 에보시오야(烏帽子親)

성인식을 할 때 후견인. 무사가 성인식을 할 때 에보시를 씌워주는 역할을 맡은 것이 이름의 유래가 되었다.

■ 오야카타(御館)

무장의 저택. 정치의 중심인 장소라는 것에서 유래하여 저택의 주인인 가문의 통솔자를 의미하는 말이 되었다. 오야카타사마(御館様)라고도 한다.

■ 오테(大手)

성의 정면이나 정문. 성의 정면에서 공격하는 군세를 가리키기도 한다.

■ 오테몬(大手門)

성의 정면에 있는 문. 발음이 같아 한자로는 追手門이라고도 쓴다.

■ 요리아이슈(会合衆)

무역항으로서 번창하였던 상업도시인 사카이(堺)를 지배했던 36명의 거상.

■ 요리오야　요리코제도(寄親　寄子制度)

전국시대의 가신집단 관리 시스템 중 하나. 다이묘가 유력가신에게 자신의 가신을 맡겨서 대신 관리하도록 하였다.

■ 요리키(与力)

세력에 가세하는 사람을 의미. 오다 노부나가 정권에서는 중책을 맡은 조력자로서 파견된 가신을 의미한다.

■ 우마마와리(馬廻)

대장의 경호 역할을 담당하는 기마무사. 친위대.

■ 우마조로에(馬揃)

군사 행진. 자군의 군사력을 과시할 때 행하였다.

■ 우마지루시(馬印)

지휘관이 있는 곳을 나타내는 표지. 전군을 지휘하는 지위라며 높은 신분을 나타내는 의미도 있었다.

■ 유시(猶子)

형제나 친척으로부터 받은 양자.

■ 유히츠(右筆)

현재의 서기와 같은 역할. 문서의 작성이나 기록을 담당하였다. 발음이 같아 祐筆라고도 하였다.

■ 이시오토시(石落)
　야구라 같은 곳에 설치된 방어 설비. 벽의 일부를 밀어 올리게 되어있어, 거기서 밑으로 돌을 떨어뜨렸다.
■ 이치몬슈(一門衆)
　다이묘의 혈연.
■ 잇코슈(一向宗)
　정토진종 혼간지파를 가리킨다. 토착 사무라이나 농민들과 연합하여, 다이묘에게 거세게 저항하였다.
■ 잇키(一揆)
　본래 의미는 마음을 하나로 한다는 뜻. 그 뜻이 점차 변하여 일치단결한 집단이나, 그 행동을 가리킨다. 전국시대에 잇키란, 권력자나 부유층에 대항하는 집단이나 저항 운동을 말하는 것이 일반적이다.

자
■ 적자(嫡子)
　정실에게서 태어나, 가문을 잇는 자식.
■ 전국다이묘(戦国大名)
　막부의 후원 없이 독자적인 지배권을 확립한 지방의 유력자.
■ 좌(座)
　현대사회의 노동조합과 같다. 상인이 속하는 상인좌, 기술인이 속하는 기술인좌가 있다. 전국시대에는 좌에 속해 있지 않으면 장사를 할 수 없는 지역도 많았다.
■ 죠다이(城代)
　성주를 대신하여 성의 관리나 방어를 담당하는 관리.
■ 지와리(地割)
　영지의 주민들에게 토지를 할당 하는 것. 농지의 할당이나 도시부의 구획정리를 포함한다.
■ 지키신(直臣)
　다이묘와 직속으로 주종관계를 맺은 가신.
■ 지토(地頭)
　가마쿠라 막부와 무로마치 막부의 직무 중 하나. 경찰권과 재판권, 징세권을 가지며 지방을 지배했다.
■ 진부레(陣触)
　군령의 일종. 소집명령.

■ 진소(陣僧)
　원래는 전사자의 공양을 위해 종군한 승려로서 지슈(時宗)의 승려가 많았다. 이후 의사나 교섭 역할로서 전장에서 활약하게 되었다.
■ 진야(陣屋)
　진영에 설치된 간이 숙박시설.

차
■ 챠보즈(茶坊主)
　주군의 신변 잡일을 하는, 승려의 모습을 한 종자.
■ 쵸랴쿠(調略)
　계략을 세우는 일. 적을 속이고 전투를 유리하게 만들기 위한 수단.
■ 츠카이반(使番)
　교전 중 전령의 역할.
■ 치카라제메(力攻め)
　정공법. 히라제메(平攻め)라 부르기도 한다.

카
■ 카라메테(搦手)
　성의 뒷문이나 뒤쪽. 성의 뒷면을 공격하는 군세를 가리키기도 한다.
■ 카미가타(上方)
　쿄토, 오사카 주변.
■ 카오(花押)
　귀족이나 무사가 사용하는 사인. 자신의 이름을 도안화 한 것이 많다.
■ 카헤이(寡兵)
　병사가 적은 것.
■ 칸레이(管領)
　무로마치막부의 직무로, 본래는 장군의 보좌역.
■ 칸쟈(間者)
　적의 내부 사정을 정탐하는 자.
■ 칸죠(感状)
　능력이 뛰어난 가신에게 다이묘가 보낸 상장. 무장의 평가 기준 중 하나로서 고려되며, 가신들 사이의 지위를 정하거나 재취직시에 평가자료가 되었다.
■ 코구치(虎口)
　성 출입문의 총칭.

■ 코비토(小人)
코모노(小物)라고도 한다. 무사를 섬기며 잡일을 했던 사용인.

■ 코쇼(小姓)
주군의 주변 잡일이나 신변경호를 하는 가신. 견습으로 주군에게 여러 일을 배웠다.

■ 코시라에(拵)
도검이나 창에서 도신(刀身)을 제외한 외장 부분.

■ 쿠니슈(国衆)
영토를 확장할 때 받아들인 가신. 토자마(外様), 신잔(新参)이라고도 한다.

■ 쿠루와(曲輪)
성의 한 구획. 혼마루(本丸)가 성의 최종방위 구획이고, 이것보다 바깥 구획을 니노마루(二の丸), 산노마루(三の丸), 출격거점 등의 구획을 우마다시(馬出), 각 구획을 잇는 좁은 구획을 오비쿠루와(帯曲輪)나 무샤하시리(武者走り), 이누하시리(犬走り)라고 한다.

■ 쿠비짓켄(首実検)
전장에서 쳐낸 목을 대장이 확인하는 의식. 대상이 되는 목이 높은 지위를 가진 사람의 것이면 대면(対面), 반대로 아시가루 같이 지위가 낮은 사람의 것이면 켄치(見知)라고 한다.

■ 큐닌(給人)
후치닌(扶持人)이라고도 한다. 급료를 받던 사람.

■ 키리시탄다이묘(キリシタン大名)
크리스트교를 신봉하는 다이묘. 크리스트교의 포교나 신자의 보호를 시행했고, 서양과 교역을 하여 힘을 축적한 다이묘도 많았다.

■ 킨쥬(近習)
주군의 주변 잡일과 신변보호를 담당했던 가신. 코쇼와는 달리, 명성이 높은 무사들이 많았다.

타

■ 텐슈(天守)
덴슈(殿守)라고도 한다. 성의 중심부에 세워진 최대 규모의 야구라. 유사시에는 사령부로 쓰였다.

■ 텐포(転封)
지휘하에 있는 다이묘에게서 지금까지 다스리던 영지를 거두어 들이고 다른 영지를 하사하는 일. 쿠니가에(国替え)라고도 한다.

■ 토리츠기(取次)
다이묘에게 보고를 담당하는 직무. 가신들의 요구는 토리츠기를 거쳐서 다이묘에게 전해졌다.

파

■ 피관(被官)
다이묘의 지휘 아래로 들어간 무사나 지방 영주를 이르는 말. 그들을 지배하에 두는 것을 '피관화 한다.'라고 함.

하

■ 호리(堀)
적의 침투를 막기 위하여 성이나 저택 주변에 만드는 깊은 수로, 해자. 그대로 놔두어서 통로로서도 이용하는 카라보리(空堀), 물을 채워넣은 미즈보리(水堀)가 있다.

■ 호쇼(奉書)
위에 있는 사람에게 받은 명령을 밑으로 전달하기 위하여 발행하는 문서.

■ 호족(豪族)
토지를 무력으로 지배하는 지방의 유력자.

■ 화공(火攻め)
적의 성 밑에 불을 놓는 것. 직접 교전 하는 경우가 적었기 때문인지, 무장의 첫 출전에도 사용되었다.

■ 효죠(評定)
이후의 방침을 결정하는 회의.

■ 후다이(譜代)
다이묘를 대대로 모시는 가신.

■ 후신(普請)
성을 쌓을 때 하는 토목공사. 축성 그 자체나 보수공사, 그 외에 토목공사를 가리키는 경우도 있다.

■ 후치(扶持)
급료(지금과는 다르게 금전뿐만이 아니라 쌀이나 토지로 지불되는 경우도 있다), 혹은 급료를 받는 일.

색인

참고문헌
자료일람

■ 사료

『오아무모노가타리 용어 색인(おあむ物語用語索引)』 코바야시 쇼지로편 코바야시 쇼지로

『오우에이케이이군키(奥羽永慶軍記)』 토베 잇칸사이 마사나오 저 이마무라 요시타카 교주/新人物往来社

『완역 프로이스 일본사(完訳フロイス日本史)』 1~12 루이스 프로이스 저 마츠다 키이치   카와사키 모모타 번역/中央公論社

『원본연대역 코요군칸(原本現代訳 甲陽軍鑑)』 코시하라 테츠로 역/教育社

『신쵸공기(信長公記)』 상하 오타 규이치 저 나카가와 타이코/新人物往来社

『일본사상대계26 미카와모노가타리・하가쿠레(日本思想大系26 三河物語・葉隠)』 /岩波書店

『비젠노인모노가타리 부코잡기(備前老人物語 武功雑記)』 칸고오리 아마네 교주/現代思潮新社

『부코야화 마에노가문서(武功夜話 前野家文書)』 1~3 요시다 마고지로 카츠카네 편저 요시다 타미오 역주/新人物往来社

『부코야화 마에노가문서 보충권(武功夜話 前野家文書 補巻)』 요시다 마고지로 카츠카네 편저 요시다 타미오 역주/新人物往来社

『하가쿠레(葉隠)』 상중하 야마모토 죠초 구술 타시로 츠라모토 필기 와츠지 테츠로 / 후루카와 테츠지 교정/岩波書店

■ 저작

『「전국전투」 의외・경이 에피소드 노부나가・히데요시・이에야스와 무장들의 약간 진귀한 이야기(「戦国合戦」 意外・驚きエピソード 信長・秀吉・家康と、武将たちのちょっと珍しい話)』 카가 야스유키 저/PHP研究所

『「부코야화」의 모든것(「武功夜話」のすべて)』 타키 키요시 저/新人物往来社

『「부코야화」 이문 - 위서 「부코야화」의 철저검증(「武功夜話」異聞―偽書『武功夜話』の徹底検証)』 카츠무라 타다시 저/批評社

『이 장면이 가장 재미있다! 전국시대의 무대 뒤(ここが一番おもしろい! 戦国時代の舞台裏)』 역사의 신비 연구회 편/青春出版社

『컬러판 철저도해 전국시대 일족의 존망을 걸고, 천하를 노려라(カラー版徹底図解 戦国時代 一族の存亡を賭け、目指すは天下)』 에모모토 아키 저/新星出版社

『진료 기록 좀 보겠습니다 무장의 사인(カルテ拝見 武将の死因)』 스기우라 모리쿠니 저/東山書房

『이치죠다니(一乗谷)』 아사쿠라 유적조사연구 편/朝倉氏遺跡資料館

『그림으로 납득하는 시대극의 진실・거짓(絵で見て納得! 時代劇のウソ・ホント)』 사사마 요시히코 저/遊子館

『희대의 군사 쿠로다 칸베(稀代の軍師 黒田官兵衛)』 하리마가쿠 연구소 편/神戸新聞総合出版センター

『큐슈 전국시대 전투기(九州戦国合戦記)』 요시나가 마사하루 저/海鳥社

『군사・참모(軍師・参謀)』 오와다 테츠오 저/中央公論新社

『군수물자로 본 전국시대 전투(軍需物資から見た戦国合戦)』 모리모토 마사히로 저/洋泉社

『격돌! 공성전의 수수께끼(激突! 城攻めのなぞ)』 이노우에 무네카즈 감수/学習研究社

『현대교양문고678 일본검호열전(現代教養文庫678 日本剣豪列伝)』 에자키 헤이 저/社会思想社

『고증 전국시대입문 상직・통설과는 다른 난세의 생활(考証・戦国時代入門・常識・通説とちがう乱世の生活)』 이나가키 시세이 저 / 徳間書店

『지방별 슈고・전국다이묘 사전(国別守護・戦国大名事典)』 니시가야 야스히로 편찬/東京堂出版

『무로마치 전국시대의 사회 상업・화폐・교통(室町戦国の社会 商業・貨幣・交通)』 나가하라 케이지 저/吉川弘文館

『주술과 점성술의 전국사(呪術と占星の戦国史)』 오와다 테츠오 저/新潮社

『마츠다이라 이에타다 일기(松平家忠日記)』 모리모토 마사히로 저/角川書店

『성 건축법 그림사전(城のつくり方図典)』 미우라 마사유키 저/小学館

『성 관람법 핸드북(城の見方ハンドブック)』 스가이 야스오 저/池田書店

『신판 고문서도 읽을 수 있는 초서사전(新版 古文書も読めるくずし字辞典)』 이케다 코이치 저/学習研究社

『신판 잡병들의 전장(新版 雑兵たちの戦場)』 후지키 히사시 저/朝日新聞社

『그림으로 설명하는 전국무장 흥미로운 사전(図説戦国武将おもしろ事典)』 나라모토 타츠야 감수/三笠書房

『그림으로 설명하는 일본문화 역사6 남북조·무로마치 시대(図説日本文化の歴史 6 南北朝·室町)』 아츠타 이사오 편찬/小学館

『그림으로 설명하는 일본문화 역사7 아즈치모모야마 시대(図説日本文化の歴史 7 安土桃山)』 하라다 토모히코 편찬/小学館

『전국시대 마을의 하루(戦国の村の日々)』 스이토우 마코토 저/東京堂出版

『도해잡학 전국사(図解雑学戦国史)』 켄죠 마사요시 편저/ナツメ社

『전국사 사전(戦国史事典)』 쿠와타 타다치카 감수/秋田書店

『전국시대에 관한 큰 오해(戦国時代の大誤解)』 스즈키 마사야 저/ PHP研究所

『전국시대의 신비와 괴이(戦国時代の謎と怪異)』 쿠와타 타다치카 저/日本文芸社

『전국시대 용어사전(戦国時代用語辞典)』 토가와 준 저/学習研究社

『전국 인물사전(戦国人名事典)』 아베 타케시/니시무라 케이코 편찬/新人物往来社

『전국다이묘와 천황 무로마치막부의 해체와 왕권의 역습(戦国大名と天皇 室町幕府の解体と王権の逆襲)』 이마타니 아키라저/講談社

『전국다이묘의 권력구조(戦国大名の権力構造)』 후지키 히사히 저/吉川弘文館

『전국다이묘의 일상생활(戦国大名の日常生活)』 사사모토 쇼지 저/講談社

『전국다이묘 안내서(戦国大名マニュアル)』 요네자와 지로/노다 카츠야/다케우지 히로유키 저/新紀元社

『전국다이묘논집1 전국다이묘 연구(戦国大名論集 1 戦国大名の研究)』 미즈하라 케이지 편찬/吉川弘文館

『전국무장 알면 알수록(戦国武将 知れば知るほど)』 오와다 테츠오 감수/実業之日本社

『전국무장(戦国武将)』 오와다 테츠오 저/中央公論新社

『전국무장의 마음 오미지방 아자이 가문과 군서의 세계(戦国武将のこころ 近江浅井氏と軍書の世界)』 사사카와 사치오저/吉川弘文館

『전국무장의 가십기사(戦国武将のゴシップ記事)』 스즈키 마사야 저/ PHP研究所

『전국무장의 편지를 읽다·난세를 살아간 무장의 선명하고 강렬한 성품(戦国武将の手紙を読む −乱世に生きた武将の鮮烈な心状)』 후타키 켄이치/角川書店

『전국무장의 생활(戦国武将の生活)』 쿠와타 타다치카 저/旺文社

『전국무장의 묘지를 쓰는 법(戦国武将の墓相)』 스기우라 타이텐 저/秋田書店

『전국무장 박식사전(戦国武将ものしり事典)』 주부와 생활사 편찬/主婦と生活社

『전국난세의 민속담(戦国乱世の民俗誌)』 아카마츠 케이스케 저/明石書店

『전국무가사전(戦国武家事典)』 이나가키 시세이 저/新人物往来社

『전집 일본의 역사8 전국의 활력(全集 日本の歴史 8 戦国の活力)』 야마다 쿠니아키/小学館

『빠르게 이해할 수 있는 전국사(早わかり戦国史)』 토가와 준 편저/日本実業出版社

『지식이 전무한 독자를 위한 전국무장 입문(知識ゼロからの戦国武将入門)』 오와다 테츠오 저/幻冬舎

『도검감정수첩(刀剣鑑定手帖)』 사토 칸이치 저/財団法人日本美術刀剣保存協会

『전국무장 상식의 거짓을 밝히다(謎解き戦国武将常識のウソ)』 전국신설연구회 편찬/一水社

『일본의 시대사12 전국시대의 지역국가(日本の時代史 12 戦国の地域国家)』 이리미츠 유카구 편찬/吉川弘文館

『일본의 여성 풍속사(日本の女性風俗史)』 키리하타 켄 편찬/紫紅社

『일본의 미술 No.340 무가의 복식(日本の美術No.340 武家の服飾)』 마루야마 노부히코 저/至文堂

『일본의 역사11 전국다이묘(日本の歴史11 戦国大名)』 스기야마 히로시 저/ 中央公論新社

『일본 의료사(日本医療史)』 신무라 타쿠 편찬/吉川弘文館

『일본 풍속사 사전(日本風俗事典)』 일본풍속사학회/弘文堂

『주말 역사학자가 되어보자 전국시대 전투의 허실(日曜歴史家への誘い 戦国合戦の虚実)』 스즈키 마사야 저/講談社

『연표 전국사(年表戦国史)』 후타키 켄이치 저/新人物往来社

『전국시대 흥미로운 독본(戦国おもしろ読本)』 쿠와타 타다치카 저/廣済堂

『다케다 신겐의 성과 병법(武田信玄 城と兵法)』 우에노 하루오 저/新人物往来社

『재미있는 만큼 알기 쉬운 전국사(面白いほどよくわかる戦国史)』 스즈키 아키라/日本文芸社

『지금까지 알지 못했던 전국시대·사료에서 알게 되는, 무장들의 진정한 모습(目からウロコの戦国時代 −史料から読み解く、武将たちの本当の舞台裏)』 타니구치 카츠히로 저/ PHP研究所

『역사도해 전국시대 전투 메뉴얼(歴史図解 戦国合戦マニュアル)』 토고 류 저/우에다 신 그림/講談社

『역사문화 라이브러리240 노부나가의 접대 중세기대 음식 백과(歴史文化ライブラリー240 信長のおもてなし 中世食べもの百科)』 에고 미챠코 저/吉川弘文館

『성의 전설과 비화(城 その伝説と秘話)』 에자키 헤이 저/日貿出版社

『속편 성의 전설과 비화(続城　その伝説と秘話)』에자키　헤이 저/日貿出版社
『무가 전진 자료사전(武家戦陣資料事典)』사사마 요시히코 저/第一書房
『삶을 반영하는 마지막 말(生き方の鑑　辞世のことば)』아카세가와 켄페이 감수/講談社
『사세구와 일본인의 마음(辞世の句と日本人のこころ)』요시다 미치타카 저/東洋館出版
『마지막 말(辞世のことば)』나카니시 스스무 저/中公新書

■잡지 · 연구논문

『잇코슈에 의한 반란과 농민에 의한 반란(一向一揆と土一揆)』(『전국사 연구 제48호』)칸다 치사토 저
『전국시대에 사용된 화약에 대하여(戦国期における火薬(玉薬)について)』(『전국사 연구 제47호』)아라가키 츠네아키 저
『전국시대의 진승과 진승역(戦国期における陣僧と陣僧役)』(『전국사 연구 제30호』)요시다 마사히로 저
『전국시대의 「쿠니」에 대하여(戦国期の「国」について)』(『전국사 연구 제49호』)이케 토루 저
『전국시대의 명예적 대우와 다이묘 · 쇼군에 대한 시점(戦国期栄典と大名・将軍を考える視点)』(『전국사 연구 제51호』)
야마다 야스히로 저
『전국시대 영주 계층의 역사적 위치(戦国期領主層の歴史的位置)』(『전국사 연구 별책』)키쿠치 히로유키 저
『전국다이묘의 경제기반에 관하여(戦国大名の経済基盤を巡って)』(『전국사 연구 제57호』)쿠로키 모토키 저
『전장의 상인 -전장의 사회사 에서-(戦場の商人−戦場の社会史によせて−)』(『전국사 연구 제28호』)후지모토 히사시 저
『죠몬시대에서 현대에 이르는, 칸토 지방인의 신장의 시대적 변화(縄文時代から現代に至る関東地方人身長の時代的変化)』
(『인류사 제80호』)히라모토 요시스케 저
『도요토미 정권의 군역(豊臣政権の軍役)』(『전국사 연구 제44호』)히라노 아키오 저
『주간아사히백과 일본의 역사23 중세에서 근세로1 전국다이묘 전국다이묘(週刊朝日百科日本の歴史23　中世から近世
へ1　戦国大名)』朝日新聞社
『주간아사히백과 일본의 역사24 중세에서 근세로2 조총전래(週刊朝日百科日本の歴史24　中世から近世へ2　鉄砲伝来)』朝日新聞社
『주간아사히백과 일본의 역사25 중세에서 근세로3 그리스도교 신자와 남만문화(週刊朝日百科日本の歴史25　中世から近世へ3　キリ
シタンを南蛮文化)』朝日新聞社
『주간아사히백과 일본의 역사26 중세에서 근세로4 잇코슈에 의한 반란과 이시야마 전투(週刊朝日百科日本の歴史26　中世から近世
へ4　一向一揆と石山合戦)』朝日新聞社
『주간아사히백과 일본의 역사28 중세에서 근세로6 라쿠이치와 카케코미사(週刊朝日百科日本の歴史28　中世から近世へ6　楽市と駆
け込み寺)』朝日新聞社
『주간아사히백과 일본의 역사29 중세에서 근세로7 세키가하라(週刊朝日百科日本の歴史29　中世から近世へ7　関が原)』朝日新聞社
『천하포무 오다 노부나가(天下布武　織田信長)』新人物往来社
『별책 역사독본 93호 사전에 실려있지 않은 전국무장이 거주하는 성과 생활(別冊歴史読本93号　事典に載らない戦国武将の居城と暮ら
し)』新人物往来社
『별책 역사독본 고증사전시리즈9 결정판 전국시대 고증총람(別冊歴史読本　考証事典シリーズ9　決定版戦国時代考証総覧)』新人物往来社
『별책 역사독본 수수께끼 일본사2 가마쿠라 · 무로마치 · 전국시대 편(別冊歴史読本　謎の日本史2　鎌倉・室町・戦国編)』新人物往来社
『역사군상 아카이브6 전국시대 전투입문(歴史群像アーカイブ6　戦国合戦入門)』学習研究社
『역사군상 그래픽전사시리즈전략전술 병기사전 일본전국편(歴史群像グラフィック戦史シリーズ　戦略戦術兵器事典　日本戦国編)』学習研究社
『역사군상 시리즈 특별편집 결정판 도해 · 전국갑주(歴史群像シリーズ特別編集　決定版図説・戦国甲冑)』이자와 쇼지/学習研究社
『역사군상 시리즈 특별편집 결정판 도설 전국시대 전투지 도집(歴史群像シリーズ特別編集　決定版図説戦国合戦地図集)』学習研究社
『역사잡학BOOK 도해 알고 있는 듯 하지만, 모르는 전국시대 전투 【배틀】의 전투방법(歴史雑学BOOK　図解知ってるようで知ら
ない戦国合戦【バトル】の戦い方)』総合図書

AK Trivia Book No. 6

도해 전국무장

개정판 1쇄 인쇄 2021년 12월 25일
개정판 1쇄 발행 2021년 12월 30일

저자 : 이케가미 료타
번역 : 이재경

펴낸이 : 이동섭
편집 : 이민규, 탁승규
디자인 : 조세연, 김현승, 김형주
영업 · 마케팅 : 송정환, 조정훈
e-BOOK : 홍인표, 서찬웅, 최정수, 김은혜, 이홍비, 김영은
관리 : 이윤미

㈜에이케이커뮤니케이션즈
등록 1996년 7월 9일(제302-1996-00026호)
주소 : 04002 서울 마포구 동교로 17안길 28, 2층
TEL : 02-702-7963~5 FAX : 02-702-7988
http://www.amusementkorea.co.kr

ISBN 979-11-274-4996-4 03910

図解 戦国武将
"ZUKAI SENGOKU BUSHOU" by Ikegami Ryota
Text ⓒ Ikegami Ryota 2010
Illustrations ⓒ Shibuya Chizuru 2010/Shibuya Yuji 2010
All rights reserved
Originally published in japan by Shinkigensha Co.,Ltd.,Tokyo.
This Korean edition published by arrangement whih Shinkigensha Co.,Ltd.,
Tokyo in care of Tuttle-Mori Agency,Inc., Tokyo